W0221231

BINDIG / HEIBER

Der Fänger von Helgoland

Wilhelm Bindig / Christiane Heiber

Der Fänger von Helgoland

Gottfried Vauk

Biologe, Jäger und denkendes Säugetier

Neumann-Neudamm
Verlag für Jagd und Natur

Bildnachweis
Bild Seite 143, Gerhard Leverenz, Schneverdingen
Bilder Seite 129, 206 oben, 208, Wilfried Heiber
Bilder Seite 153, 206 unten, Wilhelm Bindig
Alle übrigen Aufnahmen aus dem Privatarchiv von Prof. Dr. G. Vauk
Zeichnungen: Kriso ten Doornkaat, Rysum

Das Werk einschließlich aller seiner Teile ist urheberrechtlich geschützt. Jede Verwertung außerhalb der engen Grenzen des Urheberrechtsgesetzes ist ohne Zustimmung des Verlages unzulässig und strafbar. Das gilt insbesondere für Vervielfältigungen, Übersetzungen, Mikroverfilmungen und die Einspeicherung und Verarbeitung in elektronischen Systemen.

© 2005 Neumann-Neudamm AG, Melsungen
Printed in Germany
Titelgestaltung: Michael Kempf, Schriesheim, mit einem Foto aus dem Privatarchiv G. Vauk
Redaktion, Reproduktion, Layout und DTP: Verlag J. Neumann-Neudamm
Druck und Bindung: Aalexxdruck GmbH, Großburgwedel
ISBN 3-7888-1063-7

Inhaltsverzeichnis

ZWEITER TEIL

„Es ist also gute Zeit, sich an Prof. Dr. Gottfried Vauk zu erinnern“

Zum Geleit

Der Name von Dr. Gottfried Vauk ist verbunden mit Wiederaufbau und zweiunddreißig Jahren Geschichte und Geschichten der Inselstation Helgoland des Instituts für Vogelforschung, Wilhelmshaven (...)

Das Institut für Vogelforschung „Vogelwarte Helgoland“ dankt Herrn Prof. Dr. Gottfried Vauk für seinen Einsatz ganz herzlich. Die Inselstation ist sein Kind. Heute ist es erwachsen, doch die frühkindliche Prägung ist noch unverkennbar.

Prof. Dr. Franz Bairlein
Leitender wissenschaftlicher Direktor,
Institut für Vogelforschung „Vogelwarte Helgoland“
Wilhelmshaven

Annäherung

Als wir Gottfried Vauk im November 2002 in seinem Haus in Wintermoor in der Lüneburger Heide besuchen, wird im Radio gerade gemeldet, dass nach dem Unfall des Tankers Prestige mehrere Tausend Tonnen Rohöl ausgelaufen sind und die spanische Küste bedrohen. *„Warum steht denn keiner auf, haut auf den Tisch und sorgt dafür, dass solche Sauereien nie wieder passieren können?"*, poltert Vauk los. Ganz der Alte, denken wir, laut, engagiert, temperamentvoll und direkt. Nennt die Dinge unverblümt beim Namen, spricht nicht von bedauerlichem Vorfall, wenn er Sauerei meint. So hat er auch schon manchem Politiker unliebsame Wahrheiten um die Ohren geknallt. Und die meisten haben es ihm nicht einmal übel genommen.

Auf die Gefahren, die von Billigtankern und illegal auf dem Meer gereinigten Tanks ausgehen, hat er seit 1960 hingewiesen. Das Buch „Seevögel – Opfer der Ölpest" (1), das er vor mehr als zwanzig Jahren zusammen mit Bettina Reineking verfasste, hat nichts an Aktualität verloren. Manche Maßnahmen wurden seitdem ergriffen, um das Risiko ölverseuchter Meere und Küsten einzudämmen. Aber sie alle reichen nicht aus, solange weiter dünnwandige, technisch unzulängliche Riesentanker unter Billigflaggen die Meere unsicher machen.

Noch immer bringt Vauk dieses Thema in Rage. Früher hätte er sich dazu auch öffentlich zu Wort gemeldet, gefragt oder ungefragt. Doch jetzt sollen andere, Jüngere, diesen Kampf fortsetzen. Gottfried Vauk wird im Oktober 2005 achtzig. Er will sich anderen Projekten widmen in der Zeit, die ihm noch bleibt. Unter anderem eine Art Bilanz ziehen, nachfolgenden Generationen etwas von dem mitteilen, was ihm wichtig war und ist. Deshalb sind wir bei ihm.

Wir sehen uns um in dem geräumigen Arbeitszimmer, das er sich im Dachgeschoss seines Hauses eingerichtet hat. *„Das hat Erika alles ausgebaut und mit Holz vertäfelt"*, erzählt er voller Anerkennung für das handwerkliche Geschick seiner 25 Jahre jüngeren Frau, die promovierte Biologin ist und eine Forschungsstation der „Deutschen Wildtier Stiftung" im benachbarten Fintel leitet. Der Raum ist keine sterile Denkzelle, sondern hat Atmosphäre, verrät viel über seinen Besitzer. Überall an den Wänden hängen Geweihe und Gehörne. Wer es noch nicht wüsste, dem würde es spätestens jetzt dämmern: Gottfried Vauk ist Jäger. Davon zeugen auch die Wildschweinschwarten, die überall im Raum liegen und die grüne Waidmannskluft, die er meistens trägt. Das alles erinnert noch sehr an sein Büro auf Helgoland, in dem wir ihm 1987 anlässlich seines Abschiedskolloquiums zum letzten Mal gegenüber saßen.

Unsere Bekanntschaft mit Gottfried Vauk reicht unterschiedlich weit zurück. Die Autorin kam 1977 als junge Biologiestudentin zum ersten Mal als Stationshelferin an die Vogelwarte Helgoland und wurde hier in einen gut organisierten Arbeitsalltag integriert. An solche Arbeitsbedingungen war zwanzig Jahre zuvor noch nicht zu denken. Davon kann der Autor berichten. Er war von 1956–1959 der erste technische Mitarbeiter auf Helgoland und wurde dem frisch promovierten Biologen Vauk zur Seite gestellt. Die Insel glich zu der Zeit einem Trümmerhaufen. Von dem renommierten Forschungsinstitut, das hier vor dem Krieg gestanden hatte – der Vogelwarte Helgoland – war nicht viel übrig geblieben.

Gottfried Vauk wusste schon als Kind, dass er Förster werden wollte, er, der mit Wald und Wild groß geworden war. Doch infolge des Krieges sollte alles ganz anders kommen. Förster gab es zuhauf. Stattdessen konnte der ehemalige Soldat und Flüchtling aus Hinterpommern auf Umwegen einen Studienplatz in Zoologie am Kieler Institut für Haustierkunde bekommen.1956 holte man ihn als jungen wissenschaftlichen Assistenten für den Wiederaufbau der Vogelwarte nach Helgoland. Waldloser hätte sein künftiges Revier gar nicht sein können.
Da stand er nun, der Biologe und Säugetierspezialist vor einer riesigen Aufgabe. Ein anderer hatte sich schon daran versucht und nach zwei Jahren aufgegeben. Vauk blieb und krempelte die Ärmel hoch.

Als er 1987 seinen Abschied von der Insel feierte, hinterließ er zwei gut ausgestattete Institutsgebäude, einen blühenden Fanggarten, eine Liste von mehr als 250 Publikationen, ein Institut, das weit über Deutschlands Grenzen hinaus einen Namen hatte. Die Inselstation der Vogelwarte Helgoland in ihrer heutigen Form kann als Vauks Lebenswerk angesehen werden.

In dieser Zeit gingen international angesehene Wissenschaftler, aber auch Politiker, Vertreter von Presse, Funk und Fernsehen in der Vogelwarte ein und aus. War Vogelforschung mit einem Mal ein Thema, das eine breite Öffentlichkeit interessierte? Eigentlich nicht. Doch Vauk betrieb keine Wissenschaft im Elfenbeinturm. Er mischte sich ein, wies Politiker auf die Gefährdungen unserer Umwelt hin, hielt ihnen notfalls auch mal eine verölte Lumme unter die Nase. Unter seiner Leitung bekam die Vogelforschung eine stärker umwelt- und anwendungsorientierte Ausrichtung. Vauk ging mit seinen Forschungsergebnissen an die Öffentlichkeit, stritt sich, bezog Stellung. Sein Temperament und seine große rhetorische Begabung kamen ihm dabei zustatten – und seine absolute Glaubwürdigkeit. Er wusste, wovon er redete, und stand auch dazu.

1956 hätte niemand an einen solchen Erfolg geglaubt, am wenigsten er selbst. Wir konnten selbst über mehrere Jahre miterleben, wie Gottfried Vauk zu Werk ging. Fehlende Gelder und sonstige Hilfsmittel ersetzte er durch ungeheure Tatkraft und Phantasie. Feste Mitarbeiter hatte er in all den Jahren kaum. Dafür besaß er eine besondere Gabe, andere Menschen zu überzeugen, zu begeistern und mitzureißen. Das galt für Politiker und andere Entscheidungsträger ebenso wie für junge Praktikanten. Sie schufteten bereitwillig unter Vauks Regie, taten Dinge, zu denen sie sonst wahrscheinlich nur schwer zu bewegen gewesen wären, und hatten sogar noch ihren Spaß dabei.

Worin liegt das Geheimnis von Vauks Erfolg? Dem Lebensweg dieses Menschen nachzuspüren ist ein reizvolles und spannendes Unterfangen. Wie wurde Gottfried Vauk zu dem, der er ist? Welche Menschen, Erfahrungen und Ereignisse haben ihn geprägt? Wo liegen die Wurzeln seiner starken Naturverbundenheit, seiner Bereitschaft, Verantwortung zu übernehmen, aber auch seines ausgeprägten Führungsanspruchs? Was hat er bewirkt und wie hat er etwas bewirkt? Das sind Fragen, denen wir in diesem Buch nachgehen wollen.

„Was wäre aus Gottfried Vauk geworden, wäre er in Afrika geboren? Ein war lord, der sich mit einer verwegenen Schar von Spießgesellen an die Macht putscht, um sich für eine bessere Welt einzusetzen? Möglicherweise ein charismatischer Erweckungsprediger mit eigener Kirche und großer Gefolgschaft? Oder gar ein weißer Berufsjäger im afrikanischen Busch?"

Mit solchen Mutmaßungen beginnen zwei ehemalige Mitstreiter Vauks ihre Erinnerungen an ihren früheren Mentor. Der Journalist Ulrich Stock, der den Leiter der Vogelwarte 1984 für die Wochenzeitschrift DIE ZEIT porträtierte, nannte ihn schlicht „Der Fänger von Helgoland". Dieses Bild schien uns so treffend, dass wir es als Titel für die Biographie gewählt haben.

Viele, die mit Gottfried Vauk zu tun hatten, haben uns dazu ermutigt, seine Lebensgeschichte aufzuschreiben. Wir wollten es genauer wissen und haben nachgefragt, was sie mit dem Namen Vauk verbinden. Mehr als dreißig ehemalige Stationshelfer, Fachkollegen, aber auch Politiker sind unserer Bitte gefolgt und haben ihre zum Teil ganz persönlichen Erinnerungen aufgeschrieben – unter ihnen so prominente Persönlichkeiten wie Loki Schmidt und Klaus Töpfer. Neben den eigenen Erlebnissen, langen Gesprächen mit Gottfried Vauk und umfangreichem Archivmaterial bilden diese Briefe den Fundus, aus dem wir schöpfen konnten.

Danksagung

Wir danken Erika und Gottfried Vauk für die offene und vertrauensvolle Zusammenarbeit und ihr stets offenes Haus, in dem wir in den letzten Monaten viele Stunden zugebracht haben.

Kriso ten Doornkaat ein herzliches Dankeschön für ihre spontane Bereitschaft, dieses Buch mit ihren unverwechselbaren Illustrationen zu bereichern, und Michael Kempf für die Titelgestaltung. Ferner gilt unser Dank all jenen, die uns bei unseren Recherchen unterstützt, einen Beitrag zu diesem Buch geschrieben oder in anderer Weise an seiner Entstehung mitgewirkt haben.

Nicht zuletzt bedanken wir uns bei unseren Ehepartnern, Hermine Bindig und Wilfried Heiber, für ihre Geduld und moralische Unterstützung. Nun ja – beide Ehen haben ihren Ursprung in gemeinsamen Stationshelfertagen auf Helgoland …

„Der Gerechte erbarmt sich seines Viehs ..."
Kindheit in Hinterpommern

Röhrende Hirsche als Geburtshelfer

5. Oktober 1925. Zeit der Hirschbrunft. In dem 200-Seelen-Ort Goldbeck in Hinterpommern wird die Hebamme ins Schulhaus gerufen. Hedwig Vauk, die Frau des Lehrers, erwartet ihr drittes Kind. Zwei Töchter, zwei und acht Jahre alt, hat sie bereits. Eine weitere Schwangerschaft endete mit einer Fehlgeburt.

Das Schulhaus mit der angrenzenden Lehrerwohnung liegt am Rande des Dorfes in einem großen Garten. Vom Elternschlafzimmer unter dem Giebel führt der Blick über den Kartoffelacker, eine Obstbaumwiese, einen kleinen See bis hin zum Wald.

Während Vater Hellmuth Vauk und Onkel Paul, der Förster, unten im Herrenzimmer der Dinge harren und sich bei einem Glas Rotspon und einer guten Zigarre die Zeit mit einer Partie Schach vertreiben, bereiten oben die beiden Frauen die Geburt vor.

Hausgeburten waren damals die Regel. Natürlich eine reine Frauenangelegenheit. Keinem Mann wäre es in den Sinn gekommen, der Geburt seines Kindes beizuwohnen. Auch der Arzt, der in der einige Kilometer entfernt gelegenen Stadt wohnte, wurde nur in Notfällen hinzugezogen.

Da es Anfang Oktober schon recht kalt ist im Osten Deutschlands, lodert im Kachelofen des Schlafzimmers ein Feuer. Der Hausherr hat es gut gemeint. Mutter und Kind sollen es schön warm haben. Doch der Gebärenden steht ohnehin der Schweiß auf der Stirn.

Frau Scheeve, die Hebamme, will das Fenster öffnen. Da es klemmt, holt sie den Schulmeister zur Hilfe. Der eilt nach oben und stößt beide Fensterflügel weit auf. In dem Moment tritt ein Rudel Rotwild auf die Wiese hinter dem Haus. Der Platzhirsch röhrt gewaltig. Mutter Vauk hört den Schrei, erschrickt, und mit der nächsten Wehe erblickt ihr Kind das Licht der hinterpommerschen Welt. Es ist ein Junge. Gottfried soll er heißen.

Der herbeigerufene Patenonkel Paul nimmt ihn auf den Arm, sieht ihn an und wundert sich: *„Der kneift ja schon das linke Auge zu, als wolle er zielen. Hat wahrscheinlich auch den Hirsch gehört."*

Was Dichtung, was Wahrheit ist an dieser Anekdote um seine Geburt, die ihm sein Patenonkel später immer wieder erzählte, kann der Achtzigjährige nicht mehr ausmachen. Aber die Geschichte gefällt ihm. Irgendwie ist sie bezeichnend und richtungweisend für sein gesamtes Leben. Tatsächlich wurde Gottfried Vauk, wie sein Vater und Patenonkel, ein leidenschaftlicher Jäger. Immer wenn Hirschbrunft ist, muss er hinaus in den Wald. Und auch der Hang, Geschichten zu erzählen und dabei die nüchternen Fakten kunstvoll auszuschmücken, ist charakteristisch für ihn.
Als ob sein Leben nicht auch ohne solche dramaturgischen Kniffe genügend Stoff böte ...

Der Vater – ein Patriarch mit romantischer Ader

Über Eltern, Schwestern, Tanten, Onkel, Cousins und Vorfahren könnte Gottfried Vauk ganze Romane schreiben.
„Man wusste einfach sehr viel voneinander, weil die Eltern ja erzählten. Abends saß die Familie zusammen. Es gab die so genannte Dämmerstunde. Das war die Zeit, in der man, um Petroleum und später auch Strom zu sparen, noch kein Licht anmachte."

Klingt nostalgisch. Doch Gottfried Vauk verhehlt nicht, dass ihm diese Stunde erzwungener Untätigkeit ein Gräuel war. Immerhin erfuhr er auf diese Weise, wo die Eltern groß geworden waren, was sie als Kinder und Jugendliche erlebt hatten, wie Onkel Hans ums Leben gekommen war, welche Marotten Tante Erna hatte und vieles mehr.

Bis ins Frankreich und England des 13. Jahrhunderts hinein lässt sich die Familiengeschichte der Vauks zurück verfolgen. Eine Cousine Vauks hat Ahnenforschung betrieben und Erstaunliches zutage befördert. *„Die französischen Falkes – in England bald schon Fawkes – kommen aus dem Süden Frankreichs etwa um 1200 nach England."* So beginnt die umfangreiche Familienchronik (1).

Dass Gottfried Vauk nicht in England, sondern in Hinterpommern zur Welt kam, verdankt er einem historischen Ereignis, das als Gunpowder Plot in die Geschichte eingegangen ist. „Remember, remember the 5th of november!" Am 5. November 1605, dem Tag, an dem König Jakob I. das englische Parlament eröffnen sollte, kommt es zu einem Attentatsversuch durch den politisch entmachteten katholischen Adel, der die Macht mit Gewalt zurück gewinnen will. Mit der Vorbereitung und Durchführung des geplanten Sprengstoffanschlags wird ein gewisser Guy Fawkes beauftragt, ein fanatischer Katholik, der zu jener Zeit als Offizier im Dienste der spanischen Armee stand. Fawkes legt einen Durchbruch zum Parlamentskeller an und lagert dort zwanzig Pulverfässer ein. Am Vorabend der Parlamentseröffnung wird er aufgrund anonymer Hinweise beim Legen der Lunten entdeckt und vor den König und dessen Minister geführt. Erst nach dreitägiger Haft und Folter im Tower gibt er die Namen der Mitverschwörer preis. Alle Beteiligten werden zum Tode verurteilt, vom Tower durch die Straßen Londons zum Schafott geschleift, gehängt, enthauptet und gevierteilt. Die Köpfe werden zur Abschreckung auf Lanzen gespießt und zur Schau gestellt. So ist es in der Vaukschen Chronik nachzulesen.

Die vom König geächtete Familie Guy Fawkes verlässt England. Sein Sohn, Thomas Fawkes, flüchtet mit einem Schiff in Richtung Russland. Er erleidet jedoch Schiffbruch und strandet an der Küste Pommerns. Dort siedelt er sich an und begründet die pommersche Linie der Vauks. Der Name wurde eingedeutscht und hat sich in verschiedenen Schreibweisen erhalten.

Gottfried Vauk verweist nicht ohne Stolz auf seine Abstammung von einem englischen Revolutionär. Ein Rest von dessen Blut fließe wohl noch in seinen Adern, sinniert er.

In Pommern arbeiteten fast alle Vauks als Lehrer, anfangs auch als Schäfer und Lehrer. Erst Gottfried sollte mit dieser Familientradition brechen. Und doch war er später – eher nebenbei und auf seine eigene, sehr unkonventionelle Art – auch ein Pädagoge, der viele der jungen Menschen, die eine Zeitlang bei ihm arbeiteten, nachhaltig prägte.

Hellmuth Vauk, der Vater Gottfrieds, wurde 1888 auf der Insel Wollin geboren, wo er auch seine Kindheit verbrachte. Seine Vorfahren mütterlicherseits waren Bauern, Jäger und Fischer. Doch Hellmuth Vauk wurde Lehrer, wie schon sein Vater und Großvater. Ein sehr guter sogar, attestiert ihm der Sohn heute und korrigiert damit die Einschätzung der Prüfungskommission, die dem Lehramtsanwärter Hellmuth Vauk lediglich ein „genügend" ins Zeugnis schrieb. Vielseitig musste so ein Dorfschullehrer damals sein – alle Fächer in mehreren Jahrgängen gleichzeitig unterrichten, zwei Instrumente leidlich beherrschen und außerdem im Stall mit anpacken. Das Gehalt war äußerst spärlich und hätte allein zur Bestreitung des Lebensunterhalts nicht ausgereicht. Aber preußischen Schulmeistern standen darüber hinaus Äcker und Wiesen als Deputatland zur Verfügung, aus dessen Erträgen die Ernährung der Familie sicher gestellt wurde.

Beim Gottesdienst in der Goldbecker Kirche spielte Hellmuth Vauk die Orgel. Der sonntägliche Kirchgang war für die Familie ohnehin selbstverständlich. Die Sitzordnung war genau festgelegt. Die Empore war für den Organisten und seine Familie reserviert. Rechts und links davon saßen die Gutsbesitzer und unten die einfachen Leute, Männer und Frauen getrennt. Ein begeisterter Kirchgänger war Gottfried nicht. Das lag vor allem an dem ungeliebten Sonntagsanzug, in den er sich zur Feier des Tages zwängen musste. *„Ich hasste diese steifen, kratzigen Dinger* *der Firma Bleyle, war immer froh, wenn ich sie mir wieder vom Leibe reißen konnte."*

Später als Erwachsener ging Gottfried nur selten in eine Kirche. Doch einige Jahre nach seiner Pensionierung initiierte er ein ungewöhnliches Projekt im Rahmen der Expo 2000: die Eine-Welt-Kirche in Schneverdingen (siehe Seite 141), ein lichtdurchflutetes Gotteshaus aus Holz und Glas. Schließt sich damit ein Kreis?

Hellmuth Vauk war ein kleiner, untersetzter Mann, breit gebaut und sehr muskulös. Seine große Passion war die Jagd. Seine Frau lebte deshalb in ständiger Sorge um ihren Mann, der oft spät in der Nacht von seinem Hochsitz heimkehrte, mitunter wohl auch die Jagd als Alibi benutzte, wenn er sich vielleicht einmal mit einer anderen Frau amüsiert hatte.

Zwar brachte die Jagdleidenschaft des Vaters manchen guten Braten auf den Tisch, doch kostete sie auch Geld. Und das war knapp in der Familie. Kam er glücklich mit einer neu erstandenen Waffe nach Hause, einem teuren Drilling etwa, so überschüttete seine sparsam wirtschaftende Frau ihn mit Vorwürfen.

Manche Szenen hat der Sohn bis heute nicht vergessen.
„Eines Abends – ich war etwa fünfzehn – stopfte mein Vater wieder einmal seinen Dackel in den Rucksack und zog los, um Sauen zu jagen – kein ungefährliches Unterfangen. Ich war bei Mutter zu Hause geblieben. Wie üblich wachten und warteten wir, solange Vater draußen war. Es wurde Mitternacht. Es wurde ein Uhr, zwei Uhr. Um drei Uhr hielt ich es nicht mehr aus und holte meinen Gaul aus dem Stall. In dem Moment kam mein Vater quietschvergnügt mit dem Fahrrad auf den Hof gefahren. Statt sich um meine besorgten Fragen und Vorwürfe zu scheren, antwortete er nur: ‚Ich hab' die Sau! Was willst du eigentlich? Jetzt holen wir die Kutsche und bergen sie zusammen.'"
Gottfried hätte es nicht gewagt, sich solchen Anweisungen zu widersetzen.
Er schildert seinen Vater als jähzornigen und autoritären Menschen, der sein eigenes Leben lebte, zwar für seine Familie sorgte, aber wenig Rücksicht auf Befindlichkeiten nahm. Ein Patriarch war er, der keinen Widerspruch duldete. Frauen, Kinder und Hunde hatten zu spuren.

Die Erziehung der Kinder überließ er weitgehend seiner Frau. Erst mit Beginn der Schulzeit rückte der Vater stärker in das Blickfeld des Sohnes, dann allerdings vor allem in der Rolle des Lehrers, der er nun auch für Gottfried war.

Bei aller Härte hatte der Vater auch weiche, ja sogar romantische Seiten. So holte er manchmal abends seine Kinder an das Giebelfenster im Schlafzimmer, schaute mit ihnen in die Landschaft und sang „Der Mond ist aufgegangen“. Auch wenn er mit dem Förster unterwegs war, entdeckte der Sohn die beiden manchmal singend auf einer Brücke sitzend. Schubert-Lieder hatten es dem Schulmeister besonders angetan.

Viele dieser Lieder lernte Gottfried durch ihn kennen. Oft saß der Vater abends im Herrenzimmer am Klavier, spielte und sang Schubert-Weisen. Gottfried lag eine Etage darüber in seinem Bett und lauschte. Er liebte diese Lieder und sog sie in sich auf. Noch heute hat er die Stimme seines Vaters, die Melodien und Texte im Ohr. Dieses abendliche Musizieren des Vaters war offensichtlich Seelennahrung für den Jungen, eine jener prägenden Kindheitserfahrungen, die ein Leben lang in Erinnerung bleiben.
Wenn man Gottfried Vauk längere Zeit kennt, dann entdeckt man, dass in dem polternden Haudegen, als den man ihn häufig erlebt, zugleich ein sehr sensibler Kern steckt mit viel Sinn für Romantik, für Musik und Poesie, überhaupt für leise Töne. Diese sehr gegensätzlichen Wesenszüge vereinte auch der Vater in sich.

Hat der Sohn auch das familiäre Rollenverständnis des Vaters übernommen? Gottfried Vauk kann das nicht ganz von der Hand weisen. Doch das Bild, das wir uns von dem Familienvater Gottfried Vauk machen können, bleibt verschwommen, und hier bohren wir auch nicht nach. Vauk räumt ein, dass das Interesse an seinen eigenen Kindern anfangs eher wissenschaftlich distanzierter Art war, zumindest bevor *„man vernünftig mit ihnen kommunizieren konnte“*. Funktioniert der allen Primaten angeborene Klammer-Reflex auch bei einem Baby, wenn man es mit den Händen an eine Wäscheleine hängt? Mit der Überprüfung solcher Fragen verblüffte er seine Mitarbeiter und strapazierte die Nerven seiner Frau. (Das Experiment ist übrigens geglückt.)

Doch das geschah mehr als 25 Jahre später an einem Ort, der lediglich seine Abgeschiedenheit mit dem winzigen Dorf in Hinterpommern gemeinsam hat.

Die Mutter – preußische Protestantin durch und durch

Für die nötige Nestwärme im Hause war vor allem die Mutter zuständig. Unterstützt von weiblichen Lehrlingen, die sie als Hauswirtschaftslehrerin in ihrem Haushalt anleitete, umsorgte und betüterte sie ihren Jüngsten. Nicht dass sie ihn verwöhnt und ihm jeden Wunsch erfüllt hätte, beugt Vauk gleich etwaigen Vermutungen vor. Nein, sie schuf ganz einfach eine Atmosphäre der Geborgenheit.

Ihre Erziehung war streng an preußisch-christlichen Grundwerten orientiert. Abends stand sie am Bettchen ihres Jungen, sprach ein Gebet und schlug das Kreuz über ihm.

„Wir Kinder wurden regiert mit Bibelsprüchen und Volksweisheiten", erinnert sich der Sohn und hat sogleich etliche Beispiele parat. *„Wenn wir unsere Tiere nicht fütterten, hieß es: ‚Der Gerechte erbarmt sich seines Viehs, der Böse aber lässt es darben.' Wenn wir zuviel redeten: ‚Eure Rede sei ja, ja, nein, nein. Alles andere ist von Übel.' Wurde mein Vater zornig: ‚Der Mensch in seinem Zorn tut nicht, was vor Gott gut ist.' Auf jede Verfehlung folgte sofort ein Spruch."*

Und diese Sprüche blieben haften, ein Leben lang. Als Leiter der Vogelwarte Helgoland gab Gottfried Vauk sie noch Jahrzehnte später an seine jungen Stationshelfer weiter.

Hedwig Vauk war eine kluge und gebildete Frau. Sie wurde 1885 als Kind einer hinterpommerschen Tagelöhnerfamilie geboren, in Ackerhof, einem Dorf, das nur wenige Kilometer von Goldbeck entfernt lag. Dort wuchs sie mit acht Geschwistern auf. Vier von ihnen starben in jungen Jahren an Diphtherie. Ihr Vater hatte nach heftigem Streit den großen elterlichen Hof verlassen, der auf den guten Böden des Rügenwalder Amtes lag. Er verdingte sich zunächst als Tagelöhner auf Gut Ackerhof. Aufgrund seines Fleißes brachte er es dort später bis zum Hofmeister. Einer guten Schulbildung seiner Tochter maß er keine Bedeutung bei. Töchter von Tagelöhnern kamen in jener Zeit „auf den Hof". Warum sollte das bei Hedwig anders sein?

Doch die Tochter war wissbegierig. Da Ackerhof keine eigene Schule hatte, lief sie als kleines Mädchen täglich mehrere Kilometer bis zur nächsten Schule nach Dorfstedt. Ihr Lehrer erkannte, dass sie begabt war, und

setzte sich für sie ein. Gemeinsam mit dem Pfarrer konnte er den Vater schließlich dazu bewegen, die Tochter weiter lernen zu lassen.
Arme, aber begabte Mädchen konnten zu jener Zeit nur über die Kirche eine gute Ausbildung erhalten. So kam es, dass Hedwig ins weit entfernte Kaiserswerth bei Düsseldorf übersiedelte. In der Mutterstation der Deutschen Diakonissen wurde sie zur Lehrerin und schließlich noch zusätzlich zur Taubstummenlehrerin ausgebildet. Neben Sprachen und Mathematik lernte das hinterpommersche Bauernmädchen hier auch rheinischen Frohsinn und Karneval kennen. Letzterem konnte sie allerdings überhaupt nichts abgewinnen.

Die Kirche bezahlte ihre Ausbildung. Dafür musste sie sich verpflichten, für eine bestimmte Zeit an einem ihr zugewiesenen Ort im Sinne ihres Auftraggebers zu unterrichten. Und dann widerfuhr ihr erneut etwas, was für ein Mädchen ihrer Generation und Herkunft höchst ungewöhnlich war. Sie wurde als Junglehrerin in die Türkei geschickt, zu der das deutsche Kaiserreich damals gute Verbindungen unterhielt. Per Zug und Frachtschiff reiste sie, ganz auf sich gestellt, nach Smirna (heute Izmir) und unterrichtete dort als Taubstummenlehrerin an einer deutschen evangelischen Schule.

Jahre später, als sie längst wieder zurück in der Heimat war, hing ihr Sohn an ihren Lippen, wenn sie von tanzenden Derwischen erzählte oder von der Anhänglichkeit ihrer Schüler, die türkischer, griechischer oder armenischer Abstammung waren.

Fast zehn Jahre blieb sie in der Türkei. Dann kehrte sie zurück nach Pommern. In Gust, einem Nachbarort von Goldbeck, fand sie eine Anstellung als Lehrerin. Dort lernte sie Hellmuth Vauk kennen, der hier ebenfalls unterrichtete.

Die Kollegen aus den umliegenden Dörfern kamen gelegentlich zusammen, pflegten Geselligkeit, musizierten gemeinsam. Hellmuth Vauk war sehr angetan von der welterfahrenen, gebildeten Frau, die mit ihren Erzählungen die Zuhörer fesselte. Im Gegensatz zu ihm war sie groß und schlank. Das lange, dunkelblonde Haar trug sie zu einem Zopf geflochten. Hellmuth Vauk warb um sie – mit Erfolg.

Als er sich bald darauf an die einklassige Dorfschule nach Goldbeck versetzen ließ, waren die beiden einander bereits versprochen. Die junge Frau

Gottfried Vauk mit seinen Eltern und seinen Schwestern Elisabeth und Dorle

zögerte nicht, ihren Beruf aufzugeben und ihrem Zukünftigen nach Goldbeck zu folgen, wo sie am 4. April 1914, vier Monate vor Ausbruch des Ersten Weltkriegs, heirateten.

Als ihr Mann kurz nach der Heirat zum Kriegsdienst eingezogen wurde, schrieben sich die beiden täglich Briefe. Gottfried konnte sie später alle lesen und fasst ihren Inhalt so zusammen: *„Es waren Briefe, die vor Liebe und Romantik nur so trieften."* Während dieser Zeit übernahm Hedwig Vauk die Lehrerstelle ihres Mannes. Auch im Gottesdienst vertrat sie ihn an der Orgel. Doch nach Kriegsende musste sie diese Plätze wieder für ihn räumen. Gottfried Vauk weiß, dass ihr das nicht leicht gefallen ist. Und doch war es ihr offenbar nicht in den Sinn gekommen, dagegen zu revoltieren. Als verheiratete Frau hatte sie ihren Platz nun einmal im Haushalt und in der Familie. Die Rollen waren klar verteilt, auch wenn sie in den dreißiger Jahren immerhin die Gelegenheit erhielt, die Kinder der Gutsbesitzerfamilie von Hagen auf die Oberschule vorzubereiten. Von Emanzipationsbestrebungen der Frauen blieb Hinterpommern noch weitgehend verschont. Und Hedwig Vauk lebte nach der Devise: *„Es gibt* *kein Glück auf Erden als wollen, was man soll."* Auch das war eine der Maximen, die sich ihr Sohn zu eigen machte und wohl auch als erwachsener Mensch noch für beachtenswert hielt.

Die Ehe seiner Eltern beschreibt Gottfried Vauk so: *„Vom Wesen und ihrer ganzen Lebenseinstellung her waren es zwei Menschen wie Feuer und Wasser. Vater aufbrausend, jähzornig, rücksichtslos. Mutter konnte zwar auch sehr fröhlich sein. Vor allem aber war sie äußerst diszipliniert. Es gab häufig Streit – meist um Jagd, Geld oder Frauengeschichten meines Vaters."*

Doch Hedwig Vauk konnte ihrem Mann immer wieder verzeihen, und der konnte seinerseits Reue zeigen, wenn sich nach einem seiner Wutausbrüche der Zorn erst wieder gelegt hatte. So bezeichneten die beiden sich trotz aller Schwierigkeiten und Gegensätze als gutes Gespann, das sich in vieler Hinsicht ergänzte – zumindest solange die Verantwortung für drei heranwachsende Kinder sie aneinander band.

Ein Land, wo Milch und Honig fließen

Sucht man den Geburtsort Gottfried Vauks im Atlas, so muss man heute eine Karte von Polen aufschlagen. Zwischen Koszalin und Szczecinek (ehemals Köslin und Neustettin) in der Nähe des Ortes Bobolice (Bublitz) liegt das Dorf Glodowo (Goldbeck).

Wenn der Achtzigjährige aus seiner Kindheit erzählt, fühlt man sich in eine andere Welt versetzt – eine Welt ohne Lärm und Autoverkehr, ohne Leuchtreklamen und Supermärkte, ohne Fernseher und Computer. Viele technische Errungenschaften, die uns heute so selbstverständlich und unentbehrlich erscheinen, drangen zu Beginn des 20. Jahrhunderts erst nach und nach bis in diese abgelegene ländliche Gegend vor. Strom, fließendes Wasser, Telefon, Autos – Gottfried Vauk hat ihren allmählichen Einzug in Hinterpommern miterlebt. Er hat jedoch auch noch gelernt, ohne all dies auszukommen, was ihm in späteren Notzeiten sehr zustatten gekommen ist. Man musste sich selbst helfen – ob es darum ging, für Brot und Kleidung zu sorgen, kleinere oder größere Wehwehchen zu kurieren, aber auch das, was an freier Zeit blieb, sinnvoll auszufüllen.

An Äpfeln, Birnen, Butter, Eiern, Milch und Honig herrschte kein Mangel in einem hinterpommerschen Dorf der zwanziger Jahre. Auch ein edler Wildschwein- oder Rehbraten kam nicht nur zu Weihnachten auf den Tisch. All diese Dinge waren jedoch nicht gegen Bares im Supermarkt zu erhalten.

Was man essen wollte, musste man zuvor jagen, zerlegen, anbauen, ernten, zubereiten – so jedenfalls im Hause Vauk. Auch die Lehrerfamilie betrieb nebenbei eine kleine Landwirtschaft mit Hühnern, ein paar Kühen und Schweinen. Obst und Gemüse wuchsen im eigenen Garten. Vater Hellmuth Vauk züchtete Bienen und schaffte als passionierter Jäger das Wildbret heran.

So versorgte sich die Familie weitgehend selbst, mit dem, was Grund und Boden hergaben. Und das war nicht wenig. Alles, was man dazukaufen musste, war teuer und wurde deshalb nur sparsam verwendet. Zucker beispielsweise war Luxus. Gesüßt wurde meist mit Honig. Den lieferten Vaters Bienen in solchen Mengen, dass er ihn auch noch für gutes Geld bis nach Berlin verkaufen konnte.

Statt Apfelsinen und Kiwis kamen Kirschen und Beeren aus dem Garten auf den Tisch, im Sommer frisch, im Winter als Kompott. Und vor allem Äpfel, Äpfel, Äpfel – so viele, dass Gottfried sie als Erwachsener nicht mehr sehen mochte.

Selbstversorgung war beileibe kein Hobby in jener Zeit, sondern schlichte Notwendigkeit, und natürlich mussten sämtliche Familienmitglieder mit anpacken. Wenn Hellmuth Vauk morgens um acht vor seine Klasse trat, hatte er schon erste Arbeiten im Stall hinter sich. Die Hausfrau war für den Obst- und Gemüsegarten sowie für den Hühnerhof zuständig, und die Kinder mussten überall, wo sie konnten, den Eltern zur Hand gehen.

Beliebt war Mitarbeit in Haus und Garten vor 70, 80 Jahren ebenso wenig wie heute, aber unumgänglich und selbstverständlich. Gottfried Vauk war kein Musterknabe. Auch er hat es gehasst, Sommer für Sommer eimerweise Kirschen zu pflücken und zu entsteinen oder Johannisbeeren zu pulen. Aber es waren Arbeiten, die getan werden mussten, die sich zudem noch gut in Gemeinschaft erledigen ließen und die zur Folge hatten, dass stets etwas Gutes zu essen und zu naschen im Haus war.

„Geschadet hat uns diese Arbeit jedenfalls nicht." Wer hätte diesen Satz nicht auch schon aus dem Munde seiner Eltern oder Großeltern gehört? Und wer wollte diese Feststellung ernsthaft in Frage stellen?

Sicher würden auch Heranwachsende des beginnenden 21. Jahrhunderts manchmal besser auf einem Kartoffelacker herumkriechen und dessen Früchte einsammeln oder im Baum sitzen und Kirschen ernten, statt vor dem Fernseher oder Computer zu hocken. Vauk macht keinen Hehl aus seiner Überzeugung, ohne dabei die Vergangenheit verklären zu wollen.

Heute kauft er auch vieles im Supermarkt. Doch ist ihm dieser Bezug zur „Scholle", zur Herkunft dessen, was wir essen, nie abhanden gekommen. Das gilt besonders für den Verzehr von Fleisch. *„Ein Schnitzel oder eine Hühnerkeule essen wollen fast alle"*, wettert er, *„aber bloß nichts mit dem Pflegen, Füttern und Töten von Tieren zu tun haben."*

Für ihn war es von klein auf blutige Selbstverständlichkeit, dass ein Schwein erst geschlachtet, ein Hase erst geschossen werden musste, ehe sie appetitlich serviert werden konnten. Auch das Enthäuten und Ausnehmen der Tiere gehörte dazu. Für Sentimentalitäten war da kein Platz. Im Rahmen seiner Möglichkeiten leistete auch der Jüngste schon seinen Beitrag zur Ernährung der Familie. Sofern das mit Jagen und Fischen verbunden war, machte es ihm sogar Spaß.

Wenn Vauk heute in Gärten reifes Obst vergammeln sieht, weil niemand sich die Mühe macht, es zu ernten, so bringt ihn solche Verschwendung in Rage. Auf die gegenwärtige Agrarpolitik spricht man ihn besser gar nicht erst an. Massentierhaltung, Überflussproduktion, Fastfood, Fettleibigkeit als Folge von Fehlernährung, Bequemlichkeit und Bewegungsmangel – das sind für ihn Reizthemen, Entwicklungen, die ihm den Glauben an einen Fortschritt der Menschheit nehmen.

Wer später einmal bei Gottfried Vauk als Helfer an der Vogelwarte mitarbeitete, bekam vom Stationsleiter unter anderem Nachhilfe in Sachen Selbstversorgung und Sparsamkeit. Wirkungsvoller als der erhobene Zeigefinger war dabei sicher das, was er „seinen jungen Leuten" vorlebte.

Doch jetzt greifen wir weit voraus. Bleiben wir noch im Hinterpommern der zwanziger Jahre.

Zu Gast beim tapferen Schneiderlein

In Goldbeck gab es weder Kindergarten noch Sportvereine, weder Musikschule noch Kino, vom Fernseher ganz zu schweigen. Auch Kinderzimmer, die einem Spielzeugladen glichen, waren unvorstellbar. Was also trieb ein unternehmungslustiger Bengel den lieben langen Tag? Von unumgänglichen Ernteeinsätzen und anderen Hilfsdiensten war schon die Rede. – Und sonst?

Gottfried spielte wenig mit anderen Kindern. Auch zu seinen beiden älteren Schwestern, Dorle und Elisabeth, hatte er kein sehr inniges Verhältnis. Langeweile kannte er trotzdem nicht. *„Im Grunde war das ganze Dorf ein Abenteuerspielplatz"*, schwärmt Gottfried Vauk. *„Man konnte durch Wald und Wiesen streifen, am Seeufer spielen, Staudämme bauen, Kröten fangen, all das, was heute nur noch wenigen Kindern möglich ist. Autos stellten noch keine Gefahr dar. Nur selten verirrte sich mal eins bis zu uns. Gefahr lauerte eher vom nahe gelegenen Sumpf. Darin konnte man versinken. Doch da hatte ich ja Motte als Wächterin."*

Motte war eine Dackelhündin, die der Vater als Jagdhund hielt. Sie begleitete Gottfried auf seinen Streifzügen durch die Natur, teilte manche Interessen mit ihrem „Jungherrchen". Flusskrebse fangen, Mausefallen kontrollieren, Ratten aufspüren – dafür war Motte eher zu begeistern als zwei große Schwestern.
Selbst abends im Dunkeln beim gefürchteten Gang zum Klo, das ein Stück außerhalb des Wohnhauses lag, wich Motte nicht von Gottfrieds Seite.

Noch heute denkt Vauk gerne an seine erste Hundefreundin zurück. Wie viel sie ihm bedeutete, lässt der folgende Auszug aus seinen noch unveröffentlichten Hundegeschichten erahnen:

„Mit der Zeit wurden Motte und ich unzertrennlich. Wenn wir im Sommer im hohen Gras lagen und die Störche hoch über uns am Himmel kreisten, habe ich ihr immer meine Träume erzählt, meine Gedanken über Tiere und Pflanzen, und ich war froh, nicht allein zu sein.(...) Nur wenn Vater Motte zur Jagd rief und sie dann keinen Blick mehr für mich hatte, fühlte ich mich einsam. Dann habe ich wohl auch mal in die Kissen geweint." (2)

Hunde begleiteten Gottfried Vauk sein ganzes Leben hindurch. Sie waren ihm zuverlässige Gefährten, Jagdgehilfen, Forschungsobjekte, zeitweise auch Einnahmequellen. Dackel Motte war wohl nicht unwesentlich daran beteiligt, dass er diese Liebe zu Hunden entwickelte.

Nicht nur die Wälder, Seen und Sümpfe der Umgebung erkundete der Heranwachsende. Auch das Leben im Ort selbst bot für ein Kind reichlich Anregung und Unterhaltung. Ein Dorf in jener Zeit war ja noch keine reine Schlafstätte für Menschen, die zum Arbeiten täglich viele Kilometer in die nächste Stadt fuhren. Hier brummte das Leben. Überall klopfte und hämmerte, klapperte und polterte es.

Neben Gutsbesitzer, Förster, Lehrer, Pastor und Gendarm lebten in Goldbeck Bauern und eine Reihe von Handwerkern. Tischler, Zimmermann, Stellmacher, Schmied, Schneider, Pantoffelmacher – sie alle hatten ihre eigenen Werkstätten, und die Dorfkinder konnten ihnen bei der Arbeit über die Schulter gucken. – Vauk sieht noch manchen dieser Handwerksmeister vor sich. Zum Beispiel Vater Damitz, den Schneider, bei dessen Anblick er unwillkürlich an das Märchen vom tapferen Schneiderlein denken musste. Denn wie sein berühmter Vorgänger, so saß auch Vater Damitz im sprichwörtlichen Schneidersitz auf dem Tisch, hantierte dort geschickt mit Elle und Schere, Nadel und Faden. Zum Plätten benutzte er ein großes gusseisernes Bügeleisen, das mit Holzkohle aufgeheizt wurde.

Vater Damitz wohnte gegenüber dem Schulhaus und kam gelegentlich zum Einhüten, wenn die Eltern bei Lehrerkollegen im Nachbardorf eingeladen waren. An ihn, der zu der Zeit schon weit in den Siebzigern war, denkt Gottfried Vauk mit einem Gefühl wohligen Gruselns zurück.

„Er hatte einen unglaublichen Fundus an Schnurren und Schauergeschichten. Alles war immer ganz schrecklich. Er war wirklich ein lebender Horrorfilm. Wenn Vater Damitz kam, dann flatterten wir schon alle und waren ganz gespannt, was er jetzt wohl wieder zum Besten geben würde. Die Zeit des Dreißig-

jährigen Krieges wurde durch ihn sehr lebendig. Damals waren die Schweden in Pommern eingefallen. Vater Damitz konnte sehr anschaulich schildern, auf welche Weise sie herauszufinden versuchten, wo die pommerschen Gutsbesitzer ihre Wertsachen versteckt hielten: Sie fesselten diese, warfen sie auf den Boden, schmierten Salz auf ihre nackten Fußsohlen und ließen das dann von Ziegen ablecken. Das soll eine schreckliche Foltermethode gewesen sein. Es hat mich immer gereizt, dies mal an meinen Schwestern auszuprobieren."

Durch Vater Damitz lernte Gottfried auch germanische Mythologie kennen. So prophezeite der Schneider ihm: *„Wenn du eines Tages als Jäger stirbst, dann kommst du nach Walhalla. Da sind alle Wildschweine, die du und dein Vater geschossen habt, wieder lebendig. Dann könnt ihr den ganzen Tag jagen, und am nächsten Morgen laufen alle getöteten Tiere trotzdem wieder im Wald von Walhalla umher."*

Solche Geschichten beeindruckten den Jungen, regten seine Phantasie an und haben sicher nicht unerheblich dazu beigetragen, dass er später selbst ein so begnadeter Erzähler wurde.

Aufgeklärt wurde Gottfried nicht von seinen Eltern, sondern durch Anschauungsunterricht auf der Weide oder im Stall. Vauk: *„Wenn der Bauer mit seiner Sau oder der Kuh am Strick die Dorfstraße herunterging, war Decken angesagt. Als Junge schlich ich dann hin, ließ mir dieses Schauspiel natürlich nicht entgehen. Als Zehnjähriger wusste ich genau, wie das funktionierte, empfand diese Vorgänge als völlig natürlich. Kühe müssen zum Bullen, die Schweine zum Eber und Mutter zu Vater – so ist das Leben."*

Gottfried Vauk war nie ein praxisferner Wissenschaftler, der sein Wissen nur aus Büchern bezog. Er konnte auf vielen Gebieten nicht nur mitreden, sondern auch mit zupacken. Wenn er sich für einen schonungsvollen Umgang mit der Natur einsetzte, so waren seine Triebfedern einerseits ein ausgeprägtes Verantwortungsbewusstsein, andererseits seine tiefe Naturverbundenheit. All dies wurde in der Kindheit angelegt – in einem kleinen Dorf in Hinterpommern.

Zum Jäger geboren

Im ausklingenden 20. Jahrhundert grassierte in vielen Ländern der Erde ein Jagdfieber besonderer Art: Jung und Alt knallten mit wachsender Begeisterung Moorhühner ab – virtuelle Moorhühner in einer virtuellen Computerwelt.

Ein dreiviertel Jahrhundert zuvor lebte in Hinterpommern ein kleiner Junge, der auch leidenschaftlich gern jagte. Keine Moorhühner, aber Spatzen und Ratten, später auch Hasen, Rehe, Wildschweine. Dazu musste er manche Strapazen auf sich nehmen: Weite Wege zu Fuß gehen, auch bei widrigem Wetter lange im Freien ausharren, harte körperliche Arbeit leisten, wenn es galt, ein größeres Stück Wild zu bergen, notfalls auch mal die Nacht durchmachen, um ein geschossenes Tier sogleich zu zerlegen, einzukochen, zu pökeln oder zu räuchern. Solche Arbeiten duldeten keinen Aufschub, denn Kühltruhen gab es nicht.

Mit der mausgesteuerten Jagd auf Moorhühner hat all dies nur den Namen gemeinsam. Jeder, der Gottfried Vauk kennt, weiß, dass er ein passionierter Jäger ist, jedoch einer, der nicht müde wird, an die Verantwortung des Jägers zu erinnern. Beides, die Passion, aber auch das dazugehörige Verantwortungsgefühl, hat sich bei ihm schon in frühester Kindheit entwickelt. Der röhrende Hirsch, der ihn bei seiner Geburt begrüßte, ist tatsächlich sinnbildhaft. Die starke Naturverbundenheit lässt sich ebenso wie die Jagdleidenschaft bis in die allerersten Lebensjahre zurück verfolgen.

Schon der Dreijährige erlebte es mit, wenn der Vater eine geschossene Sau mit auf den Hof brachte und dort zerlegte. Der Vater nahm ihn auch schon sehr früh mit auf die Jagd. Sechs oder sieben mochte der Sohn da gewesen sein. Er hat diese ersten gemeinsamen Jagdausflüge allerdings nicht in bester Erinnerung:

„Vater behandelte mich dabei immer wie den letzten Dreck, gab mir zu verstehen, dass bei der Jagd eigentlich einer schon zu viel ist. Ich hatte immer einen Schritt hinter ihm zu gehen. Wenn auch nur ein Zweig knackte, drehte er sich vorwurfsvoll um. Ich durfte mich die ganze Zeit nicht mucksen, bis er endlich einmal sagte: ‚Jetzt können wir sprechen.' Dann konnte ich fragen. Er konnte jedes Tier, jede Pflanze benennen. Artenkenntnisse waren bei ihm ganz groß geschrieben, biologische Zusammenhänge weniger."

Wer von seinen jüngeren Mitarbeitern später einmal die Ehre hatte, Gottfried Vauk ins Revier begleiten zu dürfen, hatte übrigens immer einen Schritt hinter ihm zu gehen, durfte sich nicht mucksen, und wehe, ein Zweig knackte unter seinen Füßen ...

Mit circa sechs Jahren bekam Gottfried sein erstes Luftgewehr, einen Vorderlader, dessen Lauf aufgeschraubt werden musste, um eine Kugel hineinzuschieben. Damit schoss er vor allem auf Spatzen, die sich massenhaft im Dorf tummelten. Seine Mutter bat ihn darum, sie vom Hühnerhof fernzuhalten, weil sie den Hühnern das Futter streitig machten. Auch beauftragte ihn der Schweinemeister regelmäßig, die Ratten in den Ställen zu schießen. Solche Aufgaben erledigte der Junge mit großem Eifer.
In der Verwandtschaft gab es ebenfalls mehrere Jäger. Ein Onkel lieh Gottfried über die Ferien gelegentlich sein altes Armeepferd aus, mit dem er dann zur Jagd reiten konnte. Ein anderer Onkel, der auf der Insel Wollin lebte, besaß das Jagd- und Fischereirecht im Haff. Bei ihm verbrachte Gottfried immer gerne die Ferien. *„Der Onkel drückte mir mit dreizehn Jahren eine Flinte in die Hand. Wer fragte damals schon danach?! Damit habe ich am Haff stundenlang im Schilf gelegen und beobachtet. Ich konnte Enten schießen, und die Familie freute sich, wenn ich etwas Gutes für den Mittagstisch mitbrachte.“* Auch Angeln war für den Heranwachsenden eine beliebte und nutzbringende Beschäftigung.

Mit vierzehn durfte Gottfried bereits selbstständig Großwild jagen, denn kurz vor Kriegsausbruch gab es nicht mehr genügend Jäger in der Region. Die meisten waren bereits eingezogen. Inzwischen hatte er allerdings längst gelernt, dass mit dem Erlegen des Tieres die Arbeit erst richtig begann. Da überlegte er sich auch schon einmal, ob er die Sau nicht lieber laufen lassen sollte.

Schon mit sechs Jahren hatte Gottfried ein festes Berufsziel: Er wollte Förster werden. Da könnte er die Jagd im Rahmen seines Berufes ausüben und würde auf diese Weise zugleich die familiären Auseinandersetzungen, die er von seinen Eltern um dieses Thema kannte, vermeiden. Außerdem würde er als Förster stets mit Hunden zu tun haben. Auch das war ihm ein großes Anliegen.
Der Vater hatte für seinen Sohn ebenfalls die Forstlaufbahn vorgesehen und förderte dessen Ambitionen. Und die Forstleute, die im Hause Vauk ein- und ausgingen, trugen ein Übriges dazu bei. Einer von ihnen war sein Patenonkel. Ihn bewunderte Gottfried. Ihm wollte er nacheifern.

Nun, die Forstlaufbahn war ihm später infolge des Krieges verwehrt. Doch er schaffte es dennoch, Jagd und Hunde in seine berufliche Tätigkeit zu integrieren.

Lernen in der Dorfschule

Im Frühjahr 1931 wurde Gottfried eingeschult und ging von nun an vier Jahre lang beim Vater in die Schule. Einen weiten Schulweg, wie viele Kinder, die auf dem Lande wohnten, hatte er nicht. Der Klassenraum befand sich unter demselben Dach wie die Wohnung der Lehrerfamilie.

Das Gebäude war für damalige Verhältnisse recht modern. Auf Drängen des Vaters war es Anfang der zwanziger Jahre an die Stelle der alten, maroden Schule gebaut worden, und der Schulmeister konnte manche Wünsche und Vorstellungen in den Bau mit einfließen lassen. Auf ein Badezimmer und fließendes Wasser musste die Familie allerdings verzichten. Die preußische Schulbehörde fand solchen Luxus für einen Schulmeister übertrieben. „Pariser Verhältnisse" wollte sie nicht zulassen. Schließlich tat es die alte Zinkbadewanne, die in der Waschküche im Stallgebäude untergebracht war, doch auch.

Dafür konnte der Vater durchsetzen, dass das Gebäude Strom erhielt und zugleich das gesamte Dorf elektrifiziert wurde. Das war ein großer Fortschritt für ein kleines Dorf in Hinterpommern, in dem die meisten Entwicklungen mit einiger Verspätung ankamen. Hellmuth Vauk war selbst ein begeisterter Bastler. Jede neue Technik faszinierte ihn. So sorgte er auch frühzeitig dafür, dass die Schule mit einem Radio ausgestattet wurde. Es war ein Gerät der damals sehr bekannten Firma Nora, ein großer Kasten mit einem Lautsprecher auf der einen, einer beleuchteten Skala auf der anderen Seite. Gottfrieds Lieblingssendung war das Hafenkonzert, das schon damals jeden Sonntag ausgestrahlt wurde. Einige Jahre später bekamen alle Schulen und Haushalte solch ein Wundergerät, damit die Menschen bis in die kleinsten Dörfer hinein die Propagandareden von Hitler und Goebbels hören konnten.

Doch noch blieb Goldbeck hiervon verschont, und für Gottfried galt es zunächst, Schreiben, Lesen und Rechnen zu lernen. Gemeinsam mit 30 bis 40

weiteren Kindern im Alter von sechs bis vierzehn Jahren verbrachte er also die Vormittage in dem großen Klassenzimmer. Wie schaffte ein Lehrer es, so viele Jahrgänge gleichzeitig zu unterrichten? Offenbar erforderte dies eine hohe Beweglichkeit. Gottfried Vauk beschreibt die Unterrichtsweise seines Vaters so: *„Mit der einen Gruppe beschäftigte er sich direkt, diktierte einen Text oder übte Prozentrechnung. Die anderen Kinder bekamen Aufgaben, die sie in der Zwischenzeit alleine bearbeiten mussten. Mein Vater lief nie über den Fußboden, sondern marschierte über die hölzernen Bänke, sprang von einem Tisch zum nächsten. Wenn er die ganze Klasse überblicken wollte, stellte er sich auf eine Bank, die vor dem Kachelofen stand, so dass er sich dabei den Rücken wärmen konnte. Das war sein bevorzugter Aufenthaltsort im Winter."*
Einige Pädagogen plädieren heute dafür, die so genannten Zwergschulen wieder einzuführen. Welche Vorzüge haben diese einklassigen Dorfschulen alten Stils, die auch Gottfried Vauk besuchte? Neben der größeren Überschaubarkeit boten sie in Vauks Augen unter anderem den Vorteil, dass jüngere und ältere Schüler sich gegenseitig helfen beziehungsweise voneinander lernen konnten. Man war nicht so festgelegt auf das, was für den eigenen Jahrgang gerade vorgesehen war. Vauk hierzu: *„Im Alter von sieben Jahren habe ich den Unterricht aufmerksam verfolgt, und mit einem Ohr hörte ich immer schon, was die Dreizehnjährigen gerade durchnahmen. So war ich, als ich später in die Oberschule kam, schon viel weiter als meine Mitschüler aus der Stadt, die von Klasse zu Klasse gegangen waren."*

Zu jener Zeit war ein Lehrer in der Regel noch eine gefürchtete und anerkannte Respektperson. Wer es dennoch wagte, sich seinen Anordnungen zu widersetzen, bezog Stockhiebe, je nach Schwere des Vergehens zwischen sechs und zehn. Mädchen waren von der Prügelstrafe ausgenommen.

Auch Gottfried blieb nicht verschont, im Gegenteil, ihn traf es besonders hart. *„Mein Vater achtete streng darauf, dass ich voll integriert wurde. Nur keine Vorteile für den Lehrersohn. Wenn meine Mitschüler keine Prügel bekamen, ich bekam sie. Er legte größten Wert darauf zu demonstrieren, dass ich nicht im Geringsten bevorzugt wurde."*

Ein besonderes Ereignis war es, wenn ein Schüler neu in die Klasse kam. Einer ist Vauk besonders in Erinnerung geblieben, Hansi Kohlschütter, der Sohn des Pastors. Gottfried hatte sich zusammen mit anderen Dorfkindern vor dem Pfarrhaus aufgestellt, um auf die Ankunft der neuen Pastorenfamilie aus Berlin zu warten. Als der Möbelwagen schließlich vorfuhr und der Pfarrerssohn heraussprang, muss Gottfried ihn wohl allzu unverhohlen angestarrt haben. Mit den Worten *„Wat kiekste denn so doof?“* verpasste Hansi Kohlschütter Gottfried eine schallende Ohrfeige, und der steckte sie ein, ohne sich zu wehren. Das lernte er erst später.

Am nächsten Tag in der Schule erregte Hansi ein weiteres Mal Aufsehen. Als Teil des Begrüßungszeremoniells ließ Hellmuth Vauk neue Schüler immer ein Lied vorsingen. Das Berliner Großstadtkind stimmte nun nicht etwa „Das Wandern ist des Müllers Lust“ oder „Nun ade, du mein lieb Heimatland“ an, sondern „Mausi, süß warst du heute Nacht“. Die Mitschüler horchten auf. Solche Gassenhauer kannte man in Goldbeck nicht. Der Schulmeister wusste nicht, ob er lachen oder Strenge walten lassen sollte. Und auf den Mitschüler Gottfried machte dieser Schlager immerhin soviel Eindruck, dass er ihn in sein Repertoire aufnahm und noch heute zum Besten geben kann.

Aus dem Nest geworfen – Jugend in Nazideutschland

Politische Ansichten im Hause Vauk

Das Land östlich der Oder und des Stettiner Haffs, das zu jener Zeit zur preußischen Provinz Pommern gehörte, war im Laufe der Geschichte häufig durch Ritterorden kolonisiertes Grenzland oder fremdbesetzt gewesen. Nach dem Ersten Weltkrieg waren die Grenzen durch den Versailler Vertrag wieder einmal neu gezogen worden. Westpreußen war jetzt überwiegend polnisch. Damit war Polen direkt an Hinterpommern herangerückt.

Den Versailler Vertrag hielten Gottfrieds Eltern, wie die meisten Deutschen, für demütigend und nicht akzeptabel. Doch während Hedwig Vauk dem Kaiserreich nachtrauerte und ihre Vorstellungen am ehesten durch die Deutsch Nationale Partei vertreten sah, war ihr Mann Anhänger der jungen Demokratie. Er stand den Sozialdemokraten nahe, ohne jedoch ihrer Partei beizutreten. Als großen Fortschritt betrachtete er die Trennung von Kirche und Staat. Doch die Freude darüber währte nicht lange, denn wenig später gaben Nationalsozialisten in der Schulbehörde den Ton an.

Die Nazis versuchten schon früh, auch im kleinsten hinterpommerschen Dorf Fuß zu fassen. Bereits um 1932 tauchten die ersten SA-Männer in Goldbeck auf. Da es keine anderen öffentlichen Räume gab, hielten sie ihre Versammlungen in der Schule ab. Hellmuth Vauk musste ihnen abends den Klassenraum zur Verfügung stellen. Er tat es nur widerwillig. Gottfried dagegen war neugierig. Er erlebte manche ihrer Zusammenkünfte als Zaungast mit und war beeindruckt, wenn sie mit ihren auf Hochglanz polierten, langen Lederstiefeln und blank geputztem Koppelzeug durch das Dorf marschierten, exerzierten und schneidig ihre Befehle ausgaben. Eines Tages bot ihm einer der Männer an, Hitlerjunge zu werden. Der Siebenjährige empfand dies als besondere Auszeichnung und nahm voller Stolz seinen Mitgliedsausweis entgegen. Der Vater rümpfte die Nase darüber, doch die Mutter unterstützte ihren Sohn.

Nach der Machtübernahme 1933 setzten die Nazis das Eintrittsalter jedoch auf zehn Jahre herauf. Unter Tränen musste Gottfried seinen Aus-

weis wieder zurückgeben. Was ihm blieb, war ein Foto, das ihn in Uniform zeigt, eine Hand am Koppelschloss, mit der anderen den Hitlergruß ausführend.
An den Tag der Machtübernahme kann sich Vauk noch gut erinnern: *„Am Schulradio verfolgten wir die Übertragung aus Berlin. Wir hörten die Massenkundgebung, den Ton der Marschtritte, das Gejohle der Menschenmenge und die begeisterte Stimme des Reporters, der von dem Fackelumzug durch das Brandenburger Tor berichtete."* Mutter und Sohn ließen sich von der allgemeinen Euphorie anstecken. Doch der Vater sagte einen Satz, der sich dem Sohn einprägte, auch wenn er ihn damals noch nicht verstand: *„Massen haben niemals Recht."*

Hellmuth Vauk misstraute den Nazis und hielt Distanz zu ihnen. Er fügte sich ihren Anordnungen, soweit ihm dies unumgänglich erschien. Offen anlegen wollte er sich jedoch nicht mit ihnen. Sein Widerstand beschränkte sich auf kleinere Boykottmaßnahmen, die keine Nachteile für ihn und die Familie nach sich zogen. So hielt er beispielsweise trotz Verbots daran fest, den Unterricht mit einem Morgengebet zu beginnen. Auch hing in seiner Klasse nicht das obligatorische Führerbild. Lediglich als der Schulrat seinen Besuch ankündigte, ließ er es aufhängen, um es gleich danach wieder verschwinden zu lassen.

Als Lehrer war er verpflichtet, der NS-Lehrerschaft und irgendeiner gesellschaftlich relevanten Organisation anzugehören. Damit konnte er leben, indem er Tätigkeiten wählte, die er selbst für sinnvoll und vertretbar hielt. So nahm er den Posten des Luftschutzwartes an und engagierte sich als Ortsgruppenleiter der nationalsozialistischen Volkswohlfahrt für die Bedürftigen im Dorf.

Die Partei war bei all dem nebensächlich für ihn. Er glaubte ohnehin nicht daran, dass sie lange das Sagen behalten würde. Wie viele seiner Zeitgenossen suchte und fand er seine Nischen und arrangierte sich mit dem System. Nach dem Krieg wurde er als Mitläufer eingestuft.

Gottfrieds Mutter stand den neuen Machthabern in den ersten Jahren weniger kritisch gegenüber. Zwar war auch sie keine überzeugte und aktive Nationalsozialistin, und vieles am Gehabe und Auftreten dieser Leute missfiel ihr. Doch dass die Nazis sich auf Gott beriefen und außerdem Preußen wieder auferstehen lassen wollten, stimmte sie hoffnungsfroh. Im übrigen vertraute sie auf Hindenburg, der ja seit 1925 Reichspräsident war. Später wandte sie sich allerdings der Bekennenden Kirche zu.

Gottfried selbst war zu der Zeit sicher zu jung, um sich aus eigener Urteilskraft von den Nazis distanzieren zu können. Geriet er somit zwangsläufig in ihre Fänge? Er selbst sieht das nicht so. Wirklich in die Fänge der Nazis sei er nicht geraten. Die protestantische Erziehung hätte schon ein deutliches Gegengewicht geschaffen und ihn stärker geprägt als die Nazi-Propaganda.
Und dennoch ...

Ein pommerscher Grützkopp im Internat

Als Gottfried mit knapp zehn Jahren die vierte Klasse beendet hatte, stellte sich die Frage nach einer weiterführenden Schule. Für die Kinder aus den hinterpommerschen Dörfern war es selbstverständlich, dass sie von zu Hause fort mussten, wenn sie eine höhere Schule besuchen sollten. Darauf hatten die Eltern ihren Sohn von klein auf vorbereitet. Die beiden Töchter besuchten eine angesehene Internatsschule. Für Gottfried kam unter anderem die Staatliche Bildungsanstalt (Stabila) in der circa 40 km entfernten Bezirkshauptstadt Köslin in Betracht. Diese Schule war aus einer ehemaligen preußischen Kadettenanstalt hervorgegangen und genoss einen guten Ruf. Doch inzwischen hatten die Nationalsozialisten ihre berühmt-berüchtigten Kaderschmieden gegründet. Aus der Kösliner „Stabila" wurde eine „Napola" (Nationalpolitische Erziehungsanstalt).

Hedwig Vauk bezweifelte, dass ihr Sohn hier noch in christlichem Sinne erzogen würde, und sah sich nach einer Alternative um. So wählte sie schließlich ein Internat der Herrnhuther Brüdergemeinde aus, einer von Graf Zinzendorf gegründeten Glaubensgemeinschaft.

Die Internatsschule lag in der kleinen Stadt Niesky in der Oberlausitz, mehrere Bahnstunden von Goldbeck entfernt. Das monatliche Schulgeld konnte der Vater gerade noch aufbringen. Für regelmäßige Heimfahrten oder Besuche reichte das knappe Lehrergehalt jedoch nicht mehr. Nicht einmal zum Eintritt in die neue Schule konnten die Eltern ihren Sohn begleiten. So musste der Zehnjährige, der bis dahin kaum über Goldbeck und die nähere Umgebung hinausgekommen war, seine erste Bahnfahrt ins Ungewisse allein antreten.

Vater, Mutter und Patenonkel Paul brachten Gottfried, der seinen besten Bleyle-Anzug trug, im Pferdewagen zum Bublitzer Bahnhof. Hier bekam er seine Fahrkarte und einen Zettel, auf dem die Umsteigestationen notiert waren. Im Portemonnaie hatte er fünf Mark. Davon solle er sich beim Umsteigen auf dem Frankfurter Bahnsteig ein Würstchen kaufen, riet ihm die reiseerfahrene Mutter noch und beschrieb ihm genau, wie er dabei vorzugehen habe.

Als sich der Zug in Bewegung setzte und Gottfried seine Angehörigen auf dem Bahnsteig zurücklassen musste, presste er sein Gesicht in die braunen Zuggardinen und weinte seinen ganzen Kummer da hinein. Zum Glück hatten ihm die Eltern niemals eingebläut, dass ein Junge nicht weinen dürfe. So hatte er ein Ventil, das er auch als Erwachsener immer wieder nutzte, wenn ihn ein seelischer Schmerz übermannte.

Irgendwann waren die Gardinen voll- und Gottfried leergeheult. Nun konnte er sich neugierig den vielen neuen Eindrücken hingeben. Das Umsteigen klappte, und sogar das erste Wiener Würstchen seines Lebens kaufte er sich ganz allein. Es schmeckte ihm ausnehmend gut und setzte Maßstäbe für alle Wiener Würstchen, die er je in seinem Leben essen würde. Schließlich wurde der Genuss noch erheblich durch den Stolz auf die vollbrachte Leistung gesteigert.

Im Internat wies man ihm seinen Schlafraum zu, den er mit elf weiteren Jungen teilen musste. Jeder hatte darin sein Bett und seinen Spind, wie beim Kommiss. In den Stuben musste vorbildliche Ordnung herrschen.

In dem von der Herrnhuther Brüdergemeinde geführten Internat paarten sich preußischer Drill und christliche Gesinnung, ganz wie die Mutter es sich für ihren Sohn vorgestellt hatte. Der ganze Tagesablauf funktionierte auf Trillerpfiff. Alles war straff durchorganisiert. Jeden Morgen versammelte man sich zur Andacht, hörte ein Bibelwort als Losung für den Tag. Zu den Mahlzeiten wurde ein Tischgebet gesprochen. Gottfried fand sich schnell in diesen streng geregelten Internatsalltag ein.

Schlimm für ihn waren die ersten Ferien. Über Pfingsten gab es ein paar Tage frei. Alle aus seiner Klasse fuhren nach Hause, nur Gottfried nicht, weil die Eltern es sich nicht leisten konnten. Ein Mitschüler lud ihn ein, die Ferien mit bei ihm zu verbringen. Doch das schlug Gottfried aus. Rückblickend erscheint ihm diese Reaktion typisch. Auch später als Erwachsener nahm er ungern und nur sehr selten Einladungen an. Sollten die Leute doch zu ihm kommen. Er selbst war stets ein großzügiger Gastgeber.

So verbrachte er seine Pfingstferien einsam und fernab der Heimat. Und wieder machte er seinem Kummer durch Tränen Luft. Er hockte sich in seinen Spind, versenkte sich in die Fotos von zu Hause und weinte sich aus. Solche Stunden tiefer Traurigkeit waren und sind für Gottfried Vauk ganz elementare Erfahrungen. Er akzeptiert sie als Teil des Lebens.

Nachdem er genug Tränen vergossen hatte, entdeckte er die Vorzüge des Alleinseins. Endlich einmal niemand, der nachts schnarchte, der ihm im Waschraum auf die Füße trat oder in anderer Weise seine Kreise störte. Mit den Jahren entwickelte er sogar ein ausgeprägtes Bedürfnis nach Phasen des Alleinseins. Das sind für ihn Zeiten der inneren Sammlung und Besinnung. Immer wieder hat er sich solche Auszeiten genommen. Und auch heute sitzt er gerne stundenlang alleine auf dem Hochsitz, beobachtet und hängt seinen Gedanken nach. Vielleicht ist er damals im Internat auf den Geschmack gekommen.

Unter den Internatsschülern hatte er anfangs einen schweren Stand. In ihren Augen lebte er ja völlig hinter dem Mond. Vauk erinnert sich an manche Situation, in der seine mangelnde Welterfahrung ihm den Spott der Mitschüler einbrachte, zum Beispiel folgende Begebenheit: *„Sonnabends hatten wir schulfrei und konnten in kleineren Gruppen etwas unternehmen. Einmal beschlossen meine Kameraden, ins Kino zu gehen. Da habe ich mich vor sie hin gestellt und gefragt: ‚Was ist das eigentlich – Kino?‘ Statt mir* *zu antworten, brachen sie in schallendes Gelächter aus, und von da an hatte ich meinen Spitznamen weg: der pommersche Grützkopp."*

Die Schulkameraden machten sich immer wieder einen Spaß daraus, Gottfried in Verlegenheit zu bringen. Das war eine schlimme Zeit für ihn. Irgendwann beschloss er, diesem Elend ein Ende zu bereiten und seinen Mitschülern zu zeigen, was ein pommerscher Grützkopp ist. Als wieder einmal einige Kameraden über ihn herziehen wollten, stieg plötzlich eine unbändige Wut in ihm hoch, und er langte zu. Erst sein Klassenlehrer setzte der Prügelei ein Ende. Nachdem er beide Seiten verhört hatte, kam er zu dem Ergebnis, dass der Wutausbruch verständlich sei. Gottfried wusste nun, dass er sich wehren konnte. Mit Genugtuung zitiert er noch heute einen Satz, der am Ende des Schuljahres in seinem Zeugnis stand: „Gottfried prügelt sich oft und gerne – meistens allerdings für eine gerechte Sache."
Dennoch blieb er in dieser Schule ein Außenseiter, aber einer, dem man mit Respekt begegnete.

Die Nazis konnten sich nur schwer Eingang verschaffen in die Herrnhuther Schule. Während sie in den meisten Schulen längst die Unterrichtsinhalte bestimmten, machte sich ihr Einfluss in der Brüdergemeinde nur in abgeschwächter Form bemerkbar. Die preußisch-protestantische Ausrichtung blieb maßgebend. Den nationalsozialistischen Jugendorganisationen mussten allerdings auch die Internatsschüler beitreten. Von 10 bis 14 Jahren gehörte man dem Jungvolk an, von 15 bis 18 der Hitlerjugend. Danach wurde man in der Regel Parteimitglied. Was Gottfried im Alter von 7 Jahren verwehrt worden war, wurde nun zur Pflicht. Doch die Gruppen blieben unter sich, mischten sich nicht mit denen außerhalb des Internats.

Als Gottfried zum ersten Mal nach Monaten wieder nach Hause fahren konnte, wurde das Bild, das er bis dahin von seiner Heimat gehabt hatte, mit einem Mal stark relativiert. Vauk: *„Mir kam alles mächtig geschrumpft vor. Vorher war es für mich die Welt, und auf einmal wusste ich, es ist nur ein kleines Schulmeisterhaus."*

Und noch etwas lernte er in dieser Zeit: das Abschiednehmen und das Wiederkehren. Die Wiedersehensfreude nach so langer Abwesenheit vom Elternhaus war für ihn ein ganz intensives Erlebnis. Der Abschied am Ende der Ferien war jedes Mal wieder schmerzhaft. Zu dieser Art von Schmerz entwickelte Gottfried mit der Zeit ein ambivalentes Verhältnis.

Traurigsein – das war irgendwie schaurig-schön. Er konnte schrecklich darunter leiden und diese tiefen Empfindungen gleichzeitig auskosten, sich ihnen völlig hingeben. An solchen Erfahrungen wuchs er. Vauk hierzu: *„In die Arme meiner Mutter bin ich immer wieder gerne zurückgekehrt. Aber jedes Mal mit ein bisschen mehr Selbstbewusstsein. Dieser erste harte Abschied im Alter von zehn Jahren führte mich doch zugleich ein großes Stück weiter in die Eigenständigkeit. Ich wusste, ich kann alleine reisen, ich kann mir alleine ein Würstchen kaufen, ich kann mich auf dem Schulhof alleine durchprügeln. Ich muss und kann mit vielen Problemen alleine fertig werden. Dies alles stärkte mein Selbstvertrauen ungemein."*

Karriere beim Jungvolk und Abitur

Drei Jahre verbrachte Gottfried im Internat der Herrnhuther Brüdergemeinde. Als er Ostern1938 nach Hause kam, teilten ihm die Eltern mit, dass er nach den Ferien nicht nach Niesky zurückkehren sollte. Den Grund erfuhr er erst viel später.
Die Schulbehörde hatte Hellmuth Vauk nahe gelegt, seinen Sohn von dieser Anstalt zu nehmen. Andernfalls drohten ihm disziplinarische Maßnahmen. Der Familienvater wollte seine Existenz nicht aufs Spiel setzen und beugte sich dem Druck. So entschlossen sich die Eltern, ihren Sohn auf die Oberschule für Jungen in Köslin zu schicken.

Dank der Verbindungen der Mutter zur Bekennenden Kirche konnte Gottfried dort zunächst in einem evangelischen Gemeindehaus unterkommen. Doch auch das gefiel den Wächtern des Regimes nicht. So fand er schließlich Quartier bei einer Beamtenwitwe.

Wie machte sich das Hitler-Regime sonst im Leben des jungen Oberschülers bemerkbar?

Die politischen Ziele der Nazis interessierten ihn nicht. Und doch wurde er, wie alle Kinder und Jugendlichen, geschickt geködert, hatte kaum eine Chance, der permanenten Beeinflussung zu entgehen. Auch dem enormen Leistungs- und Erwartungsdruck, der nicht nur in der Schule, sondern auch von Seiten des Regimes ausgeübt wurde, konnte er sich nicht entziehen. Ob in den Jugendorganisationen oder in Sportvereinen – überall mussten die Jugendlichen beweisen, dass sie dem Bild des deutschen „Herrenmenschen" gerecht wurden. Das hatte unter anderem ein ausgeprägtes Konkurrenzdenken zur Folge, das wirkliche Freundschaften unter Gleichaltrigen sehr erschwerte. So sieht Vauk es zumindest, wenn er heute über diese Zeit nachdenkt. Jeder wollte nach oben. Oberschüler hatten dabei ein starkes Elitebewusstsein. In den Jugendorganisationen der Nazis nahmen sie häufig Führungspositionen ein, oder sie taten sich in anderen außerschulischen Bereichen hervor, vor allem im Sport.

Gottfried gehörte seit seinem zehnten Lebensjahr dem Jungvolk an. Hier machte er schnell Karriere. Die Freizeitaktivitäten, das Gemeinschaftsleben und die gute Organisation sprachen ihn durchaus an. Mit circa zwölf Jahren wurde er Führer einer aus fünfzehn Buben bestehenden Jungenschaft. Drei Jungenschaften bildeten einen Zug, drei Züge ein Fähnlein. Bis zum Fähnleinführer arbeitete er sich hoch. Jeden Samstag hatte er Dienst.

Aufgrund dieser Führungsfunktion verblieb er über die vorgesehene Altersgrenze hinaus beim Jungvolk und wurde nicht, wie die meisten Altersgenossen, mit vierzehn Mitglied der Hitlerjugend. Er hat gute Erinnerungen an diese Zeit:
„Wilde Sachen haben wir zusammen unternommen. Zum Beispiel fuhren wir mit Booten auf die Seen hinaus und inszenierten Wasserschlachten. Ob das nun etwas mit den Nazis zu tun hatte, war mir ziemlich egal. Die Schulungsstunden, in denen wir die Lebensgeschichte Adolf Hitlers auswendig lernen mussten, habe ich als notwendiges Übel in Kauf genommen."

Gottfried war knapp vierzehn, als der Krieg ausbrach. An jenem Morgen des 1. Septembers 1939 kam seine Wirtin in sein Schlafzimmer und drehte das Radio laut. Ab jetzt werde zurückgeschossen, Bombe mit Bombe vergolten, verkündete Hitler, der die Luftangriffe auf Polen ja als Reaktion auf polnische Provokationen darstellte. Gottfried gruselte es. Noch ahnte er nicht, dass er selbst einmal als Soldat Hitlers Großmachtswahn unterstützen würde.

Als Spielscharleiter im Jungvolk studierte Gottfried mit seiner Gruppe auch Theaterstücke ein. Nach einer Aufführung erhielt er unerwartet einen Brief, in dem ihm ohne weitere Begründung mitgeteilt wurde, dass er seines Auftrags als Fähnleinführer enthoben und in die Hitlerjugend abkommandiert sei. Was war geschehen?

Die Gruppe hatte bei einem Elternabend, der dem Gedenken der Gefallenen gewidmet war, ein sehr zu Herzen gehendes Stück aufgeführt. Mit schwarzen Fahnen, den Klängen von Landsknechtstrommeln und Schülern in schwarzen Uniformen erzeugte Gottfried eine Szenerie, die vielen Zuschauern die Tränen in die Augen trieb. Dazu sang die Truppe: *„Der Tod reitet auf einem kohlschwarzen Rappen, er hat eine undurchsichtige Kappen. Wenn Landsknecht' in das Feld marschieren, lässt er sein Trömmlein mit ihnen rühren. Deutschland in Not. In Deutschland, da reitet der Tod."*

Ursprünglich hieß es in dem alten Landsknechtslied: *„Flandern in Not. In Flandern, da reitet der Tod"*. Gottfried hatte diese Stelle umgeschrieben und auf Deutschland gemünzt, weil ihm das zutreffend erschien angesichts der vielen Gefallenen, die in fast jedem Dorf zu beklagen waren. *„Ich wollte damit nicht bewusst gegen das Regime oder den Krieg oder die deutsche Politik revoltieren. Aus einer schlichten menschlichen Regung heraus wollte ich mit dem Lied etwas aussagen, was der Realität entsprach."*

Die Wächter des Regimes sahen das offenbar anders. Erst später erfuhr Vauk, dass die kleine Textänderung ausgereicht hatte, ihn als Fähnleinführer abzusetzen.

In der Hitlerjugend, der er nun beitreten musste, behagte es ihm nicht. Hier hatte er keine Führungsfunktion mehr, war einer von vielen und hatte es mit sehr grobschlächtigen, pubertierenden Jünglingen zu tun, mit denen er kaum Interessen teilte und wenig anzufangen wusste. Spätestens zu diesem Zeitpunkt wird erkennbar, was für den erwachsenen Gottfried Vauk höchst charakteristisch war und ist. Um es mit einem biologischen Terminus zu benennen: Er ist ein Alpha-Tier mit ausgeprägtem Führungswillen, keiner, der sich mit der zweiten Reihe begnügt. Die nötigen Eigenschaften und Fähigkeiten hierzu bringt er mit: Durchsetzungsvermögen und das Zeug, andere Menschen anzuleiten und zu begeistern. Als Fähnleinführer und später als Soldat hatte er immer wieder Gelegenheit, sich in Führungsrollen zu erproben. Und nun, in der Hitlerjugend, sollte er anderen das Sagen überlassen?

Er klagte sein Leid seinem Klassenlehrer, der Verständnis für ihn zeigte und ihn damit tröstete, dass er wohl ohnehin bald einberufen werde. Damit sollte er Recht behalten, und Gottfried war geradezu erleichtert, als er bereits drei Monate später zum Arbeitsdienst musste.

Doch noch hatte Gottfried die Schule nicht beendet. Als er zur HJ abkommandiert wurde, war er sechzehn und ging in die Unterprima. An normalen Unterricht war 1941 allerdings nicht mehr zu denken. Die Nazis ließen keine Gelegenheit aus, junge Männer für den Dienst am Vaterland zu begeistern. Vauk: *„In der Schule bekamen wir hin und wieder Besuch von bewährten Frontsoldaten, die uns von ihren Erlebnissen berichteten. Aber wie schrecklich es wirklich war, erzählten sie uns nicht. Für die meisten von uns war es selbstverständlich, für das Vaterland zu kämpfen. Kam man dabei um, so starb man zumindest einen Heldentod. Wer dazu nicht bereit war, wurde als Feigling verachtet. Dass Hitler darauf aus war, durch Krieg und Brutalität, Deutschland groß zu machen, dass er Juden und andere Bevölkerungsgruppen verfolgte, begriffen die meisten von uns erst viel später. Ich war in vieler Hinsicht einfach ahnungslos."*

In der Klasse gab es drei Fraktionen. Eine kleine Anzahl von Schülern wollte auf gar keinen Fall in den Krieg ziehen, entweder aus Überzeugung oder aus einer „Ohne-mich-Haltung" heraus. Letztere galten als Drückeberger. Dann gab es eine Gruppe von Jungen, die es nicht abwarten konnten, Soldat zu werden, und die sich freiwillig zur Wehrmacht meldeten. Sie bekamen kurzerhand ein Notabitur, für das ohne weitere Prüfungen die letzten Zensuren zugrunde gelegt wurden. Nach dem Krieg wurde es allerdings nicht anerkannt. Die übrigen Schüler waren unentschlossen, zwar grundsätzlich zum Kriegsdienst bereit, doch sie warteten ab. Zu ihnen gehörte Gottfried.

Dem Rat seines Vaters folgend, meldete er sich nicht freiwillig, sondern versuchte, zunächst die Schule zu beenden. Mit siebzehn konnte er ein vorgezogenes, aber doch voll gültiges Abitur machen. Voller Dankbarkeit gedenkt er heute seines Mathematiklehrers. Der fand, dass Gottfried trotz erheblicher Wissenslücken in Mathematik, Physik und Französisch das Reifezeugnis verdient habe und verriet ihm die Aufgaben der mündlichen Matheprüfung im voraus. So bestand Gottfried im Frühjahr 1942 als einer von sieben Kandidaten das Abitur. Die übrigen Mitschüler waren bereits Soldaten.

In der Abiturzeitung, die Vauk aus alten Unterlagen hervorkramt, sind folgende von Mitschülern verfasste Verse über ihn zu lesen:

Wer zählt die Mädchen, nennt die Namen,
Die alle Vauk geliebet haben?
Wer kennt das Leid und zählt die Tränen,
Die alle nicht vergossen wären,
Wär' Gottfried, dieser Bösewicht,
So hübsch und doch so treulos nicht?
Ansonsten wäre noch zu sagen,
Daß Gottfried tüchtig sich tut plagen,
Mit der HJ und andren Dingen,
Die alle ihm so gut gelingen
Wie ihm die Schule nicht gelingt.
(...)
Sehr gerne fährt er auf die Jagd,
Die ihn gar manchmal heftig packt.
Dann lässt er seine Mägdelein
Und auch das Fähnlein ganz allein
Und fährt zu seinen Hirschen heim.
Das ist der Vauk in aller Pracht.
Drum sei ihm dieses Loblied dargebracht.

Zwei ausgeprägte Vorlieben, zu denen der Achtzigjährige sich bekennt, manifestierten sich offenbar bereits in frühester Jugend.

Kurz vor dem Abitur bewarb sich Gottfried als Anwärter für die höhere Forstlaufbahn. Er musste sich einer ärztlichen Untersuchung unterziehen, Wildfährten lesen, Hölzer unterscheiden und sein Allgemeinwissen unter Beweis stellen – und wurde für geeignet befunden. Von nun an durfte er sich Forstanwärter nennen und diese Bezeichnung auch später als Beruf in seinen Wehrpass eintragen.

Der Ruf des Vaterlandes ließ nicht auf sich warten. Im Frühjahr 1943 wurde der Siebzehnjährige zum Arbeitsdienst nach Schönlanke im ehemaligen Westpreußen beordert.

Bubi muss mit

In Schönlanke war Gottfried mit circa hundert anderen jungen Männern in einem großen Barackenlager untergebracht und erhielt eine Waffenausbildung an der leichten Flak. Schon bald wurde er zu ersten Einsätzen ins Ruhrgebiet und nach Hamburg geschickt. Es war die Zeit der Luftangriffe auf Hamburg. Flammen, einstürzende Häuser, Tote, Verwundete, schreiende Menschen – vom ersten Tag an lernte Gottfried die Realität dieses Krieges kennen. Im Ruhrgebiet musste er auf einem Hochofen sitzen und Wache halten, während um ihn herum Fliegerangriffe tobten, unter ihm rußerfüllte Rauchwolken von abgelöschter Kohle aufstiegen.

Gottfried Vauk als Soldat

Kurze Zeit später wurde seine Einheit aufgelöst. Alle Männer wurden entlassen, um gleich darauf zur Wehrmacht einberufen zu werden. Gottfried kam zum Panzergrenadierregiment 25 in Stargard.

In Stargard und später in Kalisch absolvierte er seine Grundausbildung. Die war schonungslos. Fußmärsche über 30 bis 40 km gehörten zur Tagesordnung. Auch wenn die Füße längst blutig gelaufen waren, gab es kein Pardon. Vauk beschreibt einen für die Geländeausbildung zuständigen Unteroffizier, der immer nur brüllte. *„Wenn man seine Hacken nicht schnell genug herunter bekam, versetzte er einem einen Tritt und schrie ‚Für jeden Tritt, den ihr von mir bekommt, lebt ihr an der Front einen Tag länger'."* Das ist Kriegslogik. Doch Vauk räumt ein, dass der Mann ihm wichtige Überlebensstrategien beigebracht habe.

Die Ausbilder waren in der Regel erfahrene Frontkämpfer, vielfach dekoriert mit Ritterkreuz, Panzernahkampfspange, goldenem Verwundetenabzeichen und was es noch alles gab, um einem das blutige Handwerk zu versüßen. Da Gottfried im Umgang mit Waffen bereits geübt war, wurde er sogleich zum Scharfschützen ausgebildet. In der Waffenkammer wurde ihm ein Karabiner mit angepasstem Schaft und vierfachem Zielfernrohr ausgehändigt, den er von nun an ständig bei sich tragen musste. Nebenbei erhielt er noch eine Zusatzausbildung zu Pferde und machte den Führerschein für PKW, LKW und Halbkettenfahrzeuge.

Trotz oder vielleicht sogar wegen der harten Anforderungen gefiel ihm diese Ausbildung. Waffen, Pferde, Sport, gute Organisation – das war seine Welt. Was er dort lernte, betrachtete er als gründliche und auch notwendige Vorbereitung auf den Kriegseinsatz. Dazu steht er auch heute noch.

Ganz anders erlebte beispielsweise der Psychoanalytiker Horst-Eberhard Richter (Jahrgang 1923) diese Zeit. Wir lesen Vauk eine Passage aus Richters Buch vor, in dem dieser seine Eindrücke vom Arbeitsdienst und der Rekrutenzeit wie folgt zusammenfasst:
„Der Arbeitsdienst im besetzten polnischen Gebiet hatte nichts mit Arbeit, nur mit Drill und Schikanen zu tun. (...) Abiturienten durch schwere körperliche Sonderübungen zu drangsalieren, war eine methodische Strategie. (...) Hirnlose Automaten sollten wir werden – willenlos biegsam nach jeder Richtung. Abgestumpft, total kritikunfähig, verdummt, blind hörig, wie die Graugänse der Verhaltensforscher auf die Vorgesetzten geprägt – welchen Unsinn die auch immer befahlen. Nicht anders die folgende Rekrutenzeit, ...“ (1)

Der siebzehnjährige Gottfried konnte diesen Drill akzeptieren. Ohne Befehle und Gehorsam kann eine Armee nicht funktionieren. Davon ist Vauk auch heute noch überzeugt, wenngleich sich seine Einstellung zu diesem Krieg wie zu militärischen Einsätzen allgemein inzwischen grundlegend geändert hat.

Nach dem Jahreswechsel 43/44 wurde die Ausbildung plötzlich für beendet erklärt. Die Soldaten wurden dringend an der Front gebraucht. Die deutschen Armeen waren inzwischen überall auf dem Rückzug. Die Ostfront verlief durch Polen. Oberstes Ziel war es nun, die alten Reichsgrenzen zu verteidigen.
Nach kurzem Heimaturlaub sollte Gottfried sich an der Frontleitstelle in Warschau melden. Dort sammelten sich Tausende von Soldaten aller Altersklassen und Waffengattungen. Nach kurzer Zeit hatten sich die sieben Männer gefunden, die zur selben Einheit abkommandiert waren. Gottfried war mit Abstand der Jüngste unter ihnen und hatte schnell seinen Spitznamen „Bubi“ weg. Zwei freie Tage hatte die Gruppe noch, einen Abend sogar Ausgang bis zum Wecken. Was sollte man anfangen mit

diesen letzten Stunden vor dem Kampf? Ausruhen? Kräfte sammeln? Für die anderen Männer, überwiegend „alte Hasen", war die Sache klar. Man würde die letzte Nacht in einem Bordell verbringen. *„Bubi, du kommst mit"*, sagten sie zu Gottfried, der bei diesen Worten zusammenzuckte und gar nicht erpicht darauf war. Doch die Kameraden ließen nicht locker. Bubi musste mit.

Sie fuhren zu einer großen Villa, die als Wehrmachtspuff bekannt war. Hier mussten sich alle Besucher zunächst in einem Sanitätszimmer einer kurzen Untersuchung und notwendigen Hygienemaßnahmen unterziehen. Es herrschte Hochbetrieb. Die Männer standen Schlange. Gottfried fühlte sich miserabel. *„Als ich das alles sah, packte mich das kalte Grausen. Ich hatte nur einen Gedanken: Nichts wie weg von hier! So hast du dir dein erstes Mal nicht vorgestellt. So viel Mann war ich dann doch schon, mich nicht davon abbringen zu lassen, diesen Ort schleunigst zu verlassen. Die anderen nahmen mir das übel, redeten etwas von Kneifen, von mangelndem Kameradschaftssinn. Doch das war mir egal."*

In dieser Zeit lernte Gottfried, zwischen wirklicher Kameradschaft und plumper Kumpanei und Gruppenzwang zu unterscheiden. Letzteres verabscheute er.

An der Front

Am nächsten Morgen lautete der Befehl: „Raustreten, Gepäck aufnehmen!" Ein Opel „Blitz" beförderte Gottfried und seine Kameraden Richtung Osten. Nach einem Tag Bereitschaft wurde es Ernst: Die Hauptkampflinie war von Russen durchbrochen worden. In der Dämmerung setzte sich Gottfrieds Einheit mit ihren Schützenpanzern in Bewegung.

Was dann geschah, kann Vauk auch nach sechzig Jahren noch detailgenau schildern: *„Irgendwann rief der Kommandant ‚Halt!' und kündigte an, dass wir noch eine halbe Stunde bis X-Zeit hätten. Wir mussten unsere Panzer in Stellung bringen, die Ausstiegsluken zum Gegner richten. Ich schaute auf meine Wehrmachtsuhr mit Leuchtzifferblatt und sah die Minuten verstreichen. Ich habe diese dreißig Minuten in schrecklicher Erinnerung, hatte irrsinniges Herzklopfen, ein flaues Gefühl in der Magengrube. In dieser halben Stunde spulte* *mein ganzes bisheriges Leben vor meinen Augen ab. Dann auf einmal wurde von den Zugtruppwagen aus Leuchtmunition abgeschossen. Das war das Zeichen. Wir stürmten aus unserem Panzer. Ich rannte in die gleißende Helligkeit, die die Leuchtmunition geschaffen hatte. Dann kamen auch schon Schüsse aus einem russischen Maschinengewehr. Wir sahen das Mündungsfeuer der MGs und stürmten darauf zu. Ein Unteroffiziersschüler warf als Erster seine Handgranate. In der Ausbildung war uns eingebläut worden: Sobald die Handgranate explodiert, rennst du los, weil der Gegner dann für einen kurzen Moment in Bedrängnis ist. Die Handgranate hatte gesessen. Einen Augenblick später sprang ein Russe auf mich zu. Mit aufgepflanztem Seitengewehr stand er plötzlich vor mir. In der rechten Hand hatte ich meine Pistole, und mit der linken griff ich in sein Bajonett. Der Russe riss mir, um das Seitengewehr frei zu bekommen, die Klinge durch die Hand. Da habe ich auf kürzeste Distanz geschossen. Das halbe Magazin habe ich auf ihn verschossen. Das war das erste Mal, dass ich einen Menschen getötet habe. Kurz darauf stiegen rote Leuchtkugeln auf. Wir mussten zurück zu unseren Fahrzeugen."*

Gottfried Vauk schildert viele weitere Kampfsituationen, an denen er in den folgenden Tagen und Wochen beteiligt war. Bei jedem Einsatz wurden Soldaten getötet, sowohl aus den eigenen Reihen als auch auf Seiten der Gegner. Mehr als einmal war er Zeuge, aber auch Mitverursacher grauenvoller Szenen. Mehr als einmal hätte es ihn ebenso gut selbst erwischen können. Noch heute fällt es ihm schwer, über das Erlebte zu sprechen. Die Bilder rühren noch immer offene Wunden bei ihm an. Und doch will er darüber reden. Das Reden ist Teil der persönlichen Verarbeitung, die noch nicht abgeschlossen ist, es vielleicht auch niemals sein wird. Das andere Motiv ist die Sorge um das Vergessen. Er ist überzeugt: Kein Mensch, der so etwas nicht selbst miterlebt hat, kann sich vorstellen, was Krieg bedeutet. Die Generation, die – in welchem Grade auch immer – mitschuldig geworden ist an den Verbrechen der Nazis, würde in seinen Augen erneut schuldig, wenn sie ihre Erfahrungen nicht an nachfolgende Generationen weitergeben und nicht selbst Konsequenzen daraus ziehen würde. Für ihn war eine der Konsequenzen, gegen die Wiederaufrüstung Deutschlands zu protestieren. Dass bei uns die Hemmschwelle gegenüber Kriegsbeteiligungen immer weiter sinkt, dass deutsche Soldaten und deutsches Kriegsgerät heute in vielen Teilen der Erde im Einsatz oder einsatzbereit sind, hält er für fatal.

Er hört sehr genau hin, wenn Männer seiner Generation sich in den Medien über ihre eigene Vergangenheit, ihre ganz persönlichen Erlebnisse äußern. Wird da gesagt, wie schlimm es wirklich war? Oder wird gelogen, verharmlost, beschönigt, verdrängt? Manche seiner Altersgenossen beschreiben einen inneren Entwicklungsprozess, wie er sich ähnlich auch bei ihm vollzogen hat. Vauk: *„Zuerst war da eine Menge Enthusiasmus, die Überzeugung, für eine richtige und gerechte Sache zu kämpfen. Dann folgte eine Phase inneren Gespaltenseins. Einerseits erlebte man tagtäglich eine Brutalität, von der man vorher keinen Begriff hatte. Es kamen erste Zweifel am eigenen Tun und an den wahren Absichten des Regimes auf. Andererseits hatte man noch immer diesen starken Pflichterfüllungsdruck, sei es, dem Kameraden zu helfen, ihn nicht hängen zu lassen, sei es, dem eigenen Volk und Vaterland zu dienen. Und irgendwann kam dann der Zusammenbruch, die Einsicht, für die falsche Sache gekämpft zu haben, einem Verbrecher auf den Leim gegangen zu sein, sich mitschuldig gemacht zu haben.“*

Gottfried selbst war 1944 nach den ersten Fronterfahrungen noch nicht so weit, das ganze Unternehmen und Regime in Frage zu stellen. Er war schockiert, und das, was er erlebte, ging ihm menschlich nahe. Es regten sich erste leise Zweifel. Doch dabei blieb es vorerst. Er machte weiter mit, sah im Grunde auch keine Alternative. Das Vaterland wollte er nicht preisgeben, und auf Fahnenflucht stand die Todesstrafe.

Auch was sich in den darauf folgenden Wochen abspielte, hat in ihm tiefe Spuren hinterlassen. Wir sitzen tage- und nächtelang mit ihm zusammen, lassen ihn erzählen, protokollieren mit, schlüpfen zeitweise in die Rolle von Seelsorgern. Später fragen wir uns, wie wir mit diesem Material umgehen. Veröffentlichen? Kriegsberichte gibt es mittlerweile zuhauf. Andererseits wollen wir Erlebnisse, die derart prägend waren, nicht ausklammern. Daher seien sie zumindest in groben Zügen skizziert.

Im Sommer erhielt Gottfrieds Einheit Marschbefehl nach Norden. Die deutsche Kurlandarmee war von russischen Truppen eingekesselt worden. Der Kessel sollte aufgebrochen, die Armee herausgeholt werden. Gottfried war mittlerweile Fahnenjunker und Panzerkommandant. Während einer Erkundungsfahrt, die er als Kommandant leitete, wurde sein Panzer von einer Granate getroffen. Ein Regen aus Panzer- und Granatsplittern ging auf die Insassen nieder. Einige waren sofort tot, ein Kamerad starb in Gottfrieds Armen. Er selbst war mit einigen Splittern im Rücken davon gekommen. Sie verursachten zwar gewaltige Schmerzen, waren aber nicht lebensbedrohend. Da Fahrer und Funker unverletzt waren, fuhren sie zunächst weiter in den russischen Kessel hinein, wo die Verwundeten auf einem Feldverbandsplatz notdürftig versorgt wurden. Für Vauk grenzt es an ein Wunder, dass sie aus dem Kessel wieder herauskamen und den Hauptverbandsplatz erreichten. Auch dort erlebte er Szenen, die sich wie fotografische Bilder im Gehirn festsetzten. Vauk: *„Hier wurde wirklich gemetzelt. Die Ärzte und Sanitäter trugen Gummischürzen, die über und über mit Blut beschmiert waren. Sie sahen aus wie Schlächter. Mir klingt noch das Geräusch der Knochensägen in den Ohren. In dem Raum, in dem ich auf meine Behandlung wartete, war ein Fenster geöffnet. Plötzlich wurde ein ganzer Arm nach draußen geworfen. Den hatten sie gerade einem Landser amputiert."*

Gottfried wurde schließlich nach Rendsburg ins Lazarett überwiesen und dort operiert. Nicht alle Splitter konnten entfernt werden. Sie machten ihm noch Jahre später zu schaffen. Als nach der Operation Lähmungserscheinungen auftraten, stellten die Ärzte eine niederschmetternde Diagnose: Querschnittslähmung. Der Achtzehnjährige verlor fast jeglichen Lebensmut. Doch zum Glück behielten die Ärzte nicht Recht. Im Herbst 1944 konnte Gottfried sich wieder normal bewegen und wurde entlassen. Radfahren, Reiten und körperliche Liebe waren ihm allerdings bis auf Weiteres streng untersagt. Beim Abschied aus dem Lazarett wurden ihm noch das Eiserne Kreuz II und das Verwundetenabzeichen verliehen. Das Verwundetenabzeichen bekam er in schwarz. Schwarz bedeutete einmal verwundet, Silber dreimal und Gold fünfmal.

Ehe er zu den Genesenden-Einheiten überstellt wurde, erhielt er drei Wochen Genesungsurlaub, die er daheim verbrachte. Er verlebte wunderschöne Herbsttage in Hinterpommern. Es war Hirschbrunft und Obsterntezeit.

Kriegsende und Gefangenschaft

Es sollte die letzte Hirschbrunft sein, die Gottfried in Hinterpommern erlebte. Ahnte er das, als er im Herbst 1944 noch einmal viele Stunden auf dem Hochsitz verbrachte oder – ärztlichen Verboten zum Trotz – durch die heimischen Wälder ritt? Ahnte er, dass der Krieg nicht mehr zu gewinnen war, dass Goldbeck bereits wenige Monate später von Russen besetzt sein würde?

Nein! An solche Möglichkeiten verschwendete er keine Gedanken. Die Eltern beobachteten dagegen mit zunehmender Sorge, dass die Russen von Osten her immer näher rückten. Der Vater reagierte verbittert. Die Mutter betete noch mehr als sonst. Doch trotz der angespannten und ungewissen Lage ging das Leben im Dorf weiter, fast wie gewohnt. Es war nichts zerstört, man hatte genug zu essen, und Hellmuth Vauk brachte den Kindern weiterhin Schreiben und Rechnen bei.

Gottfrieds Schwestern waren zu der Zeit ebenfalls zu Hause. Elisabeth, die ältere der beiden, hatte bereits mit achtzehn einen SS-Offizier geheiratet und lebte mit ihren vier Kindern bei Stettin. Als die Stadt bombardiert wurde, flohen sie zu ihren Eltern. Die jüngere Schwester, Dorle, war mit dem Dorfpfarrer verheiratet und in Goldbeck geblieben. So war die Familie noch einmal für kurze Zeit vereint.

Für Gottfried war klar, dass er nach dem Genesungsurlaub erneut an die Front musste. Der Vater warnte ihn: *„Junge, mehr Orden solltest du nicht mehr kriegen. Da zielen die Russen drauf."* Doch Gottfried wollte nicht kneifen, obwohl er jetzt, da er zur Ruhe kam, einen psychischen Zusammenbruch erlitt. Immer wieder plagten ihn heftige Rückenkrämpfe, die von Fieberanfällen und Alpträumen begleitet waren. Im Schlaf sah er die grausigen Bilder der verwundeten und getöteten Kameraden vor sich. Schuldgefühle quälten ihn. Oft wachte er nachts schreiend auf. Noch bis in die sechziger Jahre hinein kehrten diese Anfälle wieder.

Nach drei Wochen musste er sich bei einer Genesenden-Kompanie in Stettin melden. Er nahm Abschied von den Seinen und fuhr mit dem Zug in die Stadt am Haff. Die Soldaten dieser Kompanie hatten nur leichte Arbeiten zu verrichten, erhielten mitunter auch recht ungewöhnliche Aufträge. So wurden sie beispielsweise als Statisten für den Film „Kolberg" eingesetzt. Kolberg gehörte zu den wenigen preußischen Städten, die den napoleonischen Truppen 1807 erfolgreich Widerstand geleistet hatten. Die Nazis verarbeiteten diesen Stoff zu einem Propagandafilm. Für die riesigen Soldatenaufmärsche wurden zahlreiche Statisten benötigt. Gottfried mimte einen preußischen Grenadier. Sein schauspielerisches Talent hätte sicher auch für größere Rollen gereicht. Dass er später als Interview-Partner im Rundfunk und Fernsehen immer sehr gefragt war, war sicher nicht nur durch seine fachliche Kompetenz begründet.

Zum Kriegsalltag gehörten auch menschliche Begegnungen, kurze, flüchtige zumeist, die vielleicht für kurze Augenblicke über die Einsamkeit und Hoffnungslosigkeit dieser Zeit hinwegtäuschen sollten. Vauk erzählt freimütig von einem Erlebnis, das er in der Stettiner Straßenbahn hatte. Eines Abends fuhr er etwas ziellos durch die Stadt. Da fiel ihm die junge Schaffnerin ins Auge, die die Fahrkarten verkaufte. Sie war groß, blond, blauäugig und machte selbst in der Straßenbahnuniform noch eine gute Figur. Ihretwegen fuhr Gottfried mit bis zur Endstation, und dann noch einmal bis zur nächsten Endstation und wieder zurück und noch einmal zurück. ... An den Wendeplätzen war jedes Mal fünfzehn Minuten Pause. Gottfried und die Schaffnerin kamen ins Gespräch. An jeder Endstation rückten sie ein Stückchen näher zusammen. Irgendwann wies sie ihn darauf hin, dass nun die letzte Fahrt bevorstehe und die Bahn danach ins Depot käme. Gottfried wollte zu Fuß zur Kaserne zurück laufen. Doch die Frau lud ihn ein, mit in ihre Wohnung zu kommen. Gottfried wurde nervös. *„Auf dem Weg vom Depot zu ihr nach Hause habe ich gezittert wie Espenlaub. Ich dachte, was kommt da bloß auf dich zu? Aber schlimmer als an der Front konnte es ja schließlich nicht werden."* Und in der Tat – heulende Sirenen, Bombendetonationen und klirrende Fensterscheiben lieferten die Begleitmusik zu jener Nacht, die Gottfried mit der fremden Straßenbahnschaffnerin verbrachte und die ihn um einige Erfahrungen reicher machte.

Zu Beginn des Jahres 1945 wurde Gottfried noch einmal zu verschiedenen Lehrgängen geschickt, unter anderem in die Lüneburger Heide zur Panzerschule Munster. Nicht weit von dort, in Diesten, lebten Verwandte, deren Adresse die Eltern als mögliche Anlaufstelle ins Auge gefasst hatten. Gottfried machte sich mittlerweile große Sorgen um seine Eltern und war sehr erleichtert, als er erfuhr, dass sie tatsächlich kurz zuvor in Diesten eingetroffen waren. Während eines kurzen Wiedersehens erzählten sie ihm die Geschichte ihrer Flucht. Sie hatten sich mit ihren Fahrrädern alleine in den Westen durchgeschlagen. Das Schicksal der beiden Schwestern und ihrer Familien war jedoch ungewiss.

Der Lehrgang in Munster endete für Gottfried im März 1945 abrupt mit einer vorzeitigen Beförderung zum Leutnant der Reserve. Er musste noch einmal an die Front. Nach vergeblichen Versuchen, einen Brückenkopf in Peevestorf an der Elbe zu verteidigen, während von Osten die Russen und von Westen die Amerikaner nahten, wurde Gottfried und seine Einheit auch noch nach Berlin beordert. Doch bis dahin kamen sie nicht mehr. In dem kleinen Dorf Friesack nahe der Elbe erreichte sie ein Befehl, mit dem Gottfried nicht gerechnet hatte: Wir kapitulieren! Das war Ende April, wenige Tage vor der offiziellen Kapitulation. In Schnackenburg, wo die

Übergabe an die Amerikaner stattfinden sollte, sammelten sich Zehntausende von deutschen Soldaten.

Jetzt begriff auch Gottfried, dass der Krieg verloren war. Er hatte reichlich Zeit, über die Ereignisse nachzudenken in den folgenden Wochen, die er in einem Gefangenenlager in Büderich am Niederrhein verbrachte. Auch über seine Zukunft machte er sich Gedanken, allerdings ohne Ergebnis. Als er im Spätsommer 1945 entlassen wurde, hatte er nichts als eine Kontaktadresse von Verwandten in Diesten und seinen Wehrpass, in dem noch immer die Berufsbezeichnung „Forstanwärter" stand.

Heimatlos – oder die Kunst zu überleben

Suche nach den Angehörigen

Nach dreimonatiger Gefangenschaft war Gottfried schließlich wieder auf freiem Fuß, aber ohne eine Bleibe, ohne Geld und ohne Beruf. Dass er nicht in seine Heimat zurückkehren konnte, wusste er. So machte er sich zunächst auf den Weg nach Diesten in der Hoffnung, dort seine Verwandten und auch seine Eltern anzutreffen. Er hatte Glück – die Verwandten lebten noch dort und nahmen ihn auf. Die Eltern wohnten mittlerweile in Schleswig-Holstein. Hellmuth Vauk hatte sich noch vor Kriegsende wieder für den Schuldienst beworben und auf der Insel Maasholm eine Stelle gefunden. Dort sah Gottfried seine Eltern wieder.

Beim Anblick der Mutter erschrak er. Sie war sehr mager geworden und deutlich gealtert. Die Ereignisse der letzten Monate und Jahre hatten sie stark gezeichnet. Sie sehnte sich nach ihrer Heimat. Maasholm war ihr fremd geblieben, und sie konnte sich auch später nie mit der neuen Umgebung anfreunden. Vor allem aber verzehrte sie sich in der Sorge um ihre Kinder. Ihren Jüngsten hatte sie ja nun wieder. Über den Verbleib der ältesten Tochter wusste die Familie nichts. Auf der Flucht waren sie auseinander gerissen worden, und Elisabeth war vermutlich mit ihren Kindern von den Russen überrollt worden. Die jüngere Tochter, Dorle, war mit ihrer Familie in Dänischenhagen bei Kiel untergekommen, wo ihr Mann eine Pastorenstelle angenommen hatte. Eines ihrer Kinder hatte die Flucht nicht überlebt. All dies hatte bei Hedwig Vauk sichtbare Spuren hinterlassen.

Ganz anders der Vater. Er hatte sich schneller mit der Situation angefreundet und war einigermaßen guter Dinge. Die neue Umgebung, die ihn sehr an die Orte seiner Kindheit erinnerte, gefiel ihm. Maasholm war ja, ebenso wie sein Geburtsort Wollin, ein altes Fischerdorf. Als Gottfried in Maasholm eintraf, war sein Vater vorübergehend vom Schuldienst suspendiert, weil er das Ergebnis der Entnazifizierung abwarten musste. Doch er hatte sich schnell ein anderes Betätigungsfeld gesucht und in einer kleinen Bootswerft eine Anstellung als Hilfsbootsbauer gefunden. Die Werkstatt durfte er auch nach Feierabend noch nutzen. Da er handwerklich geschickt war, stellte er nebenbei Kleiderbürsten aus Pferdehaar her, die er gegen Lebensmittel eintauschte. Hungern musste die Familie nicht. Vor allem Fisch gab es reichlich.

Gottfried nistete sich bei den Eltern ein, hatte jedoch keine Vorstellung, wie es weitergehen sollte. Eine Forstausbildung schien ihm in diesem waldarmen Teil Deutschlands unrealistisch. Ernsthafte Versuche in dieser Richtung unternahm er jedenfalls nicht. Das erstaunt etwas – Gottfried Vauk, der „Macher" und „Tatmensch", saß im Alter von 21 Jahren auf Maasholm bei den Eltern und zeigte wenig Initiative. Er nutzte die Gelegenheit, die nähere Umgebung zu erkunden. Besonders angetan hatte es ihm die benachbarte Insel Oehe-Schleimünde. Hier war tatsächlich in diesen turbulenten Zeiten ein Vogelschutzgebiet eingerichtet worden. Tausende von Möwen, Seeschwalben und anderen Seevögeln brüteten dort. Schon immer hatten Einheimische sich aus den leicht zugänglichen Bodennestern mit Eiern versorgt. Doch in Notzeiten nahm dieser Eierraub solche Ausmaße an, dass die Kolonien ernsthaft gefährdet waren. Deshalb wurden wichtige Brutgebiete, meist auf private Initiative von Vogelschutz-Vereinen, von Vogelwärtern bewacht. Auf Oehe-Schleimünde war die Vogelwärterhütte des Verein Jordsand neben dem Leuchtturm das einzige Bauwerk.

Gottfried zog es immer wieder auf diese Insel. Er konnte viele Stunden damit verbringen, Vögel zu beobachten – nicht ahnend, dass Seevögel ihn einmal hauptberuflich beschäftigen sollten. Noch hatte er die Hoffnung auf eine Forstlaufbahn nicht endgültig aufgegeben.

In der Zwischenzeit war die Entnazifizierung des Vaters abgeschlossen. Er wurde lediglich als Mitläufer eingestuft und konnte wieder im Schuldienst arbeiten. Kurz darauf wurde er an die einklassige Dorfschule von Neukirchen versetzt, einem kleinen Flecken an der Flensburger Außenförde im Land Angeln. Hellmuth Vauk war glücklich, wieder unterrichten zu dürfen, und nicht nur das – er konnte sogar wieder musizieren. In der Nähe der Schule lag inmitten von altem Baumbestand die Kirche, in der er bald wieder als Organist wirkte. So waren seine Tage ausgefüllt von Tätigkeiten, die ihm lagen und der Familie wieder ein zwar bescheidenes, aber regelmäßiges Einkommen sicherten.

Für Hedwig Vauk begann dagegen ein neues Martyrium. Gottfried sah sie oft weinen und beten. Die Sorge um Elisabeth quälte sie weiterhin. Besonders zu schaffen machten ihr die beengten Wohnverhältnisse in einem fremden Haushalt. Die Familie musste die Lehrerwohnung mit der Witwe des früheren Schulmeisters teilen, der im Krieg mit dem Panzerkreuzer „Bismarck" untergegangen war. Außer ihr lebten noch ihre beiden Söhne, lebhafte sechsjährige Zwillinge, sowie eine sechzehnjährige und eine zwanzigjährige Tochter mit im Haus. Der Lehrerswitwe passte es überhaupt nicht, dass man ihr Fremde ins Nest gesetzt hatte, und das ließ sie vor allem Hedwig Vauk spüren. In der Küche, die die beiden Familien miteinander teilen mussten, kam es immer wieder zu Reibereien.

Hedwig Vauk litt sehr unter dieser Situation, während ihre beiden Männer es besser verstanden, der häuslichen Enge zu entfliehen. Gottfried quartierte sich in einer winzigen Gartenlaube ein. Hier hatte er zumindest sein eigenes Reich. Tagsüber ging er oft angeln. Dass in dem Haushalt noch zwei junge, attraktive Mädchen wohnten, störte ihn überhaupt nicht. Im Gegenteil! Mit Elke, der älteren der beiden, einer ausgebildeten, aber arbeitslosen Kindergärtnerin, freundete er sich bald an. Er beschreibt sie als sehr warmherzige und verständnisvolle Frau, die sich, anders als ihre Mutter, gut in das Flüchtlingsschicksal ihrer Hausgenossen einfühlen konnte und immer wieder zwischen den beiden Frauen zu vermitteln versuchte. Auch Gottfried fühlte sich von ihr verstanden und aufgefangen. Die beiden verliebten sich ineinander und genügten sich vorerst selbst.

In dieser Situation traf plötzlich die Nachricht ein, dass Elisabeth über das Rote Kreuz die Adresse ihrer Eltern ausfindig gemacht habe und mit ihren vier Kindern auf dem Weg nach Neukirchen sei. Wenige Tage später standen sie vor der Tür. Sie boten ein Bild des Jammers. Elisabeth war krank und psychisch am Ende. Sie hatte über ein Jahr in russischer Gefangenschaft verbracht, für die Rotarmisten gekocht und Wäsche gewaschen und unzählige Vergewaltigungen über sich ergehen lassen. Ihre Kinder bestanden fast nur noch aus Haut und Knochen, hatten dick aufgedunsene Hungerbäuche. Durch Fürsprache eines russischen Arztes hatte sie schließlich die Genehmigung bekommen, das Lager zu verlassen. Über das Schicksal ihres Mannes wusste sie nichts. So mussten die Bewohner des Schulhauses noch dichter zusammenrücken. Sechs Kleinkinder und sechs Jugendliche beziehungsweise Erwachsene lebten nun auf engstem Raum zusammen.

Dieser Zustand dauerte jedoch nur wenige Wochen an. Noch im selben Sommer erhielt Elisabeth die Nachricht, dass ihr Mann inzwischen in einem Flüchtlingslager in Ovelgönne in der Nähe von Celle untergekommen sei und seine Familie dort erwarte. Elisabeth packte ihre paar Habseligkeiten und reiste mit ihren Kindern in den kleinen Ort in der Lüneburger Heide. Wenig später ließ sie ihren Bruder wissen, dass auch für ihn zwei Räume im Lager frei seien.

Gottfried war sofort bereit, nach Ovelgönne zu übersiedeln, allerdings nur, wenn Elke mitkommen würde. Diese zögerte keinen Augenblick, mit ihm zu gehen. Und so verließen die beiden die Enge einer schleswigholsteinischen Dorfschule, um sie gegen einen Platz im Flüchtlingslager einzutauschen.

Leben in Munitionskisten

In Ovelgönne erwartete sie ein riesiges Barackenlager, in dem während des Krieges russische Gefangene untergebracht waren. Jetzt war es voll von Flüchtlingen, vor allem aus Pommern und Ostpreußen.

Für Gottfried und Elke waren zwei Räume im Giebelteil einer Baracke am Rande des Lagers reserviert: nasse, kahle Behausungen mit offenen Durchbrüchen anstelle von Türen und Fenstern. Diese galt es nun bewohnbar zu machen. Doch womit? Zum Glück war Gottfrieds Schwager, Ernst, ein großer Organisator und zudem noch handwerklich sehr geschickt. Und zupacken konnte auch Gottfried.

Ernst wusste, wo in der Umgebung etwas zu holen war. Eine besondere Fundgrube war das ehemalige Heeresmunitionslager im benachbarten Ort Lohne, wo große Mengen leerer Munitionskisten in unterschiedlichen Größen lagerten. Sie waren gut verarbeitet, mit Zinkeinsätzen und Griffen aus Hanfseilen ausgestattet. Mit diesen stabilen Behältnissen konnte man eine ganze Wohnung einrichten. In der ersten Zeit gingen Gottfried und Ernst manche Nacht auf Kistenklau. Abend für Abend liefen sie die zwei, drei Kilometer nach Lohne, drangen unbemerkt in die Bunker ein und schleppten so viele Kisten heraus, wie sie tragen konnten.

Die kleineren Kisten wurden einfach übereinander gestapelt und als Regale genutzt. Die Zinkeinsätze eigneten sich gut als Waschschüsseln. Aus den größeren Kisten schreinerte Gottfried ein zwei mal zwei Meter großes Ehebett. Trockenes Heidekraut aus der Umgebung des Lagers ersetzte die Matratzen, und ausgediente Woilachs (Satteldecken für Pferde) ergänzten die Bettenausstattung, die Elke noch von zu Hause mit gebracht hatte. Sogar Türen ließen sich aus den großen Kisten bauen. Die Fenster wurden mit Papierglas notdürftig abgedichtet. Dieser aus Gitter und Cellophan bestehende Scheibenersatz wurde im Krieg häufig verwendet.

Ein großes Problem war das Heizen. Einzige Wärmequelle war eine kleine Kochhexe, ein einflammiger Herd, der mit Holzspänen zu befeuern war und gleichzeitig zum Kochen und zum Heizen diente. Das nötige Brennholz sammelten Gottfried und Elke, wie die anderen Flüchtlinge auch, in den umliegenden Heide-Kiefern-Wäldern. Im Winter musste Gottfried nachts immer wieder aufstehen, um das Feuer in der Kochhexe in Gang zu halten. Sonst wären sie in den schlecht isolierten Baracken erfroren. Wirklich warm wurden die Räume nie.

Auch die Ernährung war völlig unzureichend. Das bisschen, das man für seine Lebensmittelmarken bekam, reichte kaum zum Leben. Immer wieder streifte Gottfried durch die Dörfer, um irgendwo Kartoffeln zu klauen und vielleicht auch mal einem Huhn den Hals umzudrehen. Ob nun ein hungriger Flüchtling oder ein Fuchs sich seinen Anteil holte, was machte das schon für einen Unterschied ...? Natürlich brachten solche Notdiebstähle die Flüchtlinge bei den Einheimischen in Verruf. Pilze und Beeren aus den Heidewäldern ergänzten die karge Kost. Was genießbar war und was nicht, hatte Gottfried als Junge gelernt.

In den Wintermonaten machte Gottfried und Elke auch die ständige Dunkelheit zu schaffen. Licht gab es in den Baracken nicht. Da kam Schwager Ernst wieder einmal auf eine geniale Idee. Er hatte festgestellt, dass die Hanfgriffe der Munitionskisten in Paraffin getränkt waren. Dieses ließ sich durch Kochen verflüssigen, abschöpfen und zu Kerzen verarbeiten. Aus den Hanfseilen stellte er Dochte her. Zum Gießen der Kerzen verwendete er kleine Metallrohre, die ebenfalls aus dem Munitionslager stammten. Dank dieser Erfindung konnten die beiden Familien von nun an die Abende bei Kerzenlicht verbringen.

In Ovelgönne traf Gottfried Kurt wieder, einen Kameraden aus der Kriegsgefangenschaft. Dieser war bei seinem ehemaligen Staffelkapitän untergekommen, der bei Celle eine Baumschule besaß. Er besuchte Gottfried und Elke hin und wieder, brachte etwas zu essen mit und half mit Werkzeug oder anderen nützlichen Dingen aus. So nahm die Unterkunft langsam Gestalt an.

Nachdem sie sich leidlich eingerichtet hatten, beschlossen Gottfried und Elke zu heiraten. Sie waren verliebt, Elke war inzwischen schwanger, und wilde Ehen wurden selbst in diesen wilden Zeiten missbilligt. Das nächste Standesamt lag in Winsen an der Aller. An einem kalten Wintermorgen setzte sich die Hochzeitsgesellschaft bei Sturm und Schneeregen in Bewegung: Gottfried und Elke, Elisabeth und Schwager Ernst, Kurt mit Freundin Gerda als Trauzeugen. Frierend kamen sie nach mehrstündigem Fußmarsch in Winsen an. Frierend nahm der Standesbeamte, ein Herr Filz, die Trauung vor, und frierend wanderten die sechs wieder zum Lager zurück. Das Hochzeitsmahl fiel bescheiden aus. Schwester und Schwager verabschiedeten sich bald. Die beiden übrigen Paare verbrachten die Hochzeitsnacht zu viert in dem großen Ehebett aus Munitionskisten und versuchten auf ihre Weise, die Kälte zu besiegen.

Gottfried Vauk mit seiner ersten Ehefrau Elke 1946

Not macht erfinderisch. Auf Gottfried und seinen Schwager traf dieser Satz ganz offensichtlich zu. Galt das auch für die übrigen Lagerinsassen? Vauk schüttelt den Kopf: *„So viel Findigkeit und Einsatzbereitschaft waren keineswegs selbstverständlich. Viele Mitbewohner waren vollkommen hilflos oder brachten nicht die notwendige Initiative auf. Nicht wenige sind in dieser Zeit sogar noch verhungert oder erfroren. Neben meiner Schwester wohnte z. B. ein Danziger Musikprofessor mit seiner Familie. Der brachte es einfach nicht fertig, Kisten oder Kartoffeln zu klauen. Wenn meine Schwester und mein Schwager ihm nicht geholfen hätten, wäre er vermutlich verreckt. Die Hilfsbereitschaft unter den Flüchtlingen hatte allerdings auch ihre Grenzen. Zunächst einmal war jeder darauf bedacht, sich selbst irgendwie durchzuschlagen."*

Als sich die Geburt des Kindes ankündigte, mussten Gottfried und Elke sich erneut nach Winsen aufmachen. Eine Hausgeburt wäre unter den primitiven Lagerverhältnissen zu riskant gewesen, zumal das Kind einige Wochen zu früh zur Welt kam. Also bettete Gottfried seine Frau in einen selbst gebauten, mit Heidekraut ausgepolsterten Bollerwagen und transportierte sie so zum Winsener Krankenhaus. Dort übergab er sie der Obhut eines Arztes und marschierte zum Lager zurück. Am nächsten Tag kam er wieder. Sohn Christian war inzwischen geboren, aber gleich nach der Geburt gestorben. Die kargen Verhältnisse forderten ihren Tribut. Elke trug diesen Verlust tapfer. Der tägliche Kampf ums Überleben ging weiter.

Die etwas andere Jagd

Eines Tages tauchte ein Mann mit zwei Dackeln im Lager auf. Ihm war zu Ohren gekommen, dass Gottfried Interesse an Hunden habe, und so fragte er ihn, ob er die Dackel haben wolle. Er selbst war ebenfalls Flüchtling und konnte die Hunde nicht länger halten. Gottfried blickte etwas ratlos auf die beiden abgemagerten Krummbeiner. Was sollte er hier im Lager mit Hunden anfangen? Wie sollte er sie satt bekommen? Schwager Ernst witterte dagegen sofort eine Chance und wischte solche Bedenken vom Tisch. Er könne doch gut mit Hunden umgehen und sie für die Jagd abrichten, redete er Gottfried zu. Der ließ sich schließlich überzeugen und war fortan Besitzer zweier Dackel. Treu und Seppel hießen sie.

Tatsächlich erwies sich die Adoption schon bald als ein Segen. Treu und Seppel wurden gute Jagdhunde, und damit begann Gottfrieds Karriere als Wilderer. Jetzt kamen ihm seine Jagderfahrung und seine Belesenheit aus Kinder- und Jugendtagen zugute. Er wusste, wie man auch ohne Waffen – die waren natürlich verboten – einen Dachs oder einen Hasen zu fassen bekommt.

Vom Schwager erhielt er irgendwann den Auftrag, neben Essbarem auch Füchse zu jagen. Deren Felle konnte man gegen Lebensmittel eintauschen. Gottfried erinnerte sich an Schilderungen alter Fuchsfang-Methoden und baute so genannte Fuchshauben. Das waren viereckige Netze, die an den Ecken mit Bleikugeln beschwert und über den Eingang eines Fuchsbaus gelegt wurden. Aufgabe der Dackel war es, einen Fuchs zu verbellen und aus seinem Bau zu treiben, so dass er sich im Netz verfing und der Jäger ihn töten konnte.

Bereits der erste Versuch war ein voller Erfolg. Gottfried kam mit drei Füchsen nach Hause. Sein Schwager war begeistert. Gemeinsam balgten die beiden Männer die Tiere ab, spannten und trockneten die Felle. Auch das hatte Gottfried als Kind von seinem Vater gelernt. Dann zog Ernst mit den Fuchsbälgen los. Vauk erinnert sich noch gut an seine Rückkehr: *„Er trug einen großen Seesack auf dem Rücken, dessen Inhalt er vor uns ausschüttete. Das war wie Weihnachten. Es kamen Schätze zum Vorschein, von denen wir damals nur träumen konnten – Corned-Beef, Zigaretten, Bonbons, Schokolade und andere Leckereien. Und das alles für meine drei Füchse. Wir teilten den Inhalt untereinander auf und konnten wochenlang davon zehren. Von nun an verbesserte sich unsere Ernährungssituation deutlich."*

In Gottfried war der alte Jagdinstinkt wieder erwacht. So oft wie möglich ging er nun mit seinen Dackeln jagen oder genauer gesagt wildern, denn eine Erlaubnis hatte er nicht. Hin und wieder brachte er auch einen Dachs mit nach Hause. Die Dackel zeigten ihm den genauen Aufenthaltsort eines Dachses in seinem Bau an, Gottfried grub an der Stelle ein Loch und tötete das Tier mit seinem Messer. Das Fleisch wurde gekocht und gegessen, das Fett bekamen die Hunde. Amseln und andere Kleinvögel fing er mit Rattenfallen. Ihr Fleisch lieferte eine passable Suppeneinlage. Auch Schlingen legte Gottfried aus, in denen sich Hasen oder Füchse verfingen. Der „Fänger von Helgoland" – hier sammelte er reichlich Erfahrungen, wenn auch vor ganz anderem Hintergrund. Vauk räumt ein, dass seine Methoden nicht immer waidgerecht waren. Doch danach fragte man nicht, solange es um das eigene Überleben ging.
Zwei seiner zahlreichen Jagdausflüge sind Vauk aus jener Zeit besonders in Erinnerung geblieben. An solchen Geschichten hat er sichtliches Vergnügen.

„Eines Tages, als ich wieder einmal mit meinen Hunden unterwegs war, schlugen die beiden plötzlich an und zerrten in eine bestimmte Richtung. Ich folgte ihnen und entdeckte in einiger Entfernung zwei Männer im Gebüsch, die am Boden knieten und irgend etwas bearbeiteten. Das wütende Gekläff von Treu und Seppel schlug sie in die Flucht. Als wir näher kamen, sah ich, womit sie beschäftigt waren: Vor uns lag eine frisch geschächtete Heidschnucke – ein Geschenk des Himmels. Ich dankte dem Herrn, lud mir das Tier, das sicher gestoh-

len war, auf die Schultern und schleppte es bei einbrechender Dunkelheit zum Lager. In den nächsten Tagen konnten wir uns an Fleisch satt essen wie schon lange nicht mehr. Sogar der Musikprofessor bekam noch einen gehörigen Anteil davon ab."

Die Geschichte ist noch nicht zu Ende. Schwager Ernst wusste, dass man in Celle Rohwolle gegen fertige Stoffe oder Kleidung eintauschen konnte. Also wurde das Fell geschoren, die Wolle in einen Sack gepackt und nach Celle gebracht. Tatsächlich bekam Gottfried dafür so viel Wollstoff, dass er sich daraus seinen ersten Nachkriegsanzug nähen lassen konnte. Im Lager gab es einen Schneider, der sich die Näharbeit mit einem Hasen oder Kaninchen entlohnen ließ. Bei besonderen Anlässen konnte Gottfried künftig seine umgefärbten Wehrmachtsklamotten ablegen und im Anzug auftreten. Wieder ein kleiner Fortschritt!

Ein anderes Jagderlebnis hätte für ihn böse ausgehen können. Heute kann er sich darüber amüsieren: *„Ich war mit meinen Dackeln im Wald unterwegs. Die beiden fochten gerade einen erbitterten unterirdischen Kampf mit einem Dachs aus, als ein Klotz von einem Kerl mit roter Mähne und geschwungener Axt auf mich zukam. Es war der zuständige Revierförster. ‚Halt, bleiben Sie stehen, Sie sind verhaftet', schrie er mich an. Ich zuckte zusammen und erhob mein Messer. Er habe mich schon lange in Verdacht, in seinem Revier zu wildern, blökte er, und nun habe er mich endlich erwischt. Ich besaß inzwischen italienische Gebirgsjägerstiefel, die einen auffälligen Sohlenabdruck hinterließen. So hatte es wenig Sinn zu leugnen. ‚Ich verhafte Sie, und die Hunde sind beschlagnahmt.' Er hatte diesen Satz kaum zu Ende gesprochen und wollte nach Seppel greifen, da knallte dieser sein Gebiss in die ausgestreckte Hand und ließ nicht mehr los. Der arme Kerl schrie auf und verzichtete vorläufig darauf, meine Dackel zu beschlagnahmen, drohte mir aber mit einer Anzeige."*

Dass Gottfried noch einmal mit einer Verwarnung davon kam, verdankte er der Fürsprache und den guten Beziehungen einer Försterstochter, die er im Lager kennen gelernt hatte.

Kleiner Nachtrag: Viele Jahre später war Gottfried Vauk einmal eingeladen, einen Vortrag in Lüchow zu halten. Schon während er am Rednerpult stand, war ihm unter den Zuhörern ein rothaariger Mann aufgefallen. Er wusste auch gleich, woher er ihn kannte. Nach dem Vortrag kam dieser Mann auf ihn zu und versuchte vorsichtig zu erkunden, ob der Herr Dr. Vauk vielleicht früher einmal bei Ovelgönne gelebt habe und ob es möglich wäre, dass man sich schon einmal begegnet sei? Der ehemalige Wilddieb gab sich zu erkennen.

Kupferschmied und Holzfäller

Ganz allmählich verbesserten sich für Gottfried und seine Angehörigen die Lebensbedingungen im Lager. Sie hatten manchen Fortschritt erzielt, und jede noch so kleine Errungenschaft machte sich im Alltag bemerkbar. Schließlich fanden sich auch Gelegenheiten, hier und da ein paar Mark zu verdienen. Die erste Möglichkeit bot sich im Lager selbst. Dort hatte einer der Flüchtlinge einen kleinen Betrieb gegründet, in dem Kunstgewerbe hergestellt wurde. Einheimische, denen es schon wieder besser ging, aber auch Engländer und Amerikaner kauften solche Artikel. Schwager Ernst arbeitete dort eine Zeitlang in der Tischlerei, und Gottfried ließ sich als Kupferschmied anlernen. Der Meister hatte bei der Wehrmacht als Hufschmied gedient und war nun auf die Idee gekommen, aus Granathülsen und anderen Kriegshinterlassenschaften Schalen zu schmieden.

Einige Zeit später tat Ernst eine neue Einnahmequelle auf: Die North German Timber Control (NGTC). In dieser Einrichtung, die aus einem Gefangenenlager hervorgegangen war, beschäftigte die britische Besatzungsmacht ehemalige ostdeutsche Kriegsgefangene als Holzfäller. Die geschlagenen Baumstämme wurden als Beitrag zu den von Deutschland zu leistenden Reparationen nach England verschifft. Rund um Celle wurden auf diese Weise große Waldflächen abgeholzt.

Bei der NGTC konnten außer den Lagerinsassen auch Externe arbeiten. Ernst und Gottfried überlegten nicht lange. Immerhin gab es dafür ein paar Mark und – was nicht zu unterschätzen war – reichhaltige Verpflegung.

Die Engländer lernte Gottfried während dieser Zeit als sehr pragmatisch denkende Menschen kennen – ein Eindruck, den er später immer wieder bestätigt fand. Als Beispiel führt er Tanzveranstaltungen im Lager an. So etwas gab es tatsächlich! Die Verantwortlichen erkannten wohl, dass den Lagerinsassen Frauen fehlten. Also organisierten sie am Wochenende Tanz. In Celle warben sie Frauen an, die sie dann mit LKW nach Ovelgönne brachten und auch wieder abholten. Eine lagereigene Kapelle sorgte für die Musik, und so ging es an den Wochenenden recht fröhlich zu in dem ehemaligen Gefangenenlager. Auch Gottfried und Ernst ließen sich diesen Spaß nicht entgehen. Ihre Frauen saßen währenddessen in ihren Baracken und fanden das Ganze wohl weniger amüsant.

Irgendwann ging es Gottfried und Elke zumindest so gut, dass auch wieder andere, lange unterdrückte Bedürfnisse wach wurden. Das Bedürfnis nach geistiger Nahrung zum Beispiel. Wie lange hatte Gottfried kein Buch mehr in der Hand gehabt?! Bücher waren noch immer Mangelware und für die Flüchtlinge kaum erschwinglich. Vauk erinnert sich an die ersten Romane von Steinbeck und Hemingway, die er nach dem Krieg gelesen hat. Sie waren ungebunden und auf Zeitungspapier gedruckt.

Eines Tages fuhr Gottfried nach Celle und stöberte dort in den Regalen eines Antiquariats. Plötzlich entdeckte er etwas, das sein Herz höher schlagen ließ: Vier Bände von Brehms Tierleben, eine Ausgabe von 1877, in Prägeleder gebunden, mit alten Stichen illustriert. Gottfried kramte in seinen Taschen und sah nach, wie viele Schachteln Zigaretten er zum Tausch bieten konnte. Es reichte, und er verließ den Buchladen mit vier dicken Büchern unter dem Arm. Für die nächsten Wochen und Monate war er mit Lesestoff eingedeckt. Er verschlang diese Bücher, saß oft bis tief in die Nacht hinein bei Kerzenschein und las alles von der ersten bis zur letzten Seite. Damit eignete er sich zugleich ein solides Grundwissen für sein späteres Studium an. Die vier Bände von Brehms Tierleben gehören übrigens noch heute zu den Kostbarkeiten seiner inzwischen umfangreichen Bibliothek. Wir blättern darin und finden überall Notizen und an den Rand geschriebene Daten: 20. 10. 1947, 23. 10. 1947, ... Gottfried vermerkte immer, wann er einen Abschnitt gelesen hatte.

Die Begeisterung, mit der er sich in Brehms Tierleben vertiefte, zeigt, dass sein Interesse an Tieren und an der Natur nach wie vor sehr ausgeprägt war. Seinen alten Berufswunsch, Förster zu werden, hatte er noch nicht aufgegeben. Von Ovelgönne aus unternahm er schließlich einen Versuch, einen Studienplatz zu bekommen. Die Zulassungsbescheinigung zum Forststudium, die er am Ende seiner Schulzeit in Stettin erworben hatte, hatte seine Mutter über den Krieg hinweg retten können und ihm zukommen lassen. Das Abiturzeugnis war zwar verloren gegangen, doch sein ehemaliger Klassenlehrer, zu dem er wieder Kontakt hatte, sorgte für ein Ersatzzeugnis.

Mit diesen beiden Papieren in der Tasche reiste Gottfried von Ovelgönne aus zum Landesforstamt nach Sarstedt bei Hannover und sprach dort beim Oberlandforstmeister vor. Doch der nahm ihm sogleich jegliche Hoffnung auf einen Studienplatz. Aus den waldreichen Ostprovinzen seien Hunderte von Forstbeamten in den Westen geflüchtet, die man nun irgendwo unterbringen müsse. Für neue Anwärter gebe es harte Zulassungsbeschränkungen, und der Zulassungsbescheid aus Stettin sei ohnehin nichts mehr wert. Sprach's und zerriss das Papier vor Gottfrieds Augen. Aus der Traum vom Försterdasein. Gottfried fuhr enttäuscht zurück nach Ovelgönne.

Dort hatte ihn der Alltag bald wieder eingeholt. Er schlug sich weiterhin mit Gelegenheitsarbeiten durch und hätte wahrscheinlich auch noch eine ganze Weile so weiter gemacht, wenn nicht eines Tages Elkes resolute jüngere Schwester, Elfriede, zu Besuch gekommen wäre.

Als sie sah, wie Gottfried und Elke dort im Lager hausten, war für sie sofort klar, dass etwas passieren musste. Sie war es, die die beiden drängte, endlich an ihre Zukunft zu denken und sich um ihr berufliches Fortkommen zu kümmern. Elke hatte ja bereits eine Ausbildung. Sie sollte doch versuchen, in ihrem Beruf als Kindergärtnerin eine Stelle zu finden. Und Gottfried? Er müsse endlich studieren. Die halbe Nacht saßen die drei beim Schein der Hanfseilkerzen zusammen und schmiedeten Pläne. Das Ergebnis: Gottfried und Elke gingen fortan getrennte Wege. Elke fand in Eschede eine Stelle als Kindergärtnerin und zog dorthin. Sohn Wulf, der bald darauf geboren wurde, wuchs ohne seinen Vater auf. Gottfried bewarb sich bei der staatlichen Lehr- und Versuchsanstalt in Echem bei Lüneburg um eine Praktikumsstelle. Ein Praktikum oder eine Berufsausbildung würden seine Chancen auf einen Studienplatz verbessern. Wenn es schon mit der Forstwirtschaft nichts würde, käme vielleicht ein Studium der Biologie oder Tiermedizin in Frage.
Manches verwundert in diesem Zusammenhang. Bedurfte Gottfried Vauk im Alter von 22 Jahren tatsächlich erst des Anstoßes durch eine jüngere Frau, um sich um seine berufliche Zukunft zu kümmern? Seit Kriegsende waren immerhin zweieinhalb Jahre vergangen. Das passt so gar nicht zu dem Bild, das man von ihm hat. Wie erklärt er diesen Widerspruch?

Er werde oft völlig falsch eingeschätzt, erwidert Vauk hierauf. Er sei längst nicht so zielstrebig, wie es den Anschein habe. Von sich aus ergreife er selten die Initiative, um etwas zu erreichen oder Veränderungen herbeizuführen. Meist müsse er erst auf die Dinge gestoßen werden. Er habe sich eigentlich kaum etwas in seinem Leben selbst ausgesucht. Vielmehr seien fast immer Menschen oder Aufgaben auf ihn zugekommen. Das Schicksal habe ihn vor Herausforderungen gestellt. Dann allerdings habe er auch reagiert und sich bemüht, die Situation so gut wie möglich zu meistern. So sei es während des Krieges, während des Studiums und auch später immer wieder gewesen.

Manche Stationen seines Lebens deuten in der Tat darauf hin, dass er gelegentlich einen kleinen Schubs brauchte. Damals im Flüchtlingslager war es jedenfalls seine Schwägerin, die ihm diesen Schubs gab. Im Mai 1948 konnte er als so genannter Anlernling in Echem anfangen.

Stallgeruch

Zur Lehr- und Versuchsanstalt in Echem gehörte ein ansehnlicher Viehbestand. Als Anlernling hatte Gottfried nicht denselben Status wie ein Lehrling. Doch ihr Arbeitsalltag unterschied sich nicht wesentlich. Gottfried musste bei allen anfallenden Arbeiten mit anfassen: Ställe ausmisten, Tiere füttern, Kühe melken, Schafe scheren, Felder bestellen. Bald war er so versiert, dass er sein Wissen schon an junge Bauernsöhne und -töchter weitergeben konnte, die an einem vierwöchigen Lehrgang teilnahmen. Diese Lehrtätigkeit bereitete ihm außerordentliches Vergnügen, und er kam bei den Teilnehmern gut an.

Sein Ansehen stieg noch um ein Vielfaches, wenn abends nach dem gemeinsamen Essen im Speisesaal Tische und Stühle beiseite gerückt wurden und Gottfried sich ans Klavier setzte, um zum Tanz aufzuspielen. Sein Repertoire war zwar sehr begrenzt, aber dennoch von großer Wirkung. *„Ich konnte nur ein paar Ohrwürmer mit einfachen Begleitakkorden dazu, möglichst in F-Dur"*, bekennt Vauk. Doch das reichte aus, um für Stimmung zu sorgen und ihn zum Star des Abends werden zu lassen. „Sentimental Journey" war eines seiner Paradestücke. Vauk summt andächtig die Melodie und gleitet dazu mit den Fingern über eine imaginäre Klavier-Tastatur. Die Bewunderung der Mädchen war ihm sicher, und das gefiel ihm. Er gehörte noch nie zu den notorischen Tiefstaplern, die mit ihren Fähigkeiten lieber hinterm Berg halten. Die Rolle des Alleinunterhalters und der Stimmungskanone perfektionierte er mit den Jahren immer mehr, auch wenn er dabei innerlich stets merkwürdig gespalten war. Einerseits suchte und brauchte er solche Auftritte und die damit verbundene Beachtung, andererseits war ihm diese Rolle zuwider.

In die Echemer Zeit fiel ein für Deutschland historisches Ereignis: die Währungsreform. Als Maßnahme zur Inflationsbekämpfung wurde die Reichsmark durch die Deutsche Mark ersetzt. Vauk erinnert sich noch an den Tag im Juni 1948, als ihm 40 DM ausgehändigt wurden, die so genannte Kopfquote, die jeder Bürger erhielt. Gottfried stand immer auf dem Standpunkt: Geld ist dazu da, es auszugeben oder für einen guten Zweck zur Verfügung zu stellen. In diesem Fall entschied er sich für die erste Verwendungsmöglichkeit und haute den unverhofften Geldsegen in einer Echemer Kneipe auf den Kopf.
Ein Kind von Traurigkeit war er nie, obwohl ihm auch dieser Seelenzustand keineswegs fremd ist.

An der Versuchsanstalt gab es neben anderen Pferden, die für die Feldarbeit benötigt wurden, auch zwei Fuchsstuten, Goldspiel und Evita. Diese beiden hatten es Gottfried besonders angetan. Er war glücklich, als er sie mit versorgen, füttern und auf die Weide bringen durfte. Zu gerne hätte er sie auch geritten. Doch das war untersagt. Einmal konnte Gottfried der Versuchung nicht widerstehen und tat etwas, das ihn seine Stelle hätte kosten können. Er „lieh“ sich am Wochenende heimlich eine der beiden Stuten aus, um damit an einem in der Nähe stattfindenden Turnier teilzunehmen. Er hatte alles so eingefädelt, dass der kleine Ausflug unbemerkt bleiben müsste. Doch das Unternehmen flog auf. Gottfried versuchte gar nicht erst, sich herauszureden, sondern stand für seine Tat ein. Er hatte Glück. Man verzieh ihm. Er vermutet, dass die Frau des Chefs ein gutes Wort für ihn eingelegt hatte.

Besonders in Erinnerung geblieben ist Vauk das Weihnachtsfest des Jahres 1948. Einer der jungen Leute sollte zur Unterstützung des Stammpersonals auf dem Hof bleiben. Die drei Lehrlinge wollten das Fest möglichst daheim verbringen. Und er, Gottfried? Hatte er überhaupt noch ein Zuhause? Zu seinen Eltern nach Neukirchen zog es ihn nicht. Er scheute die Reise, vielleicht auch eine erneute Konfrontation mit dem Elend seiner Mutter, deren psychische Verfassung sich nicht gebessert hatte. So bot er sich freiwillig an, den Stalldienst zu übernehmen. Die Lehrlinge konnten fahren, und er feierte Weihnachten bei „Ochs und Eselein“ im

Stall. Heiligabend besuchte er erst die Schafe, dann die Kühe. Schließlich setzte er sich zu den Pferden auf die Krippe, weinte vor sich hin, wie damals zu Pfingsten im Internat, und fand das alles schrecklich schön. Wieder einmal genoss er das Alleinsein und war gleichzeitig von einer tiefen Wehmut erfüllt.

Alles in allem hatte Gottfried eine gute Zeit in Echem. Er bekam endlich wieder satt zu essen. Die Arbeit in der Landwirtschaft und vor allem der Umgang mit den Tieren lagen ihm. Er hätte es dort sicher noch eine ganze Weile ausgehalten. Einen Berufsabschluss brachte ihm diese Tätigkeit allerdings nicht. Wieder bedurfte es eines kleinen Anschubs, um den nächsten Schritt zu tun. Einer seiner Betreuer wusste, dass an der Kieler Universität innerhalb der Zoologie ein Institut für Haustierkunde gegründet worden war. Diese Kombination schien ihm genau das Richtige für Gottfried zu sein. Er könnte an das anknüpfen, was er in Echem gelernt hatte, hätte weiterhin mit Tieren zu tun, könnte seine praktische Veranlagung pflegen und endlich auch seine geistigen Fähigkeiten entfalten.

Auf Anraten seines Chefs nahm Gottfried bereits 1948 zum ersten Mal Kontakt auf mit Professor Herre, dem Gründer und Leiter des Kieler Instituts, und erkundigte sich, ob er bei ihm studieren könne. Herre wies darauf hin, dass es für das Zoologiestudium einen Numerus Clausus gebe und er ihm derzeit wenig Hoffnung auf einen Studienplatz machen könne. Außer den Kriegsteilnehmern, die gleich nach der Schule eingezogen worden waren, drängten ja mittlerweile auch die jüngeren Jahrgänge an die Universitäten. Gottfried legte seine Studienpläne vorerst wieder auf Eis.

Im Frühjahr 1949 unternahm er einen zweiten Anlauf. Er telefonierte mit Professor Herre und brachte sich bei ihm in Erinnerung. Diesmal bekam er grünes Licht. Er solle einfach mal kommen, man werde sehen. Gottfried entschloss sich, den Schritt zu wagen. Er ließ sich in Echem ein Zeugnis ausstellen, in dem ihm bescheinigt wurde, dass er sich allen vorkommenden landwirtschaftlichen Arbeiten mit Fleiß und Umsicht unterzogen habe.

Mit dieser Empfehlung in der Tasche trat Gottfried im April 1949 die Reise nach Kiel an, „auf blauen Dunst“, wie er sagt, lediglich mit der vagen Aussicht, dort im Institut für Haustierkunde irgendwie Fuß fassen zu können.

Studieren, feiern, Kisten schleppen – die Kieler Jahre

Der Trümmerstudent

Mit seinen zwei oder drei Persilkartons als Kofferersatz stieg Gottfried im Kieler Bahnhof aus dem Zug – und sah zunächst nichts als Trümmer. Der Wiederaufbau der Stadt war noch längst nicht abgeschlossen. Auch die Universitätsgebäude waren weitgehend zerstört. Gottfried fragte sich durch bis zum Schlosspark und zur Hegewischstraße. Dort waren in einem Gebäuderest die Institute für Pharmakologie, Zoologie, Meereskunde und Haustierkunde angesiedelt.

Das Institut für Haustierkunde war gerade erst von Professor Herre gegründet worden. Seine Ankunft dort beschreibt Vauk so: *„Das Erste, was mir auffiel, war, dass Herre – wie ich – noch seine grüne Offiziersjacke trug, dazu Reithosen und Stiefel. Auch er registrierte meinen Aufzug und fragte mich, wo ich im Krieg eingesetzt gewesen sei. Es stellte sich heraus, dass wir beide bei derselben Panzerdivision waren, beide in Kurland gekämpft hatten und beide dort verwundet worden waren. Dadurch war sofort eine gewisse Verbindung zwischen uns hergestellt. Er bot mir an, Platz zu nehmen, und sah sich mein Abiturzeugnis an. Mit diesen Noten würde ich wohl nicht sofort einen Studienplatz bekommen, vermutete er. Aber ich könne mich bei ihm im Institut als Hilfskraft nützlich machen und nebenbei bereits einige Vorlesungen hören. Nach einem Semester könne er mir dann eventuell zu einem offiziellen Studienplatz verhelfen. Trümmer beseitigen, Steine klopfen, Tiere versorgen, Zwinger bauen und ähnliche Arbeiten würden auf mich zukommen."*
Gottfried konnte sich mittlerweile jede Tätigkeit vorstellen und sagte zu.

Die Räume, die Professor Herre im Souterrain belegt hatte, gehörten vor dem Krieg zum anatomischen Institut der Mediziner. Sie waren gekachelt, und in einigen standen noch die Leichenwannen, die inzwischen zu Mazerierbecken für Tierskelette umfunktioniert worden waren. Außer Herre saßen noch einige Doktoranden in diesen Katakomben. Rundherum war fast alles zerstört. Die Decken des Souterrains waren mit Terrazzo belegt. Auf diesen Terrazzoböden und einigen angrenzenden Freiflächen ließ Herre Hühnerausläufe, Hundezwinger,

Tauben- und Kaninchenställe bauen. Dafür war Gottfried der richtige Mann.

Nach einem Semester wurde er ordnungsgemäß als Student der Zoologie, Botanik und Geologie immatrikuliert. Nach all den Jahren geistiger Brache war Gottfried sehr wissenshungrig und besuchte viele Vorlesungen, nicht nur aus seinem Fachbereich. Er schnupperte ebenso bei den Medizinern, Psychologen und Philosophen herein. Ins Studienbuch ließ er nur die Pflichtveranstaltungen eintragen, denn am Ende des Semesters musste man für jede aufgeführte Vorlesung seinen Obulus entrichten.

Von Anfang an war Gottfried an wissenschaftlichen Untersuchungen beteiligt, anfangs als Famulus von Doktoranden, später forschte er zunehmend selbstständig und veröffentlichte seine Ergebnisse auch. Rückblikkend betrachtet Vauk diese frühe Einbeziehung in Forschungsaufgaben als eine gute Schulung.

Herres Hauptarbeitsgebiet war die Domestikationsforschung. Was unterscheidet ein Haustier von seiner wilden Stammform? Wie verändern Tiere sich unter dem Einfluss der Domestikation? Um Fragen wie diese zu beantworten, wurden unter anderem physiologische Merkmale wie Körpertemperatur, Blut- und Fettzusammensetzung bei Haustieren und ihren Stammformen vergleichend untersucht. Die Laborausstattung für solche Messungen war noch äußerst bescheiden. Gottfried hatte auf dem Institutsgelände einige verschüttete Mikroskope ausgegraben, die er notdürftig wieder herrichtete. Professor Herre konnte noch eine Blutkörperchenzählkammer beisteuern. Gemeinsam mit einer Doktorandin entnahm Gottfried verschiedenen Tieren Blutproben und untersuchte sie auf ihren Gehalt an roten Blutkörperchen. Eine andere Arbeit beschäftigte sich mit dem „Einfluss der Domestikation auf die Körpertemperatur und deren Beziehungen zur Jodzahl des Fettes“. Die Ergebnisse publizierte Gottfried 1951 in einer angesehenen Fachzeitschrift, dem Zoologischen Anzeiger. Die Arbeit war die erste einer langen Liste von Veröffentlichungen, die mittlerweile auf mehr als 400 Titel angewachsen ist.

Ein anderes Thema, das in den fünfziger Jahren immer mehr an Bedeutung gewann, war die künstliche Besamung in der Tierzucht. Herre stand dieser Entwicklung skeptisch gegenüber und wollte untersuchen, wie sich diese neuen Praktiken auf die Tiere auswirken. Dazu mussten zunächst physiologische Reaktionen während einer normalen Begattung registriert werden. Wieder wurde Gottfried einem älteren Kommilitonen als Famulus zur Seite gestellt. Er war sozusagen der Mann fürs Grobe, der die Tiere versorgen und die Messgeräte anbringen musste.

Gottfried lebte zwar stets gemäß der Devise seiner Mutter *„Es gibt kein Glück auf Erden als wollen, was man soll"*; dennoch waren ihm manche seiner neuen Aufgaben zuwider. Wie überhaupt die zunehmende Technisierung der Forschung, das Eingreifen in natürliche Vorgänge, die aufwändige Untersuchung von Fragen mit zweifelhaftem Nutzwert nicht seinem Verständnis von Wissenschaft entsprachen. Originalton Vauk: *„Diese Art von Forschung kotzte mich an."* Über Sinn und Zweck der jetzt geplanten Untersuchungen legte er sich sogar erstmals mit seinem Förderer Herre an. Doch der bestand darauf, dass hier ein besonderer Forschungsbedarf bestehe.

Worum ging es? Herre wollte das Paarungsverhalten, genauer gesagt die dabei ablaufenden Reaktionen bei Kaninchen und Schafen untersuchen. Die Apparate, mit denen Herzfrequenz und Hirnströme gemessen werden konnten, waren im Vergleich zu heutigen Geräten wahre Ungetüme. Auch die Anbringung am Versuchstier war mit größeren Eingriffen verbunden. Zur Aufzeichnung der Herzfrequenz reichte es aus, Metallklammern in der Nähe des Herzens zu platzieren. Wesentlich komplizierter war die Messung der Hirnströme. Hierzu musste Gottfried den Tieren die Schädeldecke abtrennen. Nachdem die Wunden verheilt waren, wurden an genau festgelegten Stellen Schrauben ins Gehirn gedreht, die über Drähte mit dem Encephalographen verbunden wurden.

Die ersten Versuche wurden an männlichen und weiblichen Kaninchen durchgeführt, die nun – verschraubt und verdrahtet – zunächst in zwei abgetrennten Teilen eines Käfigs saßen, dann nach und nach Blick- und Körperkontakt aufnehmen konnten. Was geschah? Gottfried traute seinen Augen nicht. Rammler und Häsin paarten sich scheinbar gänzlich unbeeindruckt von all den Geräten und Manipulationen. Professor Herre hatte es genau so vorausgesagt. Gottfried wollte es nicht glauben. Nicht minder erstaunte ihn das Ergebnis der Messungen: Während bei den männlichen Tieren Herzfrequenz und Gehirnströme deutlich zunahmen, ließen die Weibchen die ganze Angelegenheit völlig ungerührt über sich ergehen. Kein bisschen Herzklopfen – sollte es beim Menschen etwa nach ähnlichem Muster ablaufen? Gottfried fand diese Resultate schrecklich ernüchternd. Später lernte er in medizinischen und psychologischen Vorlesungen, dass bei Menschen so etwas wie Geist und Seele dazukommen, die ihrerseits das Empfinden beeinflussen. Das beruhigte ihn wieder ein wenig.

Immerhin ließen die Tierversuche den vorläufigen Schluss zu, dass es für die weiblichen Tiere relativ belanglos ist, ob sie auf natürlichem oder künstlichem Wege besamt werden. Für die männlichen Tiere mochte das anders aussehen. Doch der Trend war nicht mehr aufzuhalten. Was technisch möglich ist und kurzfristig Vorteile verspricht, setzt sich durch – Tierschutzgedanken hin, ethische Bedenken her. Vauk hat solche Entwicklungen stets kritisch beurteilt.

Kippen-Recycling und „gepehte" Teppiche

Sein Studium musste Gottfried Vauk weitgehend selbst finanzieren. Miete, Lebensunterhalt, Studiengebühren, das eine oder andere Studentenvergnügen – mit den paar Mark, die er als studentische Hilfskraft erhielt, und dem monatlichen Zuschuss, den sein Vater beisteuern konnte, kam er nicht annähernd über die Runden. So war er gezwungen, neben dem Studium Geld zu verdienen und äußerst sparsam zu wirtschaften. Darin war er zwar geübt, aber satt wurde er trotzdem selten, zumindest in den ersten Semestern. Vauk schildert ein paar seiner Überlebensstrategien, die für heutige Studenten nur noch schwer vorstellbar sind.

Zu seinen Vermietern, einem älteren Ehepaar, bei dem er ein winziges möbliertes Zimmer bewohnte, hatte er ein gutes Verhältnis. Die Wirtin, Frau Broderson, eine ehemalige Gutsmamsell, sah in Gottfried den jungen Herrn, den sie sehr zuvorkommend behandelte und umsorgte. Morgenkaffee war im Mietpreis inbegriffen, nur der Kaffee, kein komplettes

Frühstück. Aber Frau Broderson wusste, dass Gottfried nichts zu beißen hatte und stellte zusammen mit dem „Muckefuck" jeden Morgen einen gut gefüllten Milch- und Zuckertopf vor die Tür. Gottfried ließ davon nichts zurückgehen. *„Sogar den Zuckertopf habe ich leergefressen."* Mittags machte er sich auf dem Bunsenbrenner im Institut eine Tütensuppe warm. Ab und zu holte er sich ein Ei von den Forschungshühnern. Oder er ging in die Mensa, wo er gegen Vorlage eines Bedürftigen-Ausweises an der von den Amerikanern organisierten Hoover-Speisung teilnehmen konnte. Die bestand zumeist aus Haferschleim, Maisgrütze oder Schokoladenpudding und wurde aus Blechnäpfen gegessen.

Wenn bei seinen Vermietern ein Geburtstag gefeiert wurde, stand abends auch für Gottfried ein Stück Kuchen vor der Tür. Für solche kleinen Aufmerksamkeiten war er seinen Wirtsleuten dankbar. Er zeigte sich umgekehrt erkenntlich, indem er für die alten Leute Kohlen aus dem Keller schleppte oder ihnen andere schwere Arbeiten abnahm.

Unten im Haus waren ein Kohlen- und ein Milchhändler angesiedelt. Der Kohlenhändler fuhr seine Kohlen noch mit einem Pferdefuhrwerk aus. Am Wochenende kümmerte Gottfried sich hin und wieder um die Pferde. Dafür bekam er ein paar Briketts, mit denen er seine Bude heizen konnte. Weiteres Brennmaterial organisierte er sich abends auf dem Nachhauseweg, indem er irgendwo ein paar Zaunlatten abriss, die er dann in seinem kleinen Kanonenofen verheizte. Die Zäune in der Umgebung wurden auf diese Weise mit der Zeit sehr lückenhaft.

Zigaretten konnte Gottfried sich als Student natürlich nicht leisten. Darauf verzichten wollte er aber auch nicht. Auch hier fand er eine „kostenneutrale" Lösung: Wenn die Kommilitonen das Institut verlassen hatten, ging er durch die Räume und sammelte die Kippen aus den Aschenbechern, um sich daraus neue Zigaretten zu drehen. Eines Tages fand er in seiner Schreibtischschublade eine Schachtel voller Zigarettenstummel. Eine wohlmeinende Putzfrau hatte sie für ihn gesammelt, nachdem sie ihn einmal beim Leeren der Aschenbecher beobachtet hatte. So etwas könne er doch nicht machen. Er wolle schließlich einmal ein Doktor werden, meinte sie und nahm ihm diese unwürdige Art der Tabakbeschaffung künftig ab.

Was sich für einen angehenden Doktor geziemte, interessierte Gottfried herzlich wenig. Er war sich auch nicht zu fein, in den Straßen die Mülltonnen zu durchsuchen. Manchmal fand er dort leere Pfandflaschen, die er noch zu Geld machen konnte.

Schon einträglicher war sein Job als Schichtarbeiter im Fischereihafen. Wenn ein größerer Fischdampfer angelegt hatte, wurde er benachrichtigt, um beim Entladen zu helfen. Es war Knochenarbeit, die vereisten Fischkisten aus den Kühlräumen der Schiffe in die benachbarten Fischfabriken zu schleppen – zu Fuß und per Hand mit einem Enterhaken als einzigem Hilfsmittel. Seine Arbeitskleidung war dieselbe, die er auch zum Studieren trug, was seinen Kommilitonen nicht verborgen blieb.

Begehrt waren auch die Jobs bei der Post und in Geschäften, wo vor allem in der Weihnachtszeit viele Studenten als Aushilfskräfte eingestellt wurden. Allerdings erwischte Gottfried auch hier eine Tätigkeit, die „aufs Kreuz ging". Als Teppichverkäufer in einem Textilkaufhaus musste er so lange Teppich um Teppich beiseite rollen, bis der Kunde auch den zuunterst liegenden in Augenschein nehmen konnte, um sich dann doch für das Modell ganz oben auf dem Stapel zu entscheiden.

In diesem Laden gab es besondere Verkaufspraktiken. Manche Teppiche – wahrscheinlich solche, die nicht gut gingen – waren durch ein „P" auf dem Preisschild markiert. „P" stand für Prämie, die derjenige kassieren durfte, der das Exemplar verkaufte. Natürlich setzte Gottfried seinen Ehrgeiz darein, vor allem diese „gepehte" Ware an den Mann zu bringen. Den Kunden erzählte er, dass das „P" als Prädikat für besonders hochwertige Qualität zu günstigen Preisen stehe, was viele dem netten, jungen Mann auch abnahmen.

Als wahrer Glücksfall erwies sich das Anliegen, mit dem sich eines Tages ein Gutsbesitzer aus dem Kieler Umland an Professor Herre wandte. Er suchte jemanden, der seine Jagdhündin abrichten und ein Pferd zureiten könne und bot dafür, neben Fahrtkosten und Verpflegung, einen guten Stundenlohn. Herre fragte Gottfried, und der überlegte nicht lange. Er sagte zu und fuhr künftig mehrmals in der Woche hinaus aufs Land, um mit den Tieren zu arbeiten. Ihr Besitzer stellte ihm sogar sein Gewehr und sein Revier zur Verfügung. Hündin Bessie erwies sich als gelehrige Schülerin. Sie gehorchte, war eine gute Jagdgehilfin, die nur eine, allerdings entscheidende „Schwäche" hatte: Statt das erlegte Wild zu apportieren, trug sie es in ein Versteck und betrachtete die Beute als ihr Eigentum. Diese Macke sollte Gottfried ihr austreiben. Mit Geduld und Einfallsreichtum gelang ihm dies schließlich. Auch mit dem Pferd hatte er keine Probleme. Nach einigen Wochen konnte er die Tochter des Hauses zu einem ersten Ritt einladen. Sein Auftraggeber war zufrieden, und Gottfried war glücklich. Selbst seine Kommilitonen profitierten von der erfolgreichen Hunde- und Pferdeerziehung. Wenn Gottfried ein Stück Wild erlegt hatte, gab es abends im Institut ein kleines Festessen.

Seine Jagderfahrung kam Gottfried immer wieder zugute und trug zur Lösung mancher Probleme bei. Professor Gerhard Hartmann, ein Kommilitone Vauks aus Kieler Zeiten, erinnert sich: *„Gottfried arbeitete also in der Haustierkunde und war eifrig damit beschäftigt, für die dort gehaltenen Tiere Nahrung zu beschaffen. Und so sah man ihn häufig, mit einem Luftgewehr bewaffnet, in den Ruinen der alten Frauenklinik, wo es von Spatzen und Mäusen wimmelte, auf Pirsch gehen.“* (1)

Doch nicht nur das. Kiel erlebte in jenen Jahren eine große Rattenplage, von der auch das Universitätsgelände nicht verschont blieb. Die lästigen Nager fraßen das teure Tierfutter, nisteten sich in den Kartoffel- und Futterrübenmieten ein, raubten Eier und fielen sogar Hühner an. Rattengift war nicht zu beschaffen, und die aufgestellten Fallen reichten nicht aus. Ein Fall für Gottfried. Hatte er sich nicht schon als kleiner Junge als Kammerjäger betätigt?

Zunächst versuchte er, die unerwünschten Eindringlinge im Tagesansitz zu erlegen. Der Erfolg war gering. Deshalb wurde Gottfried nachtaktiv – wie die Ratten. Da er ohnehin viele Abende im Institut verbrachte, probierte er verschiedene nächtliche Jagdmethoden aus. So baute er sich z. B. auf seinem Schreibtisch, der vor einem Fenster im Souterrain stand, einen Ansitz. Mit der Schreibtischlampe leuchtete er nach draußen. In den entstehenden Lichtkegel stellte er Futter als Lockmittel. Es dauerte nicht lange, bis die Ratten das Futter entdeckt hatten und darüber herfielen. Gottfried schoss einzelne Tiere heraus. Andere, die nur verletzt waren, wurden zum Teil von ihren Artgenossen getötet.

Mit dieser Methode erzielte er beachtliche Strecken, erlegte manchmal bis zu zwanzig Ratten in einer Nacht. Tatsächlich nahm ihre Anzahl von nun an spürbar ab, bis sie eines Tages ganz verschwunden waren. Neben der Dezimierung durch Abschuss mag dabei auch ein Vertreibungseffekt eine Rolle gespielt haben, vermutet Vauk. Jedenfalls konnte er irgendwann stolz vermelden, dass er die „Aktion Ratte“ erfolgreich beendet habe.

Auch Möwen hatten sich in dieser Zeit sehr stark vermehrt und zu unerwünschten Futterräubern entwickelt. Sie wurden ebenfalls mit der Flinte kurz gehalten. Die getöteten Tiere wurden nicht einfach beseitigt, sondern noch wissenschaftlich ausgeschlachtet. Die Waffe, die Professor Herre eigens für solche Zwecke angeschafft hatte, durfte Gottfried übrigens behalten. Sie steht noch heute in seinem Waffenschrank.

Bei aller Not und Plackerei, die die Kieler Jahre begleitete, kamen die vergnüglichen Seiten des Studentenlebens nie zu kurz. Nach den vorangegangenen entbehrungsreichen Jahren hatte Gottfried, wie viele Angehörige seiner Generation, einen großen Nachholbedarf. Er liebte das Nachtleben, war Stammgast in dem seinerzeit sehr angesehenen „Mensa-Club". Auch an weiblicher Begleitung mangelte es ihm nie. Benita, Eva, Renate .... Wie hieß es doch in seiner Abi-Zeitung? *„Wer zählt die Mädchen, nennt die Namen, die alle Vauk geliebet haben ...?"* Eine von ihnen, Gisela, eine junge, talentierte Grafikstudentin, und – laut Vauk – die schönste Frau Kiels, machte schließlich das Rennen. Sie begleitete Gottfried während seiner letzten Semester in Kiel und wurde später seine zweite Frau.

Nach den ersten Hungersemestern hatte Gottfried irgendwann immerhin so viel Geld verdient, dass er ein bisschen zur Seite legen konnte und eines Tages auf die Idee kam, in Skiurlaub zu fahren. Skilaufen kannte er ja von zu Hause. Er überzeugte zwei Kommilitonen mitzukommen und buchte eine preiswerte Unterkunft im Schwarzwald.

In den Winterferien war es dann soweit. Die drei verabredeten sich am Hamburger Hauptbahnhof, um von dort aus den ersten Zug Richtung Süden zu nehmen. Gottfried musste bereits am Abend vorher von Kiel aus anreisen und hatte nun einige Stunden nächtlichen Aufenthalt in Hamburg. Das war die Gelegenheit, ein Viertel kennen zu lernen, von dem er schon viel gehört hatte: Sankt Pauli. Ganz so unerfahren wie einst im ersten Internatsjahr war der pommersche Grützkopp ja inzwischen nicht mehr. Doch was die Gepflogenheiten des Nachtlebens anging, war er doch noch etwas unbedarft, wie sich bald herausstellen sollte.

Zu Fuß machte er sich auf den Weg vom Altonaer Bahnhof nach Sankt Pauli und war beeindruckt von der Glitzerwelt, die ihn dort erwartete. Ehe er sich versah, hatte ihn ein Türsteher in ein Nachtlokal komplimentiert, in dem sich sofort drei Mädchen seiner annahmen. Gottfried genoss diese freundliche Aufnahme und ließ sich nicht lumpen. Champagner wollten die Damen trinken. Also bestellte Gottfried, der weder den Geschmacks- noch den Preisunterschied zwischen Sekt und Champagner kannte, großzügig Champagner. Ein bisschen Erspartes für die Reise hatte er ja im Portemonnaie. So verwöhnte er sich und seine Tischdamen, die ihrerseits nicht mit Nettigkeiten geizten – bis eine der Frauen ihn fragte, wie viel Geld er eigentlich bei sich habe. Gottfried machte Kassensturz und musste feststellen, dass sie bereits mehr getrunken hatten, als er bezahlen konnte. Von einem Augenblick zum anderen verloren die drei das Interesse an ihm, und er saß plötzlich allein am Tisch. Der Wirt war großzügig und erließ ihm ein paar Mark, die zum Begleichen der Zeche fehlten. Seinen Urlaub musste Gottfried allerdings ohne einen Pfennig in der Tasche antreten. Nachtlokale besuchte er auch später gerne. Doch er hatte seine Lektion gelernt. Künftig kippte er zuerst den Inhalt seines Portemonnaies auf den Tisch, damit alle Beteiligten wussten, wann Schluss war. Den Skiurlaub ließ Gottfried sich durch seine leeren Taschen nicht verleiden.

Diese Woche im Schwarzwald war übrigens eine der wenigen Urlaubsreisen, die Vauk unternahm. Reisen konnte er nie viel abgewinnen. Er arbeitete viel, feierte gerne und wenn er weder das eine noch das andere tat, suchte und fand er Erholung in seinem Revier (sofern er gerade eins hatte). Es gehört ja im Jet-Zeitalter fast Mut dazu, sich dazu zu bekennen, ein Reisemuffel zu sein. Vauk steht zu seinen Bedürfnissen. An anderer Stelle hat er sein Verhältnis zu Reisen näher beschrieben:

„Reisen sind und waren mir nie eine große Freude, und neue Menschen kennen zu lernen, war mir auch kein Bedürfnis. Eine größere Anzahl von Menschen an einer Stelle sind mir sogar ein Gräuel. Ich möchte umgeben sein von Menschen, denen ich vertrauen kann und die mir vertraut sind. Landschaften, Reviere möchte ich nicht besuchen, um als Fremder zu kommen und als Fremder zu gehen. Ich möchte das Gefühl haben, dass eine Wiese meinen Schritt kennt, jeder Baum und Busch mir ‚Guten Tag' wünscht. Ich möchte wissen, was da kreucht und fleucht, möchte an vertrauten Orten still sein und still werden. Von Hinterpommern sagt man: ‚Ein Hinterpommer steht nicht nur mit beiden Beinen auf der Erde, er steckt bis zu den Knöcheln darin.(...)' Nur so konnte ich über dreißig Jahre auf Helgoland leben." (2)

Promotion mit Hindernissen

Das Zoologiestudium konnte man damals entweder mit einem Staatsexamen oder mit einer Promotion abschließen. Den Diplomstudiengang gab es noch nicht. Da Gottfried kein Lehrer werden wollte, entschloss er sich zu promovieren. Professor Herre legte ihm nahe, sich frühzeitig ein Thema für seine Doktorarbeit zu suchen.

Gottfried reizte besonders eine relativ junge Disziplin, die Verhaltensforschung. Er kannte die Arbeiten von Lorenz und Koehler. Auch wissenschaftliche Außenseiter, wie Fischel, der eine Abhandlung über die Seele des Hundes veröffentlicht hatte, interessierten ihn. So fragte er Herre, ob er Verhaltensforschung an Hunden oder Pferden betreiben könne. Hunde passten Herre gut ins Konzept, da er selbst an ihnen forschen wollte. Sie ließen sich zudem ohne große Probleme auf dem Institutsgelände halten. Herre gab allerdings zu bedenken, dass die Verhaltensforschung nicht sein Fachgebiet sei und er Gottfried bei einem solchen Thema wenig raten und helfen könne. Gottfried traute es sich zu, selbstständig zu arbeiten.

Er wollte das Geburtsverhalten von Hündinnen untersuchen und die Entwicklung bestimmter Verhaltensweisen bei den Welpen. Dazu musste er zunächst die nötigen Versuchstiere auftreiben und für ihre Unterbringung weitere Zwinger bauen. Da Herre viele Verbindungen hatte, war die Beschaffung der Hunde kein Problem. Ein wohlhabender Gönner vom Niederrhein hatte Interesse an den Forschungen und überließ dem Institut gleich mehrere Hündinnen – Pointer, Irish und English Setter. Die Polizeihundeschule konnte Schäferhunde, Rottweiler und Boxer beisteu-

ern. Dackel gehörten ohnehin zum Institutsinventar. So waren schließlich stets mehrere Hündinnen verschiedener Rassen vorhanden. Gottfried ließ sie decken und verbrachte in der folgenden Zeit unzählige Stunden damit, die Hündinnen und ihre Welpen zu beobachten.

Schon während des Studiums publizierte er einige seiner Beobachtungen in Fachzeitschriften. Manchmal sprang sogar ein Honorar dabei heraus. Außerdem wurde der Name Vauk auf diese Weise in Fachkreisen und bei Hundeliebhabern allmählich bekannt. Immer häufiger wurde er nun auch eingeladen, Vorträge zu halten. Professor Herre drängte ihn, solche Gelegenheiten wahrzunehmen, und unterstützte ihn dabei. Das Reden habe er erst systematisch lernen müssen, sagt Vauk. Eigentlich sei er eher schüchtern gewesen, lediglich darin geübt, Befehle zu erteilen. Frei und lebendig zu sprechen, sich an wenigen Stichworten zu orientieren, beim Sprechen nicht die Hände in den Hosentaschen zu halten – all das habe er sich hart erarbeiten müssen. Professor Herre sei ein scharfer Beobachter und Kritiker gewesen, der ihm manche Unart ausgetrieben und ihm viele wertvolle Tipps gegeben habe. Offensichtlich fielen solche Ratschläge auf fruchtbaren Boden. Dank seiner außergewöhnlichen rhetorischen Fähigkeiten konnte Vauk sich auch in seinem späteren Berufsleben immer und überall Gehör verschaffen.

Nachdem Gottfried sich als Hundeführer einen gewissen Namen gemacht hatte, fand er ein weiteres Betätigungsfeld bei der Polizeihundestaffel Schleswig-Holstein. Unter den Polizeihunden gab es mitunter Bestien, die die Besitzer abgegeben hatten, weil sie mit ihnen nicht mehr fertig wurden. Gottfried arbeitete mit bei der Ausbildung dieser Hunde, er fertigte Gutachten an über Fälle, in denen Personen durch Hunde schwer verletzt oder zu Tode gekommen waren, und er war an Polizeieinsätzen mit Hunden beteiligt.

Über seine Erlebnisse mit Hunden, die ihn während des Studiums, aber auch in fast allen anderen Lebensphasen begleiteten, weiß Vauk noch manche Anekdote zu erzählen. Sie ergeben Stoff für ein eigenes Buch, an dem er zur Zeit arbeitet.

Im Frühjahr 1954 legte er schließlich seine Doktorarbeit vor. Sie trug den Titel: „Rassevergleichende Beobachtungen über die Entwicklung angeborener Verhaltensweisen an Junghunden bis zum Alter von zwei Monaten“ (3).

Die Freude über das vollbrachte Werk währte jedoch nicht lange. Professor Herre wollte die Arbeit nicht annehmen. Selbst kein Fachmann in Sachen Verhaltensforschung, eröffnete er Gottfried, dass er auch keinen Co-Referenten gefunden habe, der die Arbeit beurteilen könne, da die Ethologie in Kiel nicht vertreten war. Das war ein Schlag ins Gesicht. Sollte damit all die Mühe vergebens gewesen sein, er sein Studium ohne Abschluss beenden oder eine neue Doktorarbeit anfertigen? Gottfried war völlig ratlos, fast schon bereit, sich in sein Schicksal zu ergeben. Ein Kommilitone ergriff schließlich die Initiative und trug Gottfrieds Fall dem Dekan vor. Der bot an, die Doktorarbeit durch externe Fachleute begutachten zu lassen.

Kein Geringerer als Konrad Lorenz erklärte sich bereit, Gottfrieds Untersuchungen zu bewerten. Zweitgutachter war der ebenfalls sehr bekannte Verhaltensforscher Koehler. Beide hatte Gottfried während seines Studiums bereits persönlich kennen gelernt, mit Konrad Lorenz sogar ein längeres Gespräch geführt über Gott und die Welt oder das Säugetier Mensch, das sich in seinem Verhalten doch gar nicht so sehr von anderen Säugetieren unterscheide. Auch über sein geplantes Promotionsthema hatte Gottfried mit Lorenz bereits gesprochen. Der hatte ihm jedoch wenig Mut gemacht. Hunde seien schwierige Forschungsobjekte, unter anderem aufgrund der starken emotionalen Bindungen zwischen Mensch und Hund, die die Ergebnisse beeinflussen könnten. Als er Monate später Gottfrieds Arbeit begutachtete, bescheinigte er dem jungen Kollegen immerhin, dass er die schwierige Aufgabe gut gemeistert habe.

Nachdem Lorenz und Koehler die Arbeit in Augenschein genommen hatten, wurde sie auch von den beiden Kieler Institutsleitern, Herre und Remane, akzeptiert, und im Sommer 1954 – nach Monaten des Wartens und der Ungewissheit – wurde Gottfried schließlich zur mündlichen Prüfung zugelassen. Er bestand. Zwar nicht mit Glanz und „summa cum laude", doch das war ihm egal. Das Ereignis wurde mit einem rauschenden Fest gefeiert. Aus dem mittellosen Flüchtling war nun ein – allerdings immer noch mittelloser – Dr. rer. nat. geworden. Endlich stand ihm die Welt offen!

Oder doch nicht? Vauk begann, Bewerbungen zu schreiben, zunächst um Stellen innerhalb Deutschlands. Die Antworten waren stets abschlägig. Der Arbeitsmarkt für Akademiker, Biologen zumal, sah schlecht aus. Gottfried versuchte es im Ausland, schrieb zahlreiche Botschaften an, auch das ohne Erfolg. Um sich über Wasser zu halten, half er im Geschäft seiner zukünftigen Schwiegereltern aus, fuhr über Land und verkaufte Elektrozäune – bis eines Tages ein Brief von seinem Doktorvater kam: *„Bitte stellen Sie sich bei Professor Drost in Wilhelmshaven vor."*

Drost leitete das angesehene Institut für Vogelforschung, die „Vogelwarte Helgoland", die während des Kriegs von der zerbombten Insel ans Festland verlegt worden war. Nun wurde ein Mann gesucht, der nicht nur wissenschaftlich arbeiten konnte, sondern zunächst einmal in der Lage war, die Inselstation aus Trümmern wieder aufzubauen. Der Institutsleiter nahm den jungen Säugetierspezialisten, der ihm von Professor Herre empfohlen worden war, unter die Lupe. Nach vierwöchiger Probezeit in Wilhelmshaven begleitete er Gottfried bei stürmischer See zu seinem künftigen Wirkungsfeld in der Deutschen Bucht. Das war am 1. April 1956.

Helgoland, die neue Wirkungsstätte

Auf Helgoland ist – nicht – alles anders

Wenn man auf Inseln lebt oder dort zu Besuch ist oder vielleicht auch an anderen abgelegenen Orten, hört man diese Redensart häufig – natürlich auf den jeweiligen Ort bezogen und in abgewandelter Form.

Auf Helgoland ist alles anders! Sicher ist bei solchen Äußerungen fast immer eine gehörige Portion Übertreibung im Spiel, aber die macht bekanntlich anschaulich. Da gibt es die Abhängigkeit von den Schiffsverbindungen zum Festland, da gibt es – vor allem auf Inseln mit viel Tourismus – an- und abschwellende Besucherzahlen und da gibt es, vornehmlich in den Wintermonaten, das Gefühl eingeschränkt und abgeschnitten zu sein. Das ist dann die Zeit des drohenden „Inselkollers", des Gefühls, dieses Leben nicht mehr aushalten zu können.

Es gibt so etwas sicher auch heute noch, wenn auch in sehr abgeschwächter Form. Die vor einigen Jahrzehnten noch unbekannten Möglichkeiten der Kommunikation per Internet, Handy und andere moderne Technologien haben zu einer Angleichung der Lebensverhältnisse geführt, zu einem Verschwimmen und Verschwinden von Entfernungen und Grenzen, wie man es sich bis vor kurzem nur schwer vorstellen konnte.

Wir schreiben das Jahr 1956. Gottfried Vauk kam nach Helgoland, um – nach eigenem Bekunden hätte er das nie für möglich gehalten – fast 32 Jahre und damit den ganz überwiegenden Teil seines Berufslebens auf dieser kleinen und abgelegenen Nordseeinsel in der Deutschen Bucht zu bleiben. Die Antwort auf die Frage nach dem Warum fällt denn auch schwer. Bevor wir versuchen, sie zu finden, ist ein kurzer Blick auf die Geschichte Helgolands und die Geschichte der Vogelwarte Helgoland erforderlich.

Helgoland – Spielball politischer Interessen und „Mekka der Ornithologen"

Als Gottfried Vauk im April 1956 seinen Dienst auf der Insel antrat, fand er dort eine Trümmerwüste ungeahnten Ausmaßes vor, wurde Helgoland nach dem Ende des Zweiten Weltkrieges doch noch mehrere Jahre lang von der britischen Luftwaffe als Übungsziel genutzt. Erst am 1. März 1952 wurde die Insel an die Bundesrepublik Deutschland zurückgegeben. Dazu kam, dass die Engländer Helgoland am 18. April 1947 mit einer gewaltigen Sprengung – es wurden 6700 Tonnen Sprengstoff gezündet – vollends zerstören wollten (Operation Big Bang). Ein Journalist des britischen Rundfunks meinte nach einer anschließenden Besichtigung der Insel: *„It was like Nagasaki all over again."* (1)

Es gab einen Grund für diese martialische Aktion: Die englische Regierung wollte nach dem Krieg verhindern, dass Helgoland jemals wieder eine deutsche Seefestung und damit zu einer Bedrohung für das englische Königreich werden könnte. Eine solche Befürchtung war nicht aus der Luft gegriffen, denn sowohl das Deutsche Kaiserreich als auch die Nationalsozialisten hatten Helgoland militärisch gewaltig aufgerüstet und zu einem Flottenstützpunkt ausgebaut.

Ja, selbst der Erwerb der bis 1890 zu England gehörenden Insel – sie wurde im Tausch gegen das deutsche Protektorat über die Insel Sansibar vor der ostafrikanischen Ostküste erworben – geschah erwiesenermaßen nicht nur aus friedlichen Absichten. Diese „urdeutsche Insel", so Bismarck, hatte für die Militärs beider Länder immer auch eine strategische Bedeutung. So ist aus jener Zeit sogar die Bezeichnung von Helgoland als *„unser deutsches Gibraltar"* überliefert (2).

So wie es zahlreiche Publikationen über die Geschichte Helgolands gibt, ist auch die Geschichte der Vogelwarte ausführlich dokumentiert – nicht zuletzt von Gottfried Vauk selbst. Deshalb begnügen wir uns hier mit einer kurzen Darstellung, die jedoch belegen soll, dass die Vogelzugforschung auf Helgoland nach dem Zweiten Weltkrieg an eine etwa hundertjährige Tradition anknüpfen konnte. Der Name der Insel als Stätte ornithologischer Forschung war bereits vor 1945 nicht nur in Fachkreisen weithin bekannt. Dies mag nicht unwesentlich dazu beigetragen haben, dass Berichte über die Vogelwarte und ihre Arbeit auch jetzt wieder mit Interesse aufgenommen wurden, und zwar auch dann, wenn sie sich zunehmend mit ökologischen Themen beschäftigten, die z. B. vor einer Zerstörung unserer Lebensgrundlagen warnten.

Namenspatron der Vogelwarte ist der aus Pritzwalk in der damaligen Mark Brandenburg stammende Heinrich Gätke, der 1837 nach Helgoland kam und dort bis zu seinem Tod 1897 lebte. Er war Kunstmaler und darüber hinaus ein passionierter Jäger, der Zeuge des gewaltigen Vogelzuges wurde, den er im Frühjahr und im Herbst auf der Insel erlebte. Er begann, seine Beobachtungen aufzuzeichnen und zu kommentieren. 1891 erschien von ihm ein dickleibiges Buch mit dem Titel *„Die Vogelwarte Helgoland“* (3). Es enthält u.a. Beschreibungen aller von ihm auf Helgoland nachgewiesenen 396 Vogelarten. So wurde der Begriff Vogelwarte durch Heinrich Gätke, der auch viel Besuch erhielt und mit Wissenschaftlern korrespondierte, bekannt und 1901 mit der Gründung der Vogelwarte Rossitten auf der Kurischen Nehrung im damaligen Ostpreußen erstmals für eine wissenschaftliche Forschungsstation verwendet. Als offizielles Geburtsdatum der Vogelwarte Helgoland als Forschungsinstitut gilt der 1. April 1910, als die 1892 gegründete *„Königliche Preußische Biologische Anstalt“* auf Helgoland Dr. Hugo Weigold mit der Wahrnehmung der ornithologischen Forschung beauftragte. Er versah diese Aufgabe bis 1924. Sein Nachfolger wurde Prof. Dr. Rudolf Drost. Während dieser Zeit entwickelte sich die ornithologische Abteilung zur bald weltbekannten Vogelwarte. Dies geschah in erster Linie durch die Markierung von weit über hunderttausend Zugvögeln mit Ringen, die – neben einer Zahlenkombination – die Inschrift *„Vogelwarte Helgoland“* trugen. Die durch Wiederfunde der beringten Vögel gewonnenen Erkenntnisse über den Vogelzug, hierzu gehören Nachweise über Brutgebiete, Zugwege und Winterquartiere, vor allem aber über die ganz unglaublichen Orientierungsfähigkeiten und Flugleistungen der Zugvögel, waren so erstaunlich, dass sie nicht nur Wissenschaftler faszinierten.

Ermöglicht wird der massenhafte Fang von auf Helgoland rastenden Singvögeln durch eine Besonderheit der Insel. Auf ihr gibt es keinen Wald! Lediglich in der seit jeher einzigen natürlichen Vertiefung auf dem sonst flachen Oberland, der etwa 200 Meter langen und gut 30 Meter breiten *„Sapskuhle“*, sind die Voraussetzungen für die Entwicklung eines relativ windgeschützten Baumbestandes gegeben. Schon bald nach Gründung der Vogelwarte wurden in dieser bis dahin kahlen Mulde von den Biologen in mühevoller Arbeit Laubbäume und Sträucher gepflanzt und ein kleiner Tümpel angelegt, da es auf Helgoland keinen Süßwasserteich gab. Die Bäume wuchsen allmählich zu einem ansehnlichen Wäldchen heran, das nun mit Einrichtungen zum Fang der dort zweimal im Jahr in großer Zahl einfallenden und rastenden Zugvögel versehen wurde. So entstand nach und nach ein einzigartiger Vogelfanggarten. Von ihm wird noch mehrfach die Rede sein.

Das Ende des Zweiten Weltkrieges bedeutete mit der Zerstörung und völligen Evakuierung Helgolands im Jahr 1945 auch das vorläufige Ende der Vogelwarte. Unter den schwierigen Bedingungen der Nachkriegszeit erfolgte jedoch bereits am 1. April 1946 in Göttingen ihre Neugründung, und zwar mit dem Zusatz *„Institut für Vogelforschung"*. Als selbstständige Forschungseinrichtung des Landes Niedersachsen fand sie schließlich 1947 in Wilhelmshaven eine Bleibe. Dort befindet sich noch heute ihr Hauptsitz.

Als die Insel am 1. März 1952 von der englischen Regierung an die Bundesrepublik Deutschland zurückgegeben wurde, nahm auch bald wieder ein Wissenschaftler der Vogelwarte, Dr. Wolfgang Jungfer, die ornithologische Arbeit auf der Insel auf. Ihn hielt es jedoch nicht lange auf Helgoland. Am 1. April 1956 wurde Dr. Vauk sein Nachfolger.

Helgoland 1956 – Lager, Trümmer und Baustellen

Was erwartete den frischgebackenen Doktor der Naturwissenschaften nun auf Helgoland? Sicher wusste er aus den Medien etwas über die jüngste Geschichte der Insel: die Luftangriffe am Ende des Krieges, die große Sprengung 1947 und das jahrelange Schicksal als Übungsziel der britischen Luftwaffe, und sicher war ihm auch klar, dass er dort kein intaktes und gut eingerichtetes Institutsgebäude vorfinden würde. Als er jedoch mit dem Leiter des Hauptsitzes der Vogelwarte, Prof. Rudolf Drost, in den ersten Apriltagen erstmals seine neue Wirkungsstätte betrat, verschlug es ihm trotzdem fast die Sprache. Schon die Überfahrt mit dem kleinen Versorgungsschiff „MS Rudolf" bei Kälte, Sturm und Regen hatte der Mann aus den Wäldern Hinterpommerns als schrecklich empfunden.

Als Prof. Drost ihm dann im Barackenlager im Südhafengelände der Insel seine beiden Diensträume zeigte und er vom Lagerverwalter mit schneidigen Worten auf seine Rechte und Pflichten hingewiesen wurde, fühlte sich Gottfried Vauk endgültig in längst vergangen geglaubte, ihm aber nur zu gut bekannte Zeiten zurück versetzt.

Auch die Einrichtung seiner neuen Bleibe bestätigte diesen Eindruck. Das Mobiliar bestand aus einem Schrank, einem Tisch, zwei Stühlen, einem Feldbett und einigen Haken an der Wand. Im Nebenraum lagen darüber

Das neue Institutsgebäude auf dem Oberland

hinaus einige Netze und Fallen, die offenbar für den Vogelfang bestimmt waren, sich aber in einem beklagenswerten Zustand befanden.

Der Fanggarten

Der nächste Schock ereilte ihn bei einem Gang über das Oberland der Insel. Was ihn dort erwartete, war zunächst eine Kraterlandschaft ohne Baum und Strauch, waren Bombentrichter jeglicher Größe, waren Trümmer der ehemaligen Bebauung und das, was Sprengungen und Bombenabwürfe von den ehemaligen Geschützstellungen übrig gelassen hatten. Der Fanggarten der Vogelwarte mit den hier entwickelten und in Fachkreisen weltweit bekannten Trichterreusen bot ein Bild des Jammers. Die Bombardierungen hatten auch hier ihre Spuren hinterlassen und die Reusen sowie die den Fanggarten umgebende massive Betonmauer weitgehend zerstört. Selbst der so mühsam angelegte Baumbestand hatte gelitten und war teilweise vernichtet. Mit anderen Worten: Es war ein wildes Durcheinander.

Als der Direktor des Instituts am nächsten Tag die Insel wieder verließ und nach Wilhelmshaven zurückkehrte, wäre sein junger wissenschaftlicher Assistent am liebsten gleich mit abgereist. Aber diese Blöße wollte er sich doch nicht geben, und so tat er das, was ihm in seinem Leben bisher stets geholfen hatte: die Realitäten akzeptieren und das Beste aus ihnen machen. Dass diese Einstellung der Beginn einer beeindrukkenden beruflichen Erfolgsstory werden sollte, war damals noch nicht abzusehen.
Er kannte ja ein Leben in Lagern und Trümmern, hatte es – wenn auch unter anderen Vorzeichen – während des Krieges und in den entbehrungsreichen Jahren danach kennen gelernt und auf erstaunliche Weise gemeistert. Warum sollte ihm das, so fragte er sich, nicht auch hier gelingen? Insofern war auf Helgoland eben tatsächlich nicht alles anders!

Der richtige Mann zur richtigen Zeit am richtigen Ort

Im Juni 1956 verlegte ein Journalist der Tageszeitung DIE WELT zwar Ort und Zeit, kam auf diese Weise aber zu einem sehr farbigen und realistischen Bild der Verhältnisse auf Helgoland in jenen ersten Jahren nach der Freigabe der Insel (1):

„Irgendwo im Westen der Vereinigten Staaten wird Öl entdeckt. Dort ist der Boden öde und fruchtlos, er ist roter Schotter. Sofort greifen hellwache Unternehmer mit riesigen Bohrtürmen nach den flüssigen Dollars. In aller Eile werden Baubuden aufgestellt. Über Nacht schießen farbige Häuser mit viel Glas und gewagten Fassaden wie Pilze aus der Erde. Über zerquälten Bohlen rollen die Karren, hasten oder trödeln die Arbeiter. Die Straßen entstehen erst später. Aus einer abseitigen Kneipe klingt Gesang und Gegröle. Diese Kneipen heißen „Zum blutigen Knochen" oder „Pressluftbar". Ihre Namen haben sie nicht von ungefähr. In der einen gerieten sich die Arbeiter in die Haare und schlugen sich die Nasen ein. In der anderen ist die Luft zum Schneiden. Daher „Pressluftbar".

Das alles war nicht etwa in den abgelegenen amerikanischen Landstrichen des Mittelwestens. Das war auf Helgoland: Die Baubuden, die farbigen Häuser mit den gewagten Fassaden, die Bohlen über rotem Schotter. Nur die Menschen mögen hier anders sein durch die Geschichte und ihr Schicksal. Und ihr Ziel heißt nicht Öl. Es heißt Kurgast, S. M. Kurgast. Und doch ist das Ziel das gleiche: Geld! Neben anderen Zielen, das versteht sich.

Ein Griff in das Ödland ist es beide Male. Drüben wie hier. Aber wieder ein Unterschied: Dort haben Menschen das Land der Natur überlassen. Und es blieb Ödland. Hier haben es Menschen verändert. Mit Dynamit. Und es wurde Ödland. Das ist das Faszinierende an der roten Insel in der Nordsee, an dem steilen Fels, 60 Meter hoch, aus weißgerändertem Buntsandstein, zernagt von den unaufhörlich anstürmenden Wogen. Diese triste Öde! Besonders wenn es regnet und der rote Schotter zu rötlichem Dreck wird. Wenn alle auf die Bohlen angewiesen sind. (…)"

Soweit der Zeitungsbericht. Es war tatsächlich eine besondere Welt, in die Gottfried Vauk damals auf Helgoland katapultiert wurde.

Hacke, Spaten und Schaufel, statt Mikroskop und Pinzette

Auf die Frage, warum er nicht tatsächlich die Insel fluchtartig wieder verlassen und sich nach all den vorangegangenen entbehrungsreichen Jahren nach einer angenehmeren Umgebung und Tätigkeit umgesehen habe, antwortete er als passionierter Jäger einmal mit dem Bild von dem Jagdterrier, der sich auf eine Wildsau stürzt und sich in ihr festbeißt, nicht wissend, ob Hilfe naht und er diesen Kampf überlebt.

Vielleicht hatte Gottfried Vauk tatsächlich dieses Bild vor Augen, als er in den folgenden Tagen, Wochen und Monaten erst einmal daran ging – wie er es ausdrückte – *„den Laden aufzuklaren"*. Dazu legte er sich einen Plan zurecht, den er, wenn es irgend möglich war, konsequent einhielt. Diese Fähigkeit war ihm bei aller Spontaneität und Emotionalität, die er an den Tag legen und manchmal nur schwer beherrschen kann, sehr wichtig: In seiner schnörkellosen Sprache hört sich das so an: *„Man muss sich, wenn man nicht untergehen will, einen Plan machen. Sonst geht man kaputt und hält dieses Leben nicht durch. Man kann nicht einfach sagen: Es kommt, wie es kommt. Das ist unmöglich."*

In der Praxis sah dies zunächst so aus, dass er vormittags *„Innendienst"* machte und nachmittags im Fanggarten auf dem Oberland arbeitete. Diese beiden Tätigkeiten waren, wohlgemerkt, nicht etwa Schreibtischarbeit und Vogelberingung, sondern handwerklicher Art. In der Südhafenbaracke, seinem ersten Domizil, lieh er sich vom Lagerverwalter zu dessen großem und wohlwollendem Erstaunen erst einmal einen Spaten aus, um die mehrere Zentimeter dicke und auf dem Holzfußboden festgetrocknete Schicht aus rötlichem Helgoländer Lehmboden abzukratzen. Als Nächstes folgte die Entrümpelung des zweiten Raumes, in dem allerlei Unrat, *„Scheiß"*, wie Gottfried Vauk sagte, lagerte – bis hin zu alten Vogelbälgen, in denen Maden herumkrochen. Es war sehr mühsam, das alles in die Nähe der gut hundert Meter entfernten Kaimauer zu schleppen, wo es in einer Kuhle landete, die am nächsten Tag ein Bagger zuschob. Der nächste Schritt hieß *„Wasser marsch"*. Mit Eimer, Schrubber und Waschmittel rückte er noch einmal dem Fußboden zu Leibe und verlieh ihm sein ursprüngliches Aussehen zurück.

War diese Aufgabe noch überschaubar und nach einigen Wochen erledigt, so erwartete ihn im Fanggarten auf dem Oberland eine Arbeit, die ihn schließlich mehrere Jahre in Anspruch nahm. Das Reparieren bzw.

der Neubau von Reusen zum Vogelfang – der bereits erwähnten Helgoländer Trichterreusen –, die Anlage von zwei Süßwasserteichen und von Wegen, vor allem aber der Bau eines zunächst provisorischen Zaunes um den Fanggarten, all das ist mehrfach beschrieben und veröffentlicht worden. Es belegt, dass in jenen Jahren vor allem handwerkliche Arbeiten auf der Tagesordnung standen und Gottfried Vauk sich dieser Herausforderung mit Schwung und nimmermüdem Einsatz stellte.

Vom Umgang mit rauen Gesellen

Bekanntermaßen können der Wille, etwas zu leisten, und die Fähigkeit, dies auch umzusetzen, zwei sehr verschiedene Schuhe sein. Was hilft es, wenn man etwas bewegen will, einem aber das erforderliche Rüstzeug hierfür fehlt? Gottfried Vauk hatte sich dafür entschieden, auf Helgoland etwas zu leisten. Er wollte die Inselstation der Vogelwarte aufbauen und ihr zu Ansehen und Geltung verhelfen. Über die nötige Einstellung und die handwerklichen Fähigkeiten verfügte er. Würde es ihm auch gelingen, im doppelten Sinne des Wortes, auf Helgoland unter den Bedingungen des Jahres 1956 Fuß zu fassen? In der Wahrnehmung seiner Mitmenschen war er ein Raubein. Und das passte genau, um mit den Helgoländer Verhältnissen in jenen Anfangsjahren klar zu kommen.

Da war z. B. das Barackenlager im Südhafengelände der Insel. Da waren Bauarbeiter, Hafenarbeiter und Fischer, einige wenige Ingenieure, da war der Wetterwart Kurt Thurau und neuerdings der „Finkenpetter“ Gottfried Vauk. Und da waren ganz wenige Frauen. Insgesamt dürften es wohl zwei- bis dreitausend Menschen gewesen sein, die zu dieser Zeit auf dem roten Felseneiland lebten. Seit kurzem wohnten in den wenigen neuen Häusern auf dem Unterland auch bereits wieder Helgoländer. Es mögen weniger als hundert gewesen sein. Mit den Bewohnern in den Barackenlagern – es gab noch ein zweites, fast ausschließlich von Bauarbeitern bewohntes im Nordostgelände der Insel – gab es nicht viele Berührungspunkte.

In diesen „Bullenklöstern“, wie die Lager auch genannt wurden, war man nicht gerade zart besaitet. Es herrschte ein eher rüder Ton. Der billige Alkohol spielte dabei eine nicht geringe Rolle. Nicht selten kam es zu Streit und Schlägereien, besonders, wenn bei Sturm Fischkutter im Hafen lagen

Helgoland 1958. Im Vordergrund das Barackenlager im Südhafen. Auf dem Oberland im Hintergrund sind als einzige Gebäude der Leuchtturm und das neue Institutsgebäude der Vogelwarte zu erkennen

und die Besatzungen die Kantine des Lagers bevölkerten. Im Ort gab es tatsächlich den erwähnten „Blutigen Knochen" und die „Pressluftbar".

Gottfried Vauk bewegte sich in diesem Milieu mit großer Sicherheit und Gelassenheit, hatte er doch als Soldat, Kriegsgefangener und danach in den Lagern in der Lüneburger Heide Ähnliches kennen gelernt. Dazu kam, dass der ganz überwiegende Teil der Arbeiter und anderen Beschäftigten zumindest in diesem Bereich einen vergleichbaren Lebens- und Erfahrungshintergrund hatte wie er. So war er bald überall bekannt und trotz seines merkwürdigen Berufs als gleichwertig akzeptiert. Er unterhielt durchaus

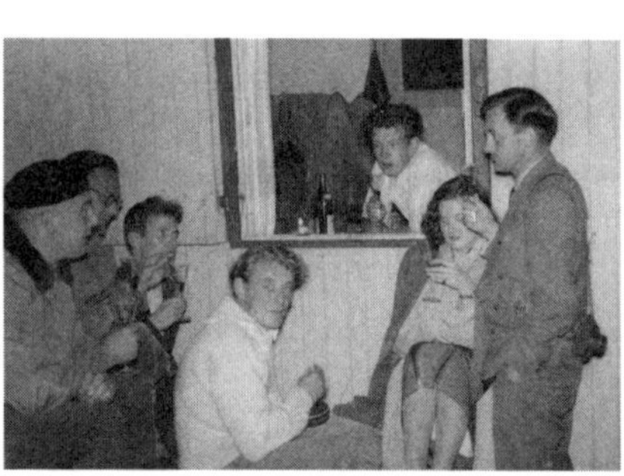

Trotz mancher Entbehrungen gab es im Barackenlager häufig Anlässe zum Feiern

„Wissenschaftliche" Möwenjagd – Gottfried Vauk mit Setter „Artus"

hier und da freundschaftliche Beziehungen, vor allem mit den Ingenieuren des das Lager leitenden Wasser- und Schifffahrtsamtes Tönning und mit dem Wetterwart, der überdies sein Stubennachbar war. Es existieren aus dieser Zeit Bilder, wo er in fröhlicher Runde sitzt und den Ton angibt.

Wenn vom Umgang mit rauen Gesellen die Rede ist, dann darf eine Gruppe nicht unerwähnt bleiben. Sie lebte zwar nicht in den Baracken, machte Gottfried Vauk in den ersten Jahren auf der Insel aber das Leben ziemlich schwer. Gemeint sind die Helgoländer Jäger. Über Helgoland und die Jagd könnte ein besonderes Kapitel geschrieben werden.

Dieser Bereich gehorchte auf der abgelegenen Nordseeinsel seit jeher eigenen Gesetzen. Zur Bereicherung des Speisezettels und sicher auch zum Zeitvertreib spielte die Jagd auf Vögel – eine andere Jagdbeute gab es nicht – eine besondere Rolle. Sie unterlag kaum Einschränkungen und wurde, vor allem in den Zeiten des Vogelzuges, von Jung und Alt mit Leidenschaft betrieben. Schon beim erwähnten Heinrich Gätke finden sich hierüber lesenswerte Darstellungen. Dieses Privileg der nahezu uneingeschränkten Jagdausübung mit der Flinte bekam Gottfried Vauk sehr bald zu spüren. Wenn im Frühjahr oder Herbst starker Vogelzug herrschte, knallte es an manchen Tagen an allen Ecken und Enden. Das galt für die ganze Insel einschließlich der bereits bebauten Ortslage und des Hafengeländes. Bei Gefahr ging man eben in Deckung, z. B. in Hauseingänge. Es war kein Grund zur Aufregung, wenn die Schrotgarben aus den Flinten in bedrohlicher Nähe einschlugen. Für das damals noch unbebaute Oberland galt das in besonderer Weise. Der Fanggarten der Vogelwarte wurde da nicht ausgenommen. So passierte es nicht gerade selten, dass ein soeben beringter Vogel unmittelbar nach seiner Freilassung von einem in der Nähe wartenden Jäger geschossen wurde, und zwar in voller Absicht und geradezu demonstrativ.
Für den nicht unbedingt konfliktscheuen „Finkenpetter" war dies natürlich eine unerträgliche Provokation. Dieser Konflikt wurde nicht nur mit Worten, sondern gelegentlich auch mit Fäusten ausgetragen. So wurde ihm einmal nach einer feuchtfröhlichen Feier vor dem neuen Kurhaus der Insel aufgelauert. Er konnte sich der Überzahl seiner Angreifer nur erwehren, indem er sich einen von ihnen schnappte und so lange mit dem Kopf auf das Straßenpflaster schlug, bis dessen Kumpanen ihren Angriff aus Mitleid mit dem Gepeinigten abbrachen.

Zu einer weiteren körperlichen Attacke kam es bei einer Besprechung in Pinneberg, dem für Helgoland zuständigen Landkreis in Schleswig-Holstein. Dort fand ein Gespräch über die Neuregelung der Jagd auf Helgoland statt. Daran nahm neben dem Landrat, Landtags- und Kreistagsabgeordneten auch eine Abordnung der Helgoländer Jäger teil. Gottfried Vauk erinnert sich: *„ Als ich meine Ausführungen machte, sprang plötzlich* *ein Helgoländer von seinem Platz auf und ging mir vor der versammelten Mannschaft an den Kragen. Es gab eine richtige kleine, aber handfeste Prügelei. Oberlandforstmeister Schmieder wollte sich ausschütten vor Lachen."*

Um es kurz zu machen: Gottfried Vauk verschaffte sich allmählich Gehör und Respekt. Es gab nun zahlreiche Gespräche und Verhandlungen, an deren Ende von allen Beteiligten akzeptierte gesetzliche Regelungen standen. So wurde um den Fanggarten der Vogelwarte eine Schutzzone eingerichtet, in der nicht geschossen werden durfte. Das Landesjagdgesetz für Schleswig-Holstein erlangte mit einigen Besonderheiten auch für Helgoland Gültigkeit. Die Helgoländer mussten fortan eine auf die Verhältnisse der Insel Rücksicht nehmende Jägerprüfung ablegen und erhielten dann die „Helgoländer Jagdkarte". So war es für ihren Erwerb aus verständlichen Gründen nicht erforderlich, z. B. etwas über die Jagd auf Rehe, Hirsche und Wildschweine zu wissen. Diese Regelung galt bis 1982. Seither müssen auch Helgoländer Jagscheinbewerber in vollem Umfang die für das Festland gültige Jägerprüfung absolvieren. Eine vorher erworbene Jagdkarte hat allerdings weiterhin Gültigkeit.

Gottfried Vauks Verhältnis zu den Helgoländer Jägern und zur politischen Gemeinde wurde im Laufe der Jahre so entspannt und harmonisch, dass ihm die „Karkfinken", der Helgoländer Männerchor, anlässlich seines 60. Geburtstages am 5. Oktober 1985 sogar ein Ständchen brachten und den Jägerchor aus dem „Freischütz" sangen!

Vom Aufbau der Inselstation der Vogelwarte und vom Geist der Station

Noch war vom Aufbau der Inselstation im engeren Sinne nicht die Rede. Noch hauste Gottfried Vauk in seinen beiden Räumen im Barackenlager im Südhafen, und Pläne für den Neubau eines Institutsgebäudes auf dem Oberland existierten allenfalls auf dem Papier.
Eins zeichnete sich jedoch schon jetzt ab: „Power" hatte der neue Mann. Das erlebte seine Umgebung auf der Insel, und das merkte auch Prof. Drost. Die Weichen für eine positive Entwicklung waren also gestellt.

Eine erste Änderung der Rahmenbedingungen trat ein, als Gottfried Vauk am 15. Mai 1956 mit dem Autor dieser Zeilen einen ständigen Mitarbeiter bekam. Ich war achtzehn Jahre alt, meine Kindheit hatte ich als Sohn eines Försters bei Goslar am Harz verlebt. Mein Vater fiel bereits 1942 in Russland. Auch ich hätte den Beruf meines Vaters gern erlernt – das verband mich mit dem jungen Institutsleiter auf Helgoland – doch er wurde mir aus denselben Gründen wie ihm verwehrt. Zu viele Forstbeamte aus den verlorenen Gebieten im Osten Deutschlands warteten auf eine Wiedereinstellung. So kam ich voller Idealismus zunächst einmal nach Helgoland.

Ob ich als technischer Angestellter, vor allem in der ersten Zeit, eine große Hilfe für Gottfried Vauk war, mag dahingestellt sein. Eines spürte ich jedoch sofort, wie unzählige Mitarbeiter, die nach mir an die Vogelwarte kamen: Gottfried Vauk war ein Motivationskünstler, ein Mann, der seine Mitmenschen für eine Sache gewinnen, ja, begeistern konnte. So wurde mangelndes Können durch Lernbegierde und Einsatzfreude ausgeglichen.

Die folgenden Jahre des Aufbaus der Inselstation sind in dem 1977 in der Otterndorfer Verlagsdruckerei Huster erschienenen Buch *„Geschichte der Vogelwarte Helgoland"* ausführlich dargestellt worden (2). In einer mehrteiligen Folge, die Vauk in den achtziger Jahren im „Helgoländer", der monatlich erscheinenden Inselzeitung, veröffentlichte, wird diese Zeit ebenfalls ausführlich beschrieben.

Deshalb konzentrieren wir uns nachfolgend darauf, einige Ereignisse aus jenen Tagen und Jahren zu schildern, die die Fähigkeit von Gottfried Vauk, seine Mitmenschen zu motivieren und zu begeistern, besonders anschaulich werden lassen. Nicht zuletzt sie war es, die bei der Suche nach einem Titel für dieses Buch Pate gestanden hat.

Arbeit, die Spaß macht: „Doc" Vauk und „Nick" Bindig holen Gäste vom Schiff ab

So gesellten sich zu dem ersten fest angestellten Mitarbeiter bald weitere dienstbare Geister. Es waren die so genannten Stationshelferinnen und Stationshelfer, deren Anzahl im Laufe der Jahre Legion werden sollte und ohne die, wie Gottfried Vauk immer wieder betont, das später Geschaffene nicht oder zumindest so nicht erreicht worden wäre. Dies gilt so-

wohl für den praktischen Aufbau der Inselstation und deren tägliche Arbeit als auch für die wissenschaftliche Arbeit.
Natürlich kamen auch in diesen ersten Jahren schon überwiegend vogelkundlich interessierte Besucher zur Vogelwarte, *„Ornithomanen"*, wie Gottfried Vauk sie gern leicht abfällig bezeichnete, um im Fanggarten oder auch außerhalb beim Vogelfang und bei der Vogelberingung zu helfen. So weit, so gut. Nur scheiterte das anfangs oft genug daran, dass die Fangeinrichtungen schadhaft, zerstört oder gar nicht erst vorhanden waren, ganz abgesehen vom fehlenden Zaun, der den Fanggarten vor ungebetenen Besuchern schützen sollte. Es ist, auch rückblickend betrachtet, erstaunlich, dass und wie es dem Stationsleiter gelang, junge Leute ohne oder mit nur geringen handwerklichen Fähigkeiten und Kenntnissen zu oft wochenlangen „fachfremden" Tätigkeiten zu motivieren. Dass er dabei mit gutem Beispiel voran ging, bedarf wohl keiner besonderen Erwähnung mehr. Dies gilt sowohl für die praktische Arbeit und die Fähigkeit zur Improvisation als auch für den Umgang mit Menschen. – Aus der erwähnten „Geschichte der Vogelwarte Helgoland" nachfolgend ein Beispiel für diese Arbeitseinsätze praktischer Art. Dietmar Gruner, einer der ersten Stationshelfer, der auch nach vielen Jahrzehnten noch Kontakt mit Gottfried Vauk hält, beschreibt hier den Bau neuer Reusen für den Vogelfang (3):

„Seit 1959 war der Fanggarten der Vogelwarte mit drei großen Reusen ausgestattet (Helgoländer Trichterreuse oder „Heligoland trap" ...): mit der relativ kleinen 1. Reuse, gleich vorn im Fanggarten, der Teichreuse am ausbetonierten Bombentrichter und der 2. Reuse im hinteren Teil des Fanggartens, lange Zeit die größte Reuse Mitteleuropas. Diese Reusen waren alle in Handarbeit von der Vogelwartenmannschaft hergestellt worden. Die Gerüste bestanden selbstverständlich aus Strandgutholz und waren mit Maschendraht bespannt.

Das klingt alles sehr einfach, war es aber in der Tat nicht. Denn es bereitete doch erhebliche Schwierigkeiten, die langen Drahtbahnen sauber und straff über die Gerüsthölzer zu spannen. Das dabei praktizierte ‚Drahtnähen' war eine der unbeliebtesten Tätigkeiten an der Station. Die Bahnen durften dazu nicht etwa Stoß an Stoß gelegt werden, sondern mussten einen drei bis vier Zentimeter breiten freien Zwischenraum erhalten, der später mittels Bindedraht zusammengezogen wurde. War der Zwischenraum zu klein, beulten sich die Drahtbahnen und sahen unschön aus. War er zu groß, rissen die Drahtmaschen und mussten nachträglich mit Draht ‚gestopft' werden, eine zeitraubende und unangenehme Arbeit. Solange sich Boden unter den Füßen befand, war die Angelegenheit noch relativ einfach zu bewältigen. Das „Nähen" in luftiger Höhe auf einem schmalen Balken über einem schlammigen Tümpel bereitete ernstere Schwierigkeiten. So mancher Stationshelfer kann von diesen Reusenbauereien erzählen und mag sich noch jetzt an seine vom Draht durchgescheuerten und zerstochenen Hände erinnern. Und so wurde auch viel geschimpft, oft genug in blumiger und nicht gesellschaftsfähiger Form; es ist aber nie vorgekommen, dass sich jemand von dieser Arbeit ausgeschlossen hätte, denn jeder wusste, dass mit den Reusen der wissenschaftliche Vogelfang und damit die Grundlage jeder wissenschaftlichen Arbeit stand und fiel."

Schilderungen wie diese können nahezu beliebig fortgesetzt werden. Im Hintergrund, nein, vornweg, „auf der Brücke", stand stets Gottfried Vauk, „*Doc*", wie er bald von den Stationshelfern genannt wurde, mit seiner unglaublichen Vitalität, seinem Einfallsreichtum, seiner Energie und seinem Humor. Hans-Joachim Böhr beschreibt den jungen Wissenschaftler jener Jahre als „*phantasievollen Robinson und listenreichen Odysseus*" (4).

Als endlich am 7. September 1957 das neue Institutsgebäude auf dem Oberland in feierlicher Form und mit zahlreichen Ehrengästen eingeweiht wurde, sprach eine Tageszeitung von einem „*Ereignis von internationaler Bedeutung*". Nun stimmten auch die Rahmenbedingungen: Es konnten Gäste empfangen und beherbergt werden, Vorträge und Kurse stattfinden, und im kleinen Labor des Instituts war, wenn auch in bescheidenem Rahmen, wissenschaftliches Arbeiten möglich.

In jener Zeit – die Vogelwarte war neben dem Leuchtturm einige Jahre lang das einzige Gebäude auf dem Oberland und gleichsam eine Insel auf der Insel – entstand das, was man recht treffend und im ganz und gar positiven Sinne als „Geist der Station" bezeichnen kann. Es war die Zeit, in der der berühmte Funke endgültig übersprang, in der aus dem jungen Stationsleiter und den immer zahlreicher werdenden Stationshelfern eine für damalige Verhältnisse einzigartige Gemeinschaft wurde. Ihr Fundament bestand im gemeinsamen Leben und Erleben an einem doch recht ungewöhnlichen Ort, einem „genius loci". Auf diesem Fundament entstand dann nach und nach ein Gebäude des wissenschaftlichen Fragens und Forschens, das von der Öffentlichkeit zunehmend bemerkt und beachtet wurde.

Der erwähnte „Geist der Station" äußerte sich auch in scheinbar Alltäglichem: in Gesprächen in der Küche, kleinen Exkursionen über die Insel und zur Düne und vielen Gelegenheiten zum Feiern, unter denen die legendären „Hallenfeste" eine geradezu kultische Bedeutung erlangten. Einer der Zeugen aus jener Zeit ist Felix Gräfe, der den Autor dieser Zeilen 1960 als technischer Angestellter ablöste und ein Jahrzehnt auf der Inselstation blieb. Die folgenden Passagen sind einem längeren Bericht von ihm über seine Zeit auf der Station entnommen (5).

„Um halb acht Uhr morgens wurde geweckt, auch wenn mancher erst in den frühen Morgenstunden ins Bett gekommen war. Der Gesang: „Raus mit dem Arsch an die Frühlingsluft, die Lerche singt, der Kuckuck ruft", war unerbittlich. Um acht Uhr begann das gemeinsame Frühstück. Dann erschien auch der Chef, und das Tagebuch mit den ornithologischen Beobachtungen vom Vortag wurde akkurat geführt. Bei geringem oder leichtem Vogelzug begann der Fang im Garten gegen neun Uhr. Vorher hatte es nicht viel Sinn. Bei stärkerem Zug oder vorherigem starkem Nachtvogelzug hatten wir Ausnahmezustand. Dann wurden wir im Mai schon mal beim ersten Licht von vieltausendstimmigem Grasmückengesang aus den Betten gerissen, und sofort ging der Fang ohne Frühstück los. Dann saß manchmal einer von uns Stunde um Stunde am Beringungstisch, ein zweiter schrieb die Listen, und weitere verfügbare Leute gingen immer

wieder durch die Reusen und füllten die Leinensäckchen mit Vögeln. Einer wurde mal weggeschickt, um Brötchen zu holen. Die aß man dann zwischendurch. So beringten wir an manchen Tagen 500 bis 800 Vögel. – Noch ärger war der Herbstvogelzug, wenn Finken und Drosseln zogen. Dann ging es von frühmorgens bis spätabends, und einmal – bei Nebelwetter – sind wir auch auf den Leuchtturm gestiegen und haben noch nachts Drosseln von der Scheinwerferscheibe abgesammelt. In Kartoffelsäcken trugen wir sie vorsichtig in die Beringungsbude im Fanggarten. Von fünf bis sechs Uhr morgens machten wir Pause. Dann begann das Beringen von neuem. In diesen 24 Stunden hatten wir etwa 1200 Vögel beringt. – Solche Fangtage waren allerdings nicht so häufig. (...)

Die Küche war der soziale Kommunikations- und Kristallisationspunkt für die Menschen, die durch die Inselstation gingen. Es wurden dort viele interessante Gespräche geführt, Ideen geboren, Fachprobleme durchgekaut, und es gab endlos viele Anregungen, die die Gäste mitbrachten. Da wir Stationshelfer aus der ganzen Bundesrepublik und auch aus dem Ausland hatten, wussten wir über alle möglichen Gebiete, über Forschungsvorhaben, über Naturschutzdinge und vieles weitere immer aktuell Bescheid. (...)

Nachmittags waren außer mir nur die Stationshelfer draußen bei der Arbeit. Der Chef saß in seinem Arbeitszimmer und erledigte schriftliche Arbeiten. Seine Schreibmaschine bearbeitete er unablässig, oft bis in die späte Nacht. Auch dann, wenn ich längst zu Bett gegangen war, hallte das Hämmern noch entfernt durch die Wände. (…)

Anfang der sechziger Jahre war der Friesenkeller, nahe der Anlegebrücke, noch das bevorzugte Lokal, in dem man verkehrte. Dort konnte man auch im Winter sein, wenn sonst überall alles vernagelt war. Man kannte sich natürlich. Als im Herbst einmal eine kleine Gruppe vom Möwenfang auf der Düne mit dem letzten Börteboot zurück kam, waren alle mächtig hungrig. Der Weg führte am Friesenkeller vorbei. Dr. Vauk steckte den Vogelfangkescher durchs Kellerfenster in die Restaurantküche und zog ihn, gefüllt mit duftenden Brathähnchen, wieder heraus. Bezahlt wurde später. (…)

Gelegentlich kriegte unser Chef einen Rappel. Dann jagte er uns früh aus dem Bett. Wir zogen zum ‚Kringel' oder zum Nordoststrand und fingen mit Japannetzen Watvögel oder andere Kleinvögel. Wenn wir das Quantum dort nicht erreicht hatten, war das Ziel am Nachmittag noch die Düne. Dort ging es weiter mit dem Vogelfang bis zur letzten Fähre. Bei dunklem und stürmisch-regnerischem Wetter bestand auch die Chance, mit der Blendlaterne und dem Kescher auf der ‚Aade', der damals lang ausgezogenen, steinigen Ostspitze der Düne, Möwen zu fangen. Nach solchen verrückten Tagen waren wir abends völlig geschafft, aber das brauchte der Boss hin und wieder. (…)

Zum Feiern erwies sich die Eingangshalle des Stationsgebäudes als geeigneter Platz. Man klönte, trank und tanzte. Gottfried Vauk nahm immer die neuesten Hits auf seinem Tonbandgerät auf. Wir saßen auf Matratzen auf dem Fußboden um die Wände herum und tranken nur billigen französischen Sekt, keine harten Sachen. Man saß oder tanzte meist bis in den Morgen, und wir diskutierten oft auch über den aktuellen Lauf der Welt. Anlässe gab es immer genug. Es herrschte damals große Angst vor einem Atomkrieg, als Chruschtschow seine Raketen nach Kuba geschickt hatte. – Aber es gab auch lustige Begebenheiten: Ein Kollege aus der Biologischen Anstalt hatte einmal wohl schon etwas zu viel getrunken. Er hielt die Plastikbügel seiner Brille in eine Kerzenflamme und rief fröhlich in die Runde: ‚Gottfried, meine Brille brennt', und ließ sie brennen. Dieser Ausruf wurde dann zum geflügelten Wort bei allen möglichen Gelegenheiten. Mit der Zunahme der Stationshelferzahl wuchs auch der Kreis der sich zu einem ‚Hallenfest' einfindenden Leute. Die Halle wurde dann zunehmend dekoriert und ausstaffiert mit Fellen jeder Art, Sauschwarten,

Rehdecken, Marderbälge und Katzenfellen, Jagdwaffen und Gehörnen. Als Steigerung stellten wir später die Wände mit den noch nicht verbauten Rohrmatten für den Fanggartenzaun zu. – Übrigens zechen: Wir tranken stets nur Sekt, das machte fröhlich, es entstand kaum Aggressivität, und am folgenden Morgen hatte man keinen so schweren Kopf. Es gab auch einige Regeln, die zu Beginn eines Festes verkündet wurden und eingehalten werden mussten, wollte man nicht des Hauses verwiesen werden. Zum Aufwärmen der Gesellschaft erscholl zu Beginn des Abends aus dem Mund des Stationsleiters mehrfach der Befehl: ‚Den Säbel über'. Dann leerte man sein Marmeladenglas, zwischen Daumen und kleinem Finger haltend, mit einem Zug. Es gab hin und wieder mal Leute, die einen über den Durst tranken, aber die schliefen dann ein und wurden nicht aggressiv. (…)"

Aus der großen Anzahl der uns bei der Vorbereitung für dieses Buch zugegangenen Beiträge über das Leben auf der Inselstation sei an dieser Stelle noch aus zwei weiteren zitiert, die sich mit der Vitalität von Gottfried Vauk und seiner Fähigkeit beschäftigen, Menschen zu begeistern. So schreibt Hans Niemeyer (6), einst Stationshelfer und später Forstdirektor, unter anderem:

„Neben Sachlichem sollten unbedingt auch die kleinen und großen Feste und das Alltagsleben auf der Station geschildert werden, am besten wohl unter dem Unterthema ‚Geist der Station'. Denn dieser Geist und ganz besonders die Art der Menschenführung, die Gottfried Vauk zu eigen war (u. a.: ‚Mit mir könnt Ihr reden wie mit 'nem Idioten, nur nicht so lange.'), hat manche von uns, die später selber eine Gruppe von Menschen zu leiten hatten, dauerhaft geprägt. Jedenfalls kann ich das von mir sagen, auch wenn ich nicht an seine Fähigkeit, andere zu begeistern, heranreichen konnte (und an seine Durchsetzungsfähigkeit auch nicht)."

Und Arnd Rüger (7), nach eigenem Bekunden damals ein *„kleiner, etwas schüchterner Biologiestudent"*, später Ministerialrat, beginnt sein Schreiben an uns mit folgenden Sätzen:

„Was wäre gewesen, wenn man Gottfried Vauk nicht getroffen hätte? Das Leben wäre zweifellos ärmer gewesen.
Mein erstes Zusammentreffen mit Gottfried war Anfang der sechziger Jahre auf Helgoland. Ich erinnere mich an einen Tag auf der Düne, wo ich mit zwei anderen Stationshelfern erstmals Gottfrieds unglaubliche Vitalität erlebte. Das war eine Mischung aus ernsthafter wissenschaftlicher Arbeit und großer Lebensfreu-

de, die besonders junge Menschen faszinierte und den Grundstock für die eingeschworene Gruppe der Stationshelfer bildete." (...)

Er erinnert in seinem Beitrag auch an die 80. Jahresversammlung der hochangesehenen Deutschen Ornithologen-Gesellschaft mit ihrem damaligen Präsidenten Professor Dr. Erwin Stresemann vom 26. bis zum 30. September 1967 auf Helgoland. Allein die Tatsache, dass Gottfried Vauk Gastgeber dieser honorigen Gesellschaft sein durfte, glich schon fast einem Ritterschlag. Hier Arnd Rügers Erinnerung an diese Tagung, zu deren Organisationsteam er als Stationshelfer gehörte. Bemerkenswert ist der von ihm zitierte Absatz aus dem anschließenden Bericht des Schriftführers der Deutschen Ornithologen-Gesellschaft über die Organisation dieser Tagung. Das war Lob von höchster Stelle (8):

(...) „Deutlich ist mir noch die Erinnerung an den Empfang des Ehepaares Prof. Stresemann auf dem Flugplatz der Düne. Die jagdhornblasenden Stationshelfer begrüßten mit Gottfried den schon zu dieser Zeit für uns legendären Stresemann mit entsprechendem Signal. Stresemann war gerührt, auch wegen seines ersten Nachkriegsbesuches auf der Insel. Von diesem Zeitpunkt lief die Organisation auf vollen Touren und mit zunehmender Anerkennung für Vauk. Das war nicht selbstverständlich, denn Gottfried hatte nicht nur Freunde in der Ornithologie. Jedenfalls gelang es ihm, mit seinem guten Organisations- und Improvisationstalent und seiner starken Ausstrahlung – nicht nur auf die weiblichen Teilnehmer – eine wunderschöne Tagung zu gestalten. In dem Bericht des Schatzmeisters Nöhring über die Tagung war dann auch im Journal für Ornithologie (Bd. 110, S. 348) zu lesen: ‚Der Leiter der Inselstation, Herr Dr. Vauk, und seine zahlreichen Helfer organisierten die Tagung so gut, dass ein erfahrenes Tagungsbüro einer Metropole sie schwer hätte übertreffen können …' (...)
Die Abgeschlossenheit der Insel, die die Teilnehmer auch außerhalb der Veranstaltung immer wieder zusammenführte, das überwiegend strahlend schöne Wetter und nicht zuletzt eine der auch auf Helgoland seltenen Nächte mit einem starken Vogelzug gaben dieser Jahresversammlung eine besonders schöne Atmosphäre. Sie wird allen Teilnehmern noch lange im Gedächtnis haften."

Fast ein Dutzend Jahre waren seit der Ankunft von Gottfried Vauk auf Helgoland ins Land gegangen. In der Rückschau ist diese Zeitspanne von seinen Weggefährten und auch von ihm selbst als Zeit des Wiederaufbaus bezeichnet worden. Es ist gleichgültig, ob man diesen Abschnitt nun einige Jahre zurück- oder vorverlegt. Unstrittig ist jedoch, dass er in dieser Zeit seinen beruflichen Weg gefunden hatte, unverwechselbar und –

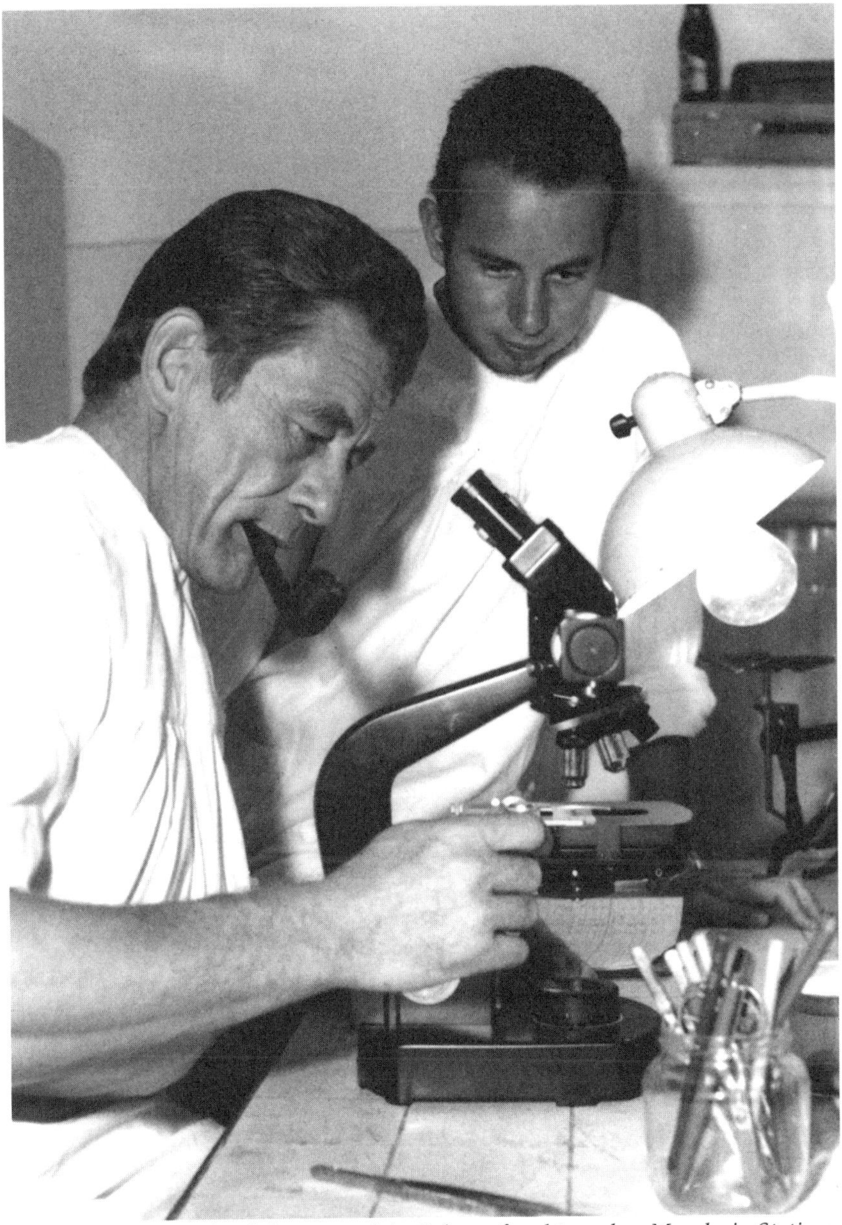

Im neuen Institutsgebäude konnte auch im Labor geforscht werden. Manch ein Stationshelfer erhielt hier erstmals die Gelegenheit, wissenschaftlich zu arbeiten

im doppelten Sinne des Wortes – auch unüberhörbar. Man wurde auf ihn aufmerksam.

Und der Privatmensch Vauk?

Nach seiner Ankunft auf Helgoland gab es für ihn ein Privatleben im traditionellen Sinne so gut wie nicht mehr, genauso wenig, wie eine Einteilung des Tages in eine Arbeits- und eine Freizeit. Sicher ist dies heute in unserer sprichwörtlichen Freizeitgesellschaft nur schwer vorstellbar.

Als Gottfried Vauk im April 1956 nach seiner bereits 1948 geschiedenen Ehe nach Helgoland kam, war er wieder verlobt. Noch am Ende des Jahres heiratete er in Eckernförde seine Freundin aus Studientagen, Gisela Gosch. Sie blieb zunächst am Festland und folgte ihm erst im kommenden Jahr auf die Insel. Anfangs wohnten beide, oft genug mit mehreren Stationshelfern, im kleinen Institutsgebäude, das 1957 auf dem Oberland gebaut worden war. Anschließend fanden sie eine Wohnung in der Nähe des Institutsgebäudes. Mitte der sechziger Jahre wurde dann für den Institutsleiter und seine Familie eine Wohnung an das vorhandene Gebäude angebaut. Undine und Armin wurden geboren, und es folgten einige Jahre eines von äußeren Widrigkeiten relativ unbeeinträchtigten Familienlebens. Bereits 1968 wurde die Ehe jedoch geschieden, und Gisela ging mit den beiden kleinen Kindern zurück ans Festland.

Es ist wohl nicht falsch, wenn wir in diesem Zusammenhang das Bild von den beiden Seiten einer Medaille bemühen. Auf der einen Seite die zunehmende berufliche Anerkennung und der berufliche Erfolg, auf der anderen Seite das Scheitern einer Ehe, die allerdings von Beginn an starken Belastungen ausgesetzt war. So wollte z. B. Gisela nie wirklich nach Helgoland ziehen.

1973 heiratete Gottfried Vauk zum dritten Mal. Erika Hentzelt lernte er kennen, als sie als junge Biologiestudentin mit einem Kurs der Universität Hamburg auf Helgoland war. Sie zog zu ihm auf die Insel, beendete ihr Studium, promovierte und teilte nun mit Gottfried das abenteuerliche und faszinierende Leben auf der Inselstation der Vogelwarte. Wenn Armin und Undine ihren Vater besuchten, konnten Außenstehende leicht den Eindruck von einer „heilen Welt" gewinnen und einem Leben, in dem es keine Verwerfungen und Brüche gegeben hätte.

Gottfried Vauk mit seiner zweiten Frau Gisela 1967 im Helgoländer Kurhaus

Vom „Finkenpetter" zum weltweit bekannten Seevogelkundler

„Der richtige Mann zur richtigen Zeit am richtigen Ort", das gilt für Gottfried Vauk zweifelsfrei für die Jahre des Wiederaufbaus, als es weniger darum ging, wissenschaftlich zu forschen, als vielmehr darum, Reusen zu bauen und Zaunpfähle in den Helgoländer Boden zu rammen. Gilt es auch für die folgenden Jahre, in denen es doch darauf ankam – so war es damals üblich – den Elfenbeinturm der ernsthaften Wissenschaft zu betreten und sich in ihm einzurichten?

Zunächst einmal wurde Gottfried Vauk im März 1966 Beamter auf Lebenszeit. Aus dem wissenschaftlichen Assistenten wurde der Kustos der Inselstation des Instituts für Vogelforschung „Vogelwarte Helgoland". Am Hauptsitz der Vogelwarte in Wilhelmshaven war man mit seiner Arbeit offenbar mehr als zufrieden. Dr. Friedrich Goethe, seit 1958 Nachfolger von Prof. Rudolf Drost als Direktor, schrieb ihm am 7. April 1966 (1):

... „Und dann möchte ich noch ausdrücklich auf ihr zehnjähriges Inseljubiläum kommen: Ich möchte Ihnen sehr herzlich danken für die wirklich vortreffliche Führung dieses ‚Vorposten-Bootes' in der Nordsee. Sie haben das trotz vieler Sorgen und Schwierigkeiten gemeistert. Sie sind von untadeliger Dienstauffassung, bester Zuverlässigkeit, sehr erfreulicher Initiative in jedweder Lage und haben eine ausgezeichnete Führungshand im Zusammenarbeiten mit jüngeren Helfern und mit Studenten, sofern sie diese nicht nur fordern, sondern mitmachen. Und Sie haben etwas – so darf ich doch wohl feststellen – erreicht: den Helgoländern Respekt vor der Vogelwarte beigebracht! Ich meine damit weniger den Respekt, den Sie sich als waidgerechter Jäger mit fester Haltung bei den ‚Jägern' verschafft haben, sondern die offensichtliche Anerkennung beim Bürgermeister und der Gemeindeverwaltung. Das ist für die Zukunft das Wichtigste! (...)"

Da war sie wieder, die *„ausgezeichnete Führungshand"*, und da wurde auch noch einmal an den erfolgreich durchgestandenen Konflikt mit den Helgoländer Jägern erinnert. Bemerkenswert ist auch der Hinweis auf das Verhältnis zum Bürgermeister und zur Gemeinde Helgoland. Man hatte dort inzwischen registriert, dass nicht zuletzt durch die Vogelwarte zahlreiche Besucher nach Helgoland kamen und sie wieder zu einem nicht unerheblichen Werbeträger für die Insel geworden war. Und ein Kongress mit internationaler Beteiligung wie die erwähnte Tagung der Deutschen Ornithologen-Gesellschaft sorgte zusätzlich für Aufmerksamkeit und eine positive Berichterstattung auch in der überregionalen Presse.

Vogelzugforschung in einer bedrohten Umwelt – Gottfried Vauk, die Ölpest und der Müll

Wenn wir in der Liste der insgesamt mehr als 400 Veröffentlichungen von Gottfried Vauk blättern und uns dort die ersten zehn Jahre seines Wirkens auf Helgoland ansehen, dann ist dort von Ökologie oder gar von Umweltproblemen noch herzlich wenig zu lesen. Von den insgesamt 63 Publikationen aus jener Zeit beschäftigen sich gerade acht mit Themen, die nicht ornithologischen oder biologischen Fragen im herkömmlichen Sinn zuzuordnen sind. Häufig geht es um Erstnachweise von Vogelarten auf Helgoland, um „Irrgäste und Invasoren“ unter den Vögeln, um die Auswertung von Wiederfunden auf Helgoland beringter Vögel oder um die Brutvögel der Insel. Die erstaunlich große Anzahl von Veröffentlichungen ist darauf zurückzuführen, dass Gottfried Vauk z. B. auch über kleine Forschungsvorhaben auf dem Festland berichtet, an denen er beteiligt ist. Dazu kommen Berichte über ornithologische Beobachtungen auf Reisen und Beiträge in populärwissenschaftlichen Zeitschriften oder Freizeitmagazinen, für die er auch deshalb schreibt, um durch ein kleines Honorar sein doch recht bescheidenes Gehalt ein wenig aufzubessern. Bei den Publikationen fällt außerdem auf, dass sich zwei Beiträge mit Wildkaninchen und Hausmäusen beschäftigen, den wenigen auf Helgoland in freier Natur lebenden Säugetieren. Später kommen Arbeiten über eingeschleppte Wanderratten, ziehende Fledermäuse, Seehunde und Kegelrobben dazu, ein Hinweis darauf, dass er schon recht früh über den Tellerrand rein ornithologischer Themen hinausblickte. So war die vollständige Erfassung einer Landfauna der Insel – die Erfassung aller auf Helgoland vorkommenden Tierarten, vom Strandfloh bis zum Seehund – sein oft erwähntes Ziel.

Bei einem Blick in die erwähnte Publikationsliste fällt noch etwas auf: Ein großer Teil seiner Veröffentlichungen weist aus, dass Gottfried Vauk nur einer von mehreren Autoren ist. Im eben erwähnten Zeitraum sind es gut ein Dutzend Arbeiten, die er zusammen mit seinen hauptamtlichen Mitarbeitern oder Stationshelfern publiziert hat und nicht etwa allein oder mit Fachkollegen. Manch einer von diesen meist jungen Leuten, überwiegend Studenten, hat durch seine Anregung und tatkräftige Hilfe auf Helgoland seine erste kleine wissenschaftliche Arbeit geschrieben und voller Stolz veröffentlicht. Fragt man nach den Wurzeln des sich nun anbahnenden Erfolges von Gottfried Vauk, findet man nicht zuletzt hier eine Antwort.

1966 erscheint in der genannten Liste erstmals ein kleiner Beitrag mit dem Titel *„Fragen um die Ölpest"* (2), zu einer Zeit also, in der sich noch kaum jemand – schon gar kein Wissenschaftler – ernsthaft mit diesem Thema beschäftigte. Eine weitere Arbeit befasst sich mit dem *„Silbermöwenproblem auf Helgoland"* (3). In ihr wurde beschrieben, dass die sich auf der Insel stark vermehrenden Großmöwen zunehmend eine Gefahr für die in Deutschland nur auf Helgoland brütenden Trottellummen darstellen, in dem sie ihnen einen Teil der Brutplätze auf den Felsbändern streitig machen und außerdem ihre Eier und Jungen fressen. Als Grund für die starke Vermehrung der Silbermöwen wird u. a. das durch den Menschen verursachte Überangebot an Nahrung angegeben (*„Müllmöwen"*).

Diese beiden Arbeiten bildeten den Auftakt einer Vielzahl von Untersuchungen zu ökologischen Themen und solchen der beginnenden Umweltbelastung durch Öl, Müll und Chemikalien. Die Beobachtungen einer Störung des ökologischen Gleichgewichts durch den Menschen ließen die Beschäftigung mit den traditionellen Themen der Vogelwarte zunehmend in den Hintergrund treten, ja angesichts dieser sich abzeichnenden Bedrohung in einem eigenartigen Licht erscheinen. Wie konnte man sich – so fragte Vauk – ruhigen Gewissens der Betrachtung und Erforschung einzelner Vogelarten und des Vogelzuges widmen, wenn die Menschen daran gehen, ringsum die Natur zu zerstören? So kam es dazu, dass neben der nach wie vor unentbehrlichen Grundlagenforschung auch Themen aus diesem Bereich in die Konzeption und Zielsetzung der wissenschaftlichen Arbeit der Inselstation aufgenommen wurden.

Ohne die Veröffentlichung und Verbreitung von z. T. schockierenden Fakten wäre Gottfried Vauk – so laut er auch gebrüllt hätte – wahrscheinlich ein zahnloser Löwe geblieben und hätte wohl kaum die Beachtung gefunden, die ihm schließlich zuteil wurde. Bis dahin sollten jedoch noch gut eineinhalb Jahrzehnte vergehen. 1982 fasste er, gemeinsam mit Bettina Reineking, den bis dahin bekannten Stand der Kenntnisse über die Ölpest in einem Buch zusammen. Es trägt den Titel: „*Seevögel – Opfer der Ölpest. Historie – Ursachen – Wirkung – Hilfen*" (4).

Nun zeigte Vauks beharrliches Trommeln auch in den Medien eine beachtliche Wirkung wie der folgende Auszug aus einem umfangreichen

Auch eine Aufgabe der Vogelwarte: das Schießen von verölten Vögeln – G. Vauk und E. Schrey mit einer verölten Dreizehenmöwe

Artikel des SPIEGEL vom 7. März 1983 belegt (5). Er erschien mit der Überschrift „*Erst stirbt der Seehund, dann der Mensch*" und befasst sich mit der allmählichen Zerstörung des Lebensraumes Nordsee durch den Menschen. Gottfried Vauk wird zu Beginn gleich fünfmal zitiert bzw. erwähnt:

(...) „Fachleute wie Vauk, ein weltweit bekannter Seevogelkundler, sind sich gewiss: Die Nation, der gerade erst das ganze Ausmaß des Vegetationssterbens auf dem Festland bewusst zu werden beginnt, muss sich auf eine zweite, ebenso unfassbare Hiobsbotschaft einrichten – das Ökosystem Nordsee droht umzukippen, zuallererst an seinen sensibelsten Säumen, im Wattenmeer zwischen dem dänischen Esbjerg und dem niederländischen Den Helder. (...)

Als Mitte Januar schwere Winterstürme Tausende von ölverschmierten Vogelkadavern – Möwen und Lummen, Alken und Enten – auf die Strände warfen, rückten Reporter und Kamerateams an. Die bewegenden Bilder brachten, so sieht es Vauk, eine Wende im öffentlichen Bewusstsein: ‚Nun, da die Vögel am Strand liegen und die Omas weinen, da wird man aufmerksam.'

Vor zwei Jahren noch war der Bonner Plenarsaal fast leer gewesen, als die Nordsee auf der Tagesordnung stand: Kaum ein Politiker zeigte Interesse an dem im September 1981 debattierten Gutachten des Umwelt-Sachverständigenrates, der ‚katastrophale' Folgen der schleichenden See-Vergiftung durch Öl und Müll voraussagte. (...)

Das Kabinett ließ letzten Monat dem Helgoländer Vogelforscher Vauk 300 000 Mark für ein Sofortprogramm zur Ölpest-Forschung bewilligen. Friedrich Zimmermann plädierte ... für den Aufbau einer europäischen Küstenwacht nach US-Vorbild. Und Außenminister Genscher, wegen seines Einsatzes für kanadische Robben-Babys von ‚Bild am Sonntag' bereits im Januar zum ‚Mann des Monats' befördert, wird dem Titel ‚Mann des Jahres' kaum mehr ausweichen können: Er fordert die Einberufung einer Konferenz aller Nordsee-Anrainer zur Rettung deutscher Seehunde und deutschen Seegeflügels. (...)"

Trottellummen – Opfer der Ölpest

Man mag über SPIEGEL-Wortschöpfungen wie „Seegeflügel" ja die Nase rümpfen, eine Wirkung war ihnen sicher: Sie wurden wahrgenommen und erreichten viele Leser.

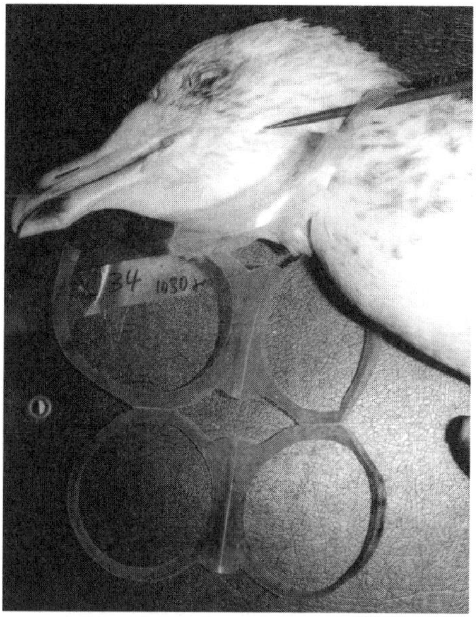

Die zunehmende Vermüllung der Meere birgt ebenfalls tödliche Gefahren. Silbermöwe mit einem Teil einer Sechserpackung aus Kunststoff

In der Gesamtliste der Publikationen von Gottfried Vauk befinden sich nahezu 50 Abhandlungen zum Problem der Bedrohung und Zerstörung des Ökosystems Nordsee durch menschliche Einflüsse. Neben dem bereits zitierten Buch seien einige nachfolgend genannt:

Seevögel als Indikatoren für zeitlich und örtlich begrenzte Meeresverschmutzung im Gebiet um Helgoland (Deutsche Bucht) (6).

Untersuchungen zur Schwermetallbelastung der Helgoländer Land- und Seevögel sowie einiger Säuger der Insel (7).

Zum Ablauf des Seevogelsterbens als Folge „schleichender Ölpest" auf Helgoland im Frühjahr 1979 (8).

Tatort Nordsee. Seevögel als Bioindikatoren (9).

Stand der Untersuchungen zum Thema Seevogelverluste durch Ölverschmutzung an der Deutschen Nordseeküste (10).

Vermüllung der Nordsee (11).

Verluste und Belastungen durch Öl, Plastikmüll und Fischerei (12).

Diese und alle weiteren Berichte wären wahrscheinlich mehr oder minder unbeachtet von einer größeren Öffentlichkeit in irgendwelchen wissenschaftlichen Bibliotheken verschwunden, hätte Gottfried Vauk bei sei-

Ein durch ein Nylonnetz strangulierter Seehund

nen Bemühungen, die drohenden Gefahren allgemein bekannt werden zu lassen, nicht einen mächtigen Verbündeten gefunden: die Medien. Es wird Zeit, einen Blick in die Anfänge und die Entwicklung dieses Bündnisses zu werfen, einer in den Augen vieler Wissenschaftler damals wie heute problematischen, ja unheiligen Allianz.

Die Entdeckung eines Talents – Gottfried Vauk und die Medien

Es begann alles ganz einfach: Über Helgoland zu berichten, war nach der Rückgabe der Insel an Deutschland am 1. April 1952 „in". Vorangegangen war zwei Jahre zuvor eine viel beachtete Aktion. Zwei Heidelberger Studenten hatten auf der noch von der britischen „Air Force" bombardierten Insel in einem spektakulären Unternehmen die deutsche und die Europafahne gehisst. Dieses Ereignis und die anschließenden Jahre des Wiederaufbaus hatten, wie berichtet, in der deutschen Öffentlichkeit ein lebhaftes Medieninteresse gefunden. Da das Fernsehen noch in den Kinderschuhen steckte, erschienen Berichte über Helgoland vor allem im Rundfunk und in den Zeitungen. Da lag es nahe, dass man sich auch an die einstmals so berühmte Vogelwarte Helgoland erinnerte und sich nach deren Schicksal erkundigte. Wenn über Helgoland berichtet wurde, wurde auch sie erwähnt. Gottfried Vauk erinnert sich jedoch noch heute schmunzelnd daran, wie unbeholfen sich sein ehemaliger Chef, Prof. Drost, verhielt, wenn wirklich einmal ein Kamerateam auf der Vogelwarte auftauchte. Er selbst musste als kleiner wissenschaftlicher Assistent selbstverständlich im Hintergrund bleiben, obwohl die Kameraleute lieber ihn in den Mittelpunkt ihrer Berichterstattung gestellt hätten. Vauk war ganz einfach medienwirksamer: Aussehen, Kleidung, Stimme, die Art, wie er etwas sagte – alles stimmte. Thilo Koch, ein damals sehr bekannter Fernsehmann, schrieb einmal als Anweisung an seine Kameraleute, an den Rand eines Drehbuchtextes: *„Gottfried Vauk bitte mit Forsthut und Pfeife."*

Als im April 1958 Zehntausende von Zugvögeln, vor allem Drosseln und Stare, wegen extrem schlechter Witterungsverhältnisse auf Helgoland zu verhungern drohten, kam es zu einer von Hamburger Zeitungen und vom Tierschutzverein Hamburg organisierten Hilfs- und Rettungsaktion mit dem Namen „Vogelhilfe". In ihrem Verlauf wurden große Mengen von Haferflocken, Waldvogelfutter, Fischmehl und Fisch (!) nach Helgoland gebracht, z. T. sogar mit dem Seenotrettungskreuzer „Hindenburg" und der Bundesmarine. Höhepunkt der Aktion war der Abwurf von Tüten mit Waldvogelfutter aus einem privaten Sportflugzeug – etliche Tage, nachdem sich schönes Wetter eingestellt hatte und die meisten Vögel die Insel bereits wieder verlassen hatten. Auf jeden Fall hatten die Bild-Zeitung, die Hamburger Morgenpost und das Hamburger Abendblatt ihre Schlagzeilen, und das Fernsehen brachte sogar einen Beitrag in der abendlichen Tagesschau. Gottfried Vauk stand erstmals im Rampenlicht, obwohl sich die Dinge weitgehend ohne seine Initiative entwickelt hatten und er von derartigen Aktionen aus grundsätzlichen Überlegungen nicht viel hielt. Noch viele Jahre lang kursierte auf der Inselstation der Vogelwarte ein Satz, den eine der Boulevardzeitungen damals geschrieben hatte: *„Das war eine der schlimmsten Nächte meines Lebens, sagte Doktor Vauk kummervoll zu unserer Zeitung."*

Diesem Auftritt sollten, wenn auch meist unter weniger spektakulären Umständen, noch ungezählte weitere folgen. Fast immer war es so, dass nicht Gottfried Vauk eine Aktion inszenierte und die Medien rief, son-

Der Fänger von Helgoland – eine soeben vom Brutfelsen gesprungene junge Lumme wird gefangen und beringt

dern dass ihn Entwicklungen und Ereignisse von außen – siehe Ölpest und Vermüllung der Nordsee – in den Mittelpunkt des Interesses rückten. In den kommenden Jahren kamen immer häufiger Journalisten und Kamerateams nach Helgoland, um mit ihm zu sprechen und ihn und seine Arbeit zu filmen. Die oben erwähnte Reihenfolge – erst Helgoland und dann die Vogelwarte – hatte sich also umgekehrt. Natürlich verstand er es, sich meisterhaft in Szene zu setzen, „mit Forsthut und Pfeife" und bald auch zusätzlich mit Gewehr und Jagdhund. Der Unterschied zur Schauspielerei bestand allerdings darin, dass dieses Auftreten zu seinem normalen Alltag gehörte. Und wenn er – wie oft im Fernsehen gezeigt – an einem warmen Sommerabend mit seiner Vogelwartenmannschaft an den Fuß der Westklippe marschierte, um dort im Felswatt unter dem Lummenfelsen die soeben von den Felsbändern gesprungenen und noch flugunfähigen Junglummen zu fangen und zu beringen, dann war auch das keine für das Fernsehen erfundene Inszenierung, sondern eine alljährlich wiederkehrende Aufgabe der Vogelwarte.

Gottfried Vauk und die Medien, Medientalent Vauk, „der Fänger von Helgoland": Diejenigen, die ihm applaudierten, hätten ihn sicher bald wieder fallen lassen, wenn sie nicht gemerkt hätten, dass da neben seiner ausgeprägten Fähigkeit zur Selbstdarstellung und seiner unbestrittenen Fachkompetenz noch etwas war, das sie faszinierte und das seine Stationshelfer und andere, die mit ihm auf ganz unterschiedlichen Ebenen zu tun hatten, sehr bald an ihm schätzen gelernt hatten. Es waren seine Glaubwürdigkeit und sein Verantwortungsgefühl. Sie alle spürten, dass hier einer spricht und handelt, der auch meint, was er sagt und der sich ethischen Maßstäben verpflichtet fühlt. Der nicht aus der weltfernen Abgeschiedenheit seines Studierzimmers, sondern an exponierter Stelle stehend, laut und vernehmlich seine Meinung sagt, *„ein Poltergeist, der Autorität und Wärme ausstrahlt, der mit der Faust auf den Tisch schlägt, wenn es sein muss, und sich mit dröhnender Stimme Gehör verschafft"* (13).

Es ist nicht verwunderlich, dass bald nicht nur Dokumentarfilmer und -berichterstatter an seine Tür klopften. So war er u. a. Gast von Dieter Bub in der ersten Fernsehsendung der mehrere Jahre lang vom Norddeutschen Rundfunk (N3) ausgestrahlten Reihe „Norddeutsche Profile" (14), saß in „Hallo Niedersachsen" zum Gespräch bei Hanna Legatis auf dem roten Sofa (15) und stand sogar in der Sendereihe „Talk op Platt" Rede und Antwort (16).

In der beträchtlichen Zahl von Film- und Fernsehdokumentationen, in denen Gottfried Vauk mitwirkte, verdient ein 1986 auf Helgoland gedrehter Film des schwedischen Fernsehens besondere Erwähnung (Vauk og Faglar) (17). Er befasst sich in sehr eindrucksvoller Form mit dem Thema „Ölpest" und zeigt in schonungsloser Weise das qualvolle Sterben der dem Tod geweihten ölverschmutzten Vögel. Die Versuche der Vogelwartenmitarbeiter, dieses Leiden zu verkürzen, die Untersuchung der verendeten Vögel im Labor sowie nachdenkliche Erläuterungen von Gottfried Vauk geben dieser ungewöhnlichen Dokumentation einen besonderen Wert. Nicht zuletzt durch die Musik und die Hereinnahme von spielfilmähnlichen Sequenzen vermittelt der überwiegend bei grauem, nebligem und stürmischem Wetter gedrehte Film weit mehr als nur Sachinformationen.

Wie Vauk in der Öffentlichkeit dargestellt und wahrgenommen wurde, mögen die folgenden Presseauszüge belegen:

<u>Die Kritik</u>: *Leichtes Geplätscher*

Viele Teilnehmer sind die beste Voraussetzung, eine Diskussionsrunde zu ersticken. (...) Wenn dann auch noch gleich drei Moderatoren dazwischenfunken und einer sich besonders hervortun möchte, hat der Zuschauer keine Chance mehr, am Ende besser als vor der Sendung über den Zustand dieses Meeres informiert zu sein.

Im Grunde, so konnte er als Eindruck mitnehmen, ist doch alles halb so wild und überdies nicht neu, im Gegenteil – war wohl schon immer wenigstens fast so oder ist nun vielleicht etwas schlimmer als früher, aber das weiß man ja nicht so genau. Die Abwiegler, voran ein Hydrograph und ein Staatssekretär aus dem zuständigen Bundesinnenministerium, überwogen auf weiten Strecken der immerhin 90 Minuten. Selbst das Umweltbundesamt, sonst keck im Angriff, war diesmal auf moderat eingeschworen und betonte, alle, und vor allem die Industrie, bemühten sich nach Kräften. Von einem Konzern war denn auch ein netter Mensch gekommen, der beteuerte, wie sehr er und seine Firma sich doch eine saubere Nordsee wünschten.

Der einzige Hecht, der einige Wellenschläge in dieses leichte Geplätscher brachte, war nicht der Mann von den Bürgerinitiativen oder vom Wildlife Fund, sondern ein wissenschaftlicher Profi, der tagtäglich mitten im Meer mit dem Elend konfrontiert wird, in das der Mensch die Nordsee und ihr pflanzliches und tierisches Leben gestürzt hat. Dr. Gottfried Vauk, der auf Helgoland die Vogelwarte leitet, ließ seiner ganzen aufgestauten Empörung freien Lauf. Es wäre besser gewesen, ihn allein mit dem Staatssekretär diskutieren zu lassen. Dann wären die Fetzen geflogen und es wäre dem Mann aus Bonn schwergefallen, zum freundlichen Schluss zu kommen und (mit Hinblick auf die internatio-

nale Nordseekonferenz, die den Anlass zu der Sendung gab) zu behaupten, entweder habe man alles schon im Griff oder werde es bald haben. (Hannoversche Allgemeine Zeitung, 19.09.1984 (18))

Ein Jubilar auf verlorenem Posten

(...) Am 1. April 1986 sind es genau drei Jahrzehnte, dass Gottfried Vauk zum ersten Mal auf dem Helgoländer Felsboden stand, mit einem frischen Doktortitel, einem Pappkarton voller Habseligkeiten, einer Bestallung zum Vogelwart gegen 400 Mark Monatsgehalt und einem Herzen, das ihm dort in der Hose saß, wo sie am tiefsten ist. (...)

Man sieht es dem Sechzigjährigen an, dass sein Job nie besonders beschaulich war. Keine Spur von Labor-Blässe. Salz und Seewind haben dieses Gesicht geformt; und den Mann der ewige Zwang zum Zupacken und Improvisieren; die Stürme, die ihm die Fenster einschlugen und fünfmal das Dach der Vogelwarte abdeckten. All das prägt.

Aber mehr noch das, was er in all den Jahren mit ansehen musste – die unendliche Folge verletzter, vergifteter, verölter Eissturmvögel, Eiderenten, Seeschwalben und Möwen, von denen er fast jeden Tag welche erschießen muss; die alltägliche Naturkatastrophe. „Die letzten drei Jahre", sagt der Vogelwart, „waren die furchtbarsten."

Als Biologiestudent nach dem Krieg hatte der Panzerleutnant a. D. davon geträumt, irgendwo im Wald zu sitzen und Piepmätze zu beobachten. „Das schreibst du dann auf", dachte er, „und hundert Leute auf der ganzen Welt interessieren sich dafür". Stattdessen stand er bald wieder an der Front. Kämpfte gegen Ölpest, Schwermetallvergiftungen, die Folgen der Nordsee-Vermüllung. „Drüben", sagt Dr. Vauk und meint das Festland, „verteilen und verdünnen sich die Probleme. Hier sehe ich sie wie durch ein Brennglas." Helgoland ist die einzige Felseninsel in der südlichen Nordsee, nur hier brüten Trottellummen, und hier fallen die Zugvögel in Millionen-Schwärmen ein.

Jahrelang mahnte der Vogelwart als belächelter Prediger in der Wüste. Dann aber kamen Umweltthemen in die Schlagzeilen und Reporter auf die Insel. Händeschüttler aus Ministerien. Sogar das Bundesverdienstkreuz. „Dabei habe ich vor zwanzig Jahren genau das Gleiche gesagt. Aber keine Sau hat sich dafür interessiert."

Geschützt vor der Versuchung, alles hinzuschmeißen, haben ihn die Weisheit der Biologie und das Vorbild des Vaters. Als Biologe weiß er, dass der Mensch auch nur ein Säugetier von begrenzter Lernfähigkeit ist. „Wir können uns drehen, wie wir wollen, der Arsch bleibt immer hinten." Und vom Vater hörte er: „Die Dummheit der Menschen lässt sich nicht beseitigen. Trotzdem musst du's immer wieder versuchen." (...) (Stern, 26.03.1986 (19))

<u>*Menschlich gesehen*</u> *Umweltmahner*

Er liebt die Natur, doch das Töten von Tieren ist für ihn zunächst nichts Schlechtes. Fast 32 Jahre leitete er die Vogelwarte auf Helgoland, jetzt die Norddeutsche Naturschutzakademie Schneverdingen. – Dr. Gottfried Vauk ist Biologe, Umweltmahner, Tierfreund und Jäger. (...)

Vauk ist ein Querdenker und das geradlinig. Mit dröhnender Stimme, die keinen Verstärker braucht, verschafft er sich Gehör, auch wenn keiner auf ihn hören will. Was die Zukunft der Menschheit angeht, ist Gottfried Vauk ein Pessimist. Was die Menschen angeht, hat er die Hoffnung noch nicht aufgegeben. (Hamburger Abendblatt, 08.03.1991 (20))

Die Folgen der Popularität – Vorträge, Reisen und neue Aufgaben

Nicht zuletzt durch die Medien war Gottfried Vauk in den siebziger und achtziger Jahren ein weit über die Fachwelt hinaus bekannter Mann geworden. Er verstand es, seine Mitmenschen zu fesseln, gefangen zu nehmen, und es gelang ihm, eine eigentlich ganz einfache Botschaft auf überzeugende Weise zu vermitteln: *„Schaut bei Gefahr nicht weg, sondern tut etwas"* – oder, wie er es häufig formulierte: *„Wer Feuer sieht, muss Alarm schlagen"*.

Ihm half dabei seine schon von seinem Doktorvater, Professor Herre, gepriesene Fähigkeit, auch komplizierte Sachverhalte in einfacher, anschaulicher und allgemein verständlicher Form darzustellen. Eine von ihm erstellte, wenn auch unvollständige Liste der Orte, an denen er Vorträge hielt, reicht von München bis Flensburg und von Saarbrücken bis zur Insel Rügen – die Anzahl dürfte im dreistelligen Bereich liegen. Einladende waren naturwissenschaftliche und Museumsvereine, Volkshochschulen und andere Einrichtungen der Erwachsenenbildung, der Naturschutzbund Deutschland, NABU (ehem. Bund für Vogelschutz), Fremdenverkehrsvereine, Lehrerfortbildungsveranstaltungen, Forstfakultäten, Akademien, Universitäten, ja, sogar politische Parteien und Verbände ganz unterschiedlicher Art.

Begonnen hatte Vauks Vortragstätigkeit auf Helgoland zunächst im kleinen Institutsgebäude, dann in der Aula der Schule und schließlich in der Nordseehalle. An der Inselstation der Vogelwarte wurden bald regelmäßig Kurse mit Studenten verschiedener Universitäten durchgeführt, z. B. aus Berlin, Hamburg und Kiel. Eine Auswertung der Gästebücher der Inselstation ergab, dass sie in der Zeit von 1956 bis 1987 von 75 Bildungseinrichtungen aus dem In- und Ausland besucht wurde. Insgesamt kamen bis zu diesem Zeitpunkt Besucher aus 44 Ländern aus nahezu allen Erdteilen. Der vor dem Zweiten Weltkrieg begründete Ruf der Vogelwarte als weltberühmter Einrichtung war also uneingeschränkt wieder hergestellt.

Die Zusammenarbeit mit Universitäten und Hochschulen führte schließlich dazu, dass Vauk an der Freien Universität Berlin und an der Universität Hamburg Lehraufträge für einzelne Vorlesungen erhielt und z. B. an der Universität Oldenburg für einen von ihm betreuten Doktoranden in den Prüfungsausschuss berufen wurde. Ein Angebot, ganz in den Hochschulbereich zu wechseln, lehnte er jedoch dankend ab. Zu wichtig waren ihm die Freiheit und die Gestaltungsmöglichkeiten, die er auf Helgoland besaß. Für seine Mitarbeiter und die vielen Stationshelfer war es ohnehin unvorstellbar, dass sich „ihr Doc" in der Anonymität einer großen Universität wohlfühlen könnte.

Gottfried Vauks Rat war gefragt, und seine Meinung hatte Gewicht: Das niedersächsische Ministerium für Landwirtschaft und Forsten, die Fachhochschule für Seeschifffahrt in Hamburg-Blankenese und das Präsidium der Landesjägerschaft Niedersachsen holten ihn als fachlichen Berater.

Weil es, wie er sagte, so exotisch ist, aber dokumentiert, dass sein Ruf als Biologe und Ökologe auch international Bedeutung erlangte, erzählte uns Vauk, dass er seit Mitte der achtziger Jahre Mitglied der Jury des „World Culture Council" war – einer weltweit auch auf dem Gebiet der Wissenschaften wirkenden Vereinigung – und viele Jahre lang an der Nominierung der Preisträger des „Albert Einstein World Aware of Science" mitwirkte.

Wenn er von seinen Ausflügen in internationale Gefilde berichtet, merkt man ihm jedoch an, dass dies doch nicht so ganz seine Welt war – bei aller Anerkennung, die ihm dabei zuteil wurde. Eher widerstrebend folgte er Einladungen zu Tagungen und Vorträgen u. a. nach Hawai, Rom, Paris, Wien, Stockholm, Krakau und Tallin (ehem. UdSSR). Mehr Gefallen fand er dann schon an Forschungsreisen, wie der bereits im Frühjahr 1964 mit Mitarbeitern der Inselstation auf eigene Kosten durchgeführten Reise nach Anatolien in die Türkei oder ins heutige Namibia, wo er von einer dortigen naturwissenschaftlichen Gesellschaft gebeten worden war, ein Gutachten über den Standort und geplanten Aufbau einer ornithologischen Station zu erstellen. Häufig hielt er sich auch am Neusiedler See in Österreich auf, wo er einerseits seinen Urlaub verlebte, andererseits aber auch wissenschaftlich arbeitete.

Nahezu alle genannten Reisen haben in Gottfried Vauks umfangreicher Publikationsliste Niederschlag gefunden, diente die Teilnahme an Tagungen und Kongressen doch vor allem dazu, eigene Forschungsergebnisse vorzustellen. Seine zunehmende Popularität hatte darüber hinaus zur Folge, dass in jenen Jahren nicht nur die Anzahl der Besucher auf der Inselstation rapide zunahm, sondern auch bald Leute mit Rang und Namen auf der Vogelwarte auftauchten.

Der überzeugende Redner – ein Mikrophon brauchte er nie

Eine besondere Rolle spielte dabei der ehemalige schleswig-holsteinische Ministerpräsident Kai-Uwe von Hassel. Er verbrachte mehrmals seinen Urlaub auf Helgoland und war, da ornithologisch interessiert, ein regelmäßiger Gast in der Vogelwarte. Dann beteiligte er sich sogar beim Vogelfang und bei der Vogelberingung. Das änderte sich auch nicht, als er später Bundesverteidigungsminister geworden war. Unvergessen ist die Szene, in der er – etwas ungeschickt – eine soeben beringte Amsel vorzeitig fliegen ließ, diese gegen die Fensterscheibe in der Beringungshütte knallte und benommen zu Boden stürzte. Erschrocken seufzte er: *„Nein, nicht auch das noch"* – eine in der Zeit der Starfighterabstürze zutiefst menschliche Äußerung.

Die Liste der Entscheidungsträger, die dem Leiter der Inselstation in seinem Arbeitszimmer in diesen Jahren gegenüber saßen, wurde immer länger und geriet zu einem Abbild politischer Zuständigkeiten. Da kamen Regierungsräte, Ministerialräte, -direktoren und -dirigenten, Staatssekretäre, Landesminister und Ministerpräsidenten, da kam der Bundesinnenminister Friedrich Zimmermann, und da kam am 23. Juni 1980 sogar der Bundespräsident Karl Carstens.

Gottfried Vauk musste ein sehr bekannter und wichtiger und vielleicht sogar einflussreicher Mann geworden sein!

Unerwähnt blieb bislang eine Aufgabe, die er bereits 1979 übernahm und erst 1990 als Direktor der Norddeutschen Naturschutzakademie wieder abgab: Er wurde erster Vorsitzender eines der ältesten und renommiertesten deutschen Naturschutzvereine, des überwiegend in Schleswig-Holstein und Hamburg tätigen „Verein Jordsand zum Schutz der Seevögel und der Natur e.V." Dies führte zu einer wesentlichen Erweiterung seiner Einfluss- und Gestaltungsmöglichkeiten. 1990 betreute der Verein 22 Naturreservate an der Nordseeküste – überwiegend Brutstätten für Seevögel.

Als Beleg für das Vorstehende lassen wir nachfolgend den ehemaligen schleswig-holsteinischen Umweltminister, Günter Flesner, zu Wort kommen (21). Weitere Beiträge befinden sich im zweiten Teil der Biographie.

„In jenen Jahren war die Stimme von Dr. Gottfried Vauk für eine neue Politik zu vernehmen, und so haben wir uns bei einem Besuch der Insel Helgoland und der Vogelwarte kennen und auf Anhieb schätzen gelernt. Die Vogelwarte Helgoland war für Insider schon lange ein Begriff. (...) Der jung promovierte Biologe Vauk wurde mit dem Wiederaufbau aus dem Nichts beauftragt, und er hat unter schwierigsten Bedingungen ihre nationale und internationale Bedeutung erarbeitet und herausgestellt. (...)

Dr. Gottfried Vauk gehört zu der seltenen Spezies Mensch, die man hört, bevor man sie sieht. Von der Insellage aus ist es jedoch schwer, Gehör zu finden. Nachdem Dr. Vauk zwanzig Jahre Leiter der Vogelwarte war, wurde er für uns und für mich ein willkommener Partner. Aus den ersten Begegnungen ist für die Naturschutzarbeit eine fruchtbare und auch persönlich eine enge Kooperation entstanden. Wir konnten diese vertiefen, nachdem Dr. Vauk den Vorsitz des Naturschutzvereins Jordsand übernahm. (…)

Dr. Vauk war immer ein engagierter Vorkämpfer für die Natur im weitesten Sinne. Seine Beobachtungen und seine fachlichen Lebenserfahrungen als Biologe … haben ihn frühzeitig erkennen lassen, dass lokale oder regionale Betrachtungen nicht weiterführen. Vögel kennen auch keine Grenzen, d. h., die Naturschutzaufgaben muss man auch grenzüberschreitend betrachten und entsprechend großräumige Lösungen anstreben, Lebensräume für Tiere und Pflanzen schaffen, sichern und miteinander vernetzen. In diesem Sinne hat sich Dr. Vauk kenntnisreich mit Mut und viel Zivilcourage für eine moderne und effiziente Naturschutzarbeit ausgesprochen. Seine damaligen Betrachtungen gingen vielfach der tatsächlichen Entwicklung weit voraus. So wurde er Mahner und Förderer zugleich. … – Neben seiner beruflichen Aufgabe auf der Insel hatte Dr. Vauk zeitlebens eine Schwäche für den Wald. Sein äußeres Erscheinungsbild kennzeichnete ihn ja eher als Forstmann von Helgoland. (…)

Die beste Umweltpolitik hat keine Chance, wenn sie die Betroffenen nicht überzeugt. Dr. Vauk hat daher in seinen Aussagen und in seinem Handeln Überzeugungsarbeit geleistet und stets im konkreten Fall mit Augenmaß für Lösungen plädiert. Überzeugungsarbeit ist für den Naturschutz im weiteren Sinne ein wichtiger Aspekt, sie muss Glaubwürdigkeit vermitteln, wenn der Bürger in diesem Sinne mitgehen soll.

Auf diesen Wegen gibt es oft lange und kritische Debatten. (…) Dr. Gottfried Vauk hat über mehr als vier Jahrzehnte seine Beiträge geleistet. Dabei ist er nie der Gefahr der Resignation erlegen. Sein Naturell hat dafür – zum Glück – keine Öffnungsklausel. Mit Herzblut hat er für die Sache gekämpft. Und obwohl es ihm nicht schwer fällt, unbequem zu sein, findet er breite Resonanz.

Der heutige Prof. Dr. Gottfried Vauk hat für eine konstruktive Entwicklung des Naturschutzes, für den Gewässer- und Meeresschutz grenzüberschreitende Beiträge geleistet. Die Bewahrung und die Leistungsfähigkeit der natürlichen Lebensgrundlagen in Norddeutschland sind mit seinem Namen verknüpft. Er hat seine Pflicht für künftige Generationen erfüllt."

Der nachstehende Text zeigt, welches Gewicht die Stimme von Gottfried Vauk in den achtziger Jahren besaß und liefert gleichzeitig ein Beispiel für seine direkte und schnörkellose Sprache. Mit den zitierten Sätzen begann er seine Festrede zur Eröffnung des Nationalparks Niedersächsisches Wattenmeer am 12. März 1986 in Wilhelmshaven (22).

„Zweierlei ließ mich zusagen, die Festrede anlässlich der Eröffnung des Niedersächsischen Nationalparks zu halten: Einer Forderung, gerade einer schweren Forderung, muss man sich stellen; zum anderen: Ich bin zwar Biologe geworden, um mich mit der Natur, Tieren und Pflanzen zu beschäftigen und nicht mit Menschen. Ich weiß aber heute, dass gerade das Säugetier Mensch, und Säugetiere bleiben und sind wir nun einmal, trotz aller Zivilisation und Technik, ein Recht darauf hat, zu erfahren, was Biologen erarbeitet haben und welche Gedanken sie bewegen, weil sie diese Wissenschaft vom Leben studieren. Für uns ist es sogar eine Pflicht geworden, die Ergebnisse unserer Arbeit weiterzugeben, auch wenn den Politikern, den verschiedenen Interessenvertretern, manchmal auch so genannten Naturschützern nicht passt, was wir zu sagen haben. Wer Feuer sieht, hat Alarm zu schlagen! Und Feuer sehe ich überall! Die Biologie, der Naturschutz, eben noch eine Randwissenschaft, ein belächeltes Steckenpferd, sie sind es, die heute die Zukunft des Menschen und dieser Erde bestimmen müssen. Es geht hier nicht um Schwarzmalerei, es geht um Fakten; Warnungen und Erkenntnisse gibt es genug: gefährdete Luft, gefährdetes Grundwasser, die Abfallflut, die Überrüstung, die Armut in der dritten Welt, die Überbevölkerung. Visionen der Apokalypse sind schon Realität geworden, wir wollen es in der globalen Bedeutung nicht wahrhaben. Andererseits – ich bin kein Pessimist – bevor es nicht zu spät ist, ist es nicht zu spät." (...)

Das Geheimnis des Erfolges – der Vauksche Plenterwald und die pure Lust am Leben

Besuchen wir die Vogelwarte in den Silvestertagen. Dabei ist es gleichgültig, ob wir nun das Jahr 1967, 1977 oder 1987 schreiben. Draußen ist es grau, kalt und stürmisch, und es sind nur wenige Menschen zu sehen. Anders auf der Vogelwarte. Hier herrscht fröhliches Treiben. Einige Dutzend ehemalige, derzeitige und wohl auch wieder künftige Stationshelfer sind auf die Insel gekommen, um den Jahreswechsel miteinander und vor allem mit „Doc Vauk" zu verleben – eingeladen von ihm selbst oder später vom inzwischen gegründeten „Verein der Freunde und Förderer der Inselstation e. V." Die Idee zu diesen Treffen stammt übrigens nicht von Vauk selbst, sondern von Eike Hartwig, einem Stationshelfer der ersten Jahre, dem die doch mehr oder weniger zufälligen Begegnungen nicht mehr reichten. Mit seiner Idee, sich jährlich zu Silvester auf Helgoland zu treffen, stieß er auf offene Ohren. Für die Freunde von Zahlen: Aus 25 Teilnehmern beim ersten Treffen wurden gut 200 beim Abschiedskolloquium für Gottfried Vauk zu Silvester 1987.

Worin bestand nun der Reiz dieser Zusammenkünfte? Sicher kann man vier oder auch fünf Tage hintereinander feiern, aber allmählich wird es dann doch etwas einseitig. Es war eine nur schwer zu beschreibende Mischung aus Frohsinn, Informationen und Gedankenaustausch. Es war ein Wechsel von Referaten und Vorträgen aus den Arbeitsgebieten der Teilnehmer mit Diskussionen und Gesprächen über Gott und die Welt, entspanntem Klönen, Erinnerungen, Absprachen und Zukunftsplänen. Und natürlich war es die Silvesterfeier auf der Inselstation. Vorangegangen war am 30. Dezember der ebenso beliebte *„Krebs-Abend"*, der so genannt wurde, weil er im Café Krebs stattfand. An ihm *„versoff"* Gottfried Vauk, wie er sagte, mit allen Beteiligten sein 13. Monatsgehalt, dessen Berechtigung er ohnehin anzweifelte!

Zu der beschriebenen Mischung kam noch etwas, das schon mit der Formulierung vom Geist der Station und den Ausführungen hierzu ausgedrückt werden sollte. Dieser in den Aufbaujahren entstandene Geist hatte in den folgenden Jahren und Jahrzehnten nichts von seiner Faszination eingebüßt. Im Gegenteil: Er war allgegenwärtig, und bald sprach man zusätzlich vom *„Vaukschen Plenterwald"*, wenn man das Leben und die Atmosphäre auf der Inselstation beschreiben wollte. Der Begriff Plenterwald stammt aus der Forstwirtschaft und bezeichnet einen Wald, in dem Bäume und Sträucher verschiedener Arten und unterschiedlichen Alters wachsen und gedeihen. Als Bild für das Leben auf der Station wurde er erstmals von Dr. Friedrich Goethe, dem Direktor des Hauptsitzes, benutzt. Er war aus Wilhelmshaven angereist und staunte nicht wenig über das zu damaliger Zeit noch sehr unübliche generations- und standesübergreifende fröhliche Treiben. Ältere und Jüngere, Professoren, Doktoren, Studenten und Schüler sowie Angehörige aus unterschiedlichen Berufen – alle feierten harmonisch und ausgelassen miteinander. Vornweg und mit einer schier unglaublichen Vitalität und Lebensfreude der Stationsleiter. Um Mitternacht wurde dann das neue Jahr mit Jagdsignalen begrüßt, nicht etwa aus der Konserve, sondern „live" mit eigenen Jagdhörnern. – Der „harte Kern" erlebte den Ausklang der Feier in den frühen Morgenstunden in der Stationsküche bei selbst zubereitetem Nudelsalat und „Sieben-Liter-Brühe."

Das Vorstehende ist deshalb so ausführlich beschrieben worden, weil es besser, als es abstrakte Gedanken auszudrücken vermögen, alles Wesentliche beinhaltet, gleichgültig, ob man es nun Plenterwald, „*Vauksche Schule*" oder interdisziplinäre Zusammenarbeit nennt. Vielleicht würde man heute auch vom „feel-good-Faktor" oder von „Corporate Identity" sprechen.

Zur puren Lust am Leben eines Gottfried Vauk könnten wir noch eine Vielzahl von Beispielen und humorvollen Begebenheiten anführen. Sie würden als Kernaussage stets eine Botschaft beinhalten, die ebenso schlicht wie wahr ist: Auch wenn man sich beruflich mitunter mit sehr ernsten Themen beschäftigen muss, sollte man das nicht mit mürrischem Verhalten und einer Leichenbittermiene tun. Es war kein Wunder, dass sich vor allem junge Leute, aber nicht nur sie, von seiner Lebensart und -auffassung angezogen fühlten und dankbar waren, wenn er ihnen eine Unterstützung und Zusammenarbeit anbot. In zunehmendem Maße entstand daraus später ein Verhältnis auf Gegenseitigkeit. Gottfried Vauk blieb sowohl in fachlicher als auch in persönlicher Hinsicht nicht nur der Gebende, sondern wurde immer häufiger auch der Nehmende.

Er beeindruckte und begeisterte viele mit seiner Fähigkeit und seinem Anspruch, zu deuten und zu werten. Und das in einer Zeit, in der der Boden, auf dem wir standen, schwankte und der Zusammenhalt in unserer Gesellschaft brüchig geworden war. Die Achtundsechziger lassen grüßen. Vor allem in dem Beitrag von Christiane Averbeck und Volker Riehl (siehe zweiter Teil) ist vieles von dem auf den Punkt gebracht worden,

Beliebte Rituale auf der Inselstation:
Jagdhornblasen, Nudelsalat und „Sieben-Liter-Brühe" zu Silvester

was uns damals bewegte, formte und prägte. Cordula Vieth und Eckart Schrey sprechen in ihren Ausführungen in diesem Zusammenhang sogar von *„Helgoländer Kompetenzen"* (23).

Was war das Geheimnis des Erfolges von Gottfried Vauk? Im zweiten Teil dieser Biographie beschreiben etliche weitere ehemalige Stationshelferinnen und Stationshelfer, wie sie ihn erlebten und was er ihnen bedeutete. Der besondere Wert dieser Beiträge liegt darin, dass die Autoren ihre Erlebnisse und Erfahrungen aus jener Zeit jetzt reflektierten, diese also auf dem Prüfstand ihrer ganz unterschiedlichen persönlichen Lebenserfahrung gestanden haben.

Abschied von Helgoland

Jahreswechsel 1986/87: Wieder einmal war auf der Inselstation gefeiert und ein neues Jahr begrüßt worden. Ungefähr 150 Teilnehmer waren gekommen. Zwanzigmal hatte man sich nun schon in diesem Rahmen getroffen, wenn auch nicht immer zu Silvester und auf Helgoland. Die Altersunterschiede unter den Stationshelfern – jenen der ersten Jahre und den jetzigen – waren inzwischen so beträchtlich, dass sie selbst einen Plenterwald bildeten! Und Gottfried Vauk war nicht mehr 42, sondern 62 Jahre alt, und alles deutete darauf hin, dass man ihn in wenigen Jahren mit einem rauschenden Fest in den Ruhestand verabschieden würde – natürlich auf Helgoland.

Niemand konnte sich vorstellen, dass es noch einmal eine berufliche Veränderung für ihn geben würde. Wenn er in jüngeren Jahren schon so bekannt gewesen wäre, ja dann ..., aber drei Jahre vor seiner Pensionierung? Gut, das Haus war nun endgültig bestellt, wirklich neue Aufgaben waren nicht mehr zu erwarten. Auch die Rahmenbedingungen stimmten. Seit vielen Jahren gab es eine fest angestellte Bürokraft, eine zweite Wissenschaftlerstelle war an der Station eingerichtet und mit Dr. Dieter Moritz besetzt worden. Seit 1985 gab es sogar ein zweites Institutsgebäude, das dem ersten in nichts nachstand – das so genannte Laborgebäude.

Nicht Orts-, aber Zeitwechsel: Silvester 1987/88. Das 21.Stationskolloquium wurde gleichzeitig das Abschiedskolloquium für Gottfried Vauk. Im Laufe des vorangegangenen Jahres waren im zuständigen niedersächsischen Ministerium die Würfel gefallen. Gottfried Vauk erhielt das Angebot, die Leitung der Norddeutschen Naturschutzakademie in Schneverdingen in der Lüneburger Heide zu übernehmen. Er musste nicht lange überlegen und sagte zu.

Nun kamen mehr als 200 Teilnehmer auf die Insel, zuviel für ein „Hallenfest" und einen „Krebs-Abend". Der Förderverein der Inselstation hatte die Organisation übernommen. Im Atlantis-Freizeitzentrum, der ehemaligen Nordseehalle, fand am Vormittag des 30. Dezember die Eröffnungsveranstaltung statt – mit zahlreichen Grußworten und Grußadressen, mit Ehrungen für Gottfried Vauk, gleich mehreren Festvorträgen, Rückblikken und natürlich mit Jagdhornklängen. Um zwölf Uhr gab es im Rat-

Gottfried Vauk und seine Frau Erika kurz vor ihrem Abschied von Helgoland 1987

haus einen Empfang der Gemeinde und auch hier Dankesworte und Geschenke. Als Gottfried Vauk sich sogar ins Goldene Buch der Gemeinde eintrug, konnten sich er und einige der Anwesenden ein Schmunzeln nicht verkneifen, hatte man sich doch einstmals, das ist nur wenig übertrieben, fast bewaffnet gegenüber gestanden. – Die Berichterstattung in den Medien war der Bedeutung des Ereignisses angemessen, denn seit Heinrich Gätke hatte kein Ornithologe mehr eine so lange Zeit – fast 32 Jahre – auf dem Felseneiland in der Nordsee verlebt.

Als Gottfried Vauk sehr viel später, im Sommer 2003, wieder einmal gefragt wurde, warum er es so lange auf Helgoland ausgehalten habe, antwortete er: *„Es war eine Art Hassliebe"*, und führte den eben erwähnten Gründer der Vogelwarte an, der mehr als 50 Jahre auf der Insel lebte und einmal gesagt haben soll: *„Nur, wer in sich selbst genug findet, wird es auf Helgoland aushalten"*. (1)

Er fand zweifelsohne in sich selbst genug, aber er bedurfte auch des Podiums und der anderen. Zu dem Grübler Vauk, dem zeitweiligen Eremiten, der er durchaus auch sein konnte und wollte und der dann aus tiefen Brunnen schöpfte, gesellte sich der vor Vitalität und Kontaktfreude sprühende Doc, der ganze Gesellschaften unterhalten und für sich einnehmen und begeistern konnte.

Eher am Rand der Mammutveranstaltung zu Vauks Abschied fand sich im Programm der Hinweis: „Freitag, 1. Januar 1988, elf Uhr, Matinee am Neujahrsmorgen im Gemeindehaus. Konzert mit Werken von Mozart, Chopin, Grieg u. a." – Hier scharte sich ein überschaubarer Kreis um Gottfried und Erika Vauk, um ohne viele Worte, nur durch die Sprache der Musik, eine Zeit ausklingen zu lassen, die vielen sehr viel bedeutete, ja, sie z. T. geprägt und geformt hatte. Als Monika Joschko, Hansjörg Freywald sowie Markus und Stefan Rösler – sie bestritten als ehemalige Stationshelfer das Programm – ihre Darbietungen beendet hatten, blieb es noch eine ganz Weile still, ehe der Beifall einsetzte.

Frauke Schonart, die die Inselstation nach mehr als zwei Jahren bereits am 31. März 1975 verließ, schrieb in das Gästebuch einige Zeilen aus dem Büchlein *„Der Kleine Prinz"* von A. de Saint-Exupéry (2). Sie hätten auch jetzt gepasst:

„Der kleine Prinz durchquerte die Wüste und begegnete nur einer Blume mit drei Blütenblättern, einer ganz armseligen Blume …

„Guten Tag", sagte der kleine Prinz.
„Guten Tag", sagte die Blume.
„Wo sind die Menschen?", fragte höflich der kleine Prinz.
Die Blume hatte eines Tages eine Karawane vorüberziehen sehen.
„Die Menschen? Es gibt, glaube ich, sechs oder sieben. Ich habe sie vor Jahren gesehen. Aber man weiß nie, wo sie zu finden sind. Der Wind verweht sie. Es fehlen ihnen die Wurzeln, das ist sehr übel für sie."
„Adieu", sagte der kleine Prinz.
„Adieu", sagte die Blume.

Nein, Wurzeln hatte Gottfried Vauk auf Helgoland nicht geschlagen.

Ein Traum geht in Erfüllung – Rückkehr in die Wälder

Als Gottfried Vauk Anfang Februar 1988 nach fast 32 Jahren Helgoland verließ, war er 62 Jahre alt. Dies ist sicher kein Alter, um noch romantischen Träumen nachzuhängen, schon gar nicht im beruflichen Bereich.

Wie es dazu kam, dass für den Insulaner wider Willen zweieinhalb Jahre vor seiner Pensionierung noch ein Jugendtraum nahezu in Erfüllung ging, ist im vorigen Kapitel erklärt worden. Selbst als er schon mehrere Jahrzehnte auf Helgoland lebte, gab es nur selten einmal einen längeren Bericht von ihm, in dem er nicht auf seine Kindheit und Jugend im *„hintersten Hinterpommern"*, wie er gern sagte, zu sprechen kam und in der nicht von Wild und Wald und Jagd die Rede war. Sein Vater, ein großer Nimrod vor dem Herrn, spielte dabei als Vorbild eine wichtige Rolle, ebenso der Nahrungserwerb durch Jagd und der Schutz der Felder vor Wildschäden. Die Geschichte vom röhrenden Hirsch, der seine Geburt begleitete, ist – wenn sie sich schon nicht so zugetragen haben sollte – zumindest gut erfunden.

Unvergessen ist ihm die ebenfalls schon beschriebene Szene, wie ihm kurz nach dem Krieg ein Forstbeamter in einer Behörde in Sarstedt erklärte, dass seine Zulassungsbescheinigung zum Forststudium angesichts der vielen arbeitslosen Förster aus den verlorenen deutschen Ostgebieten wertlos sei und sie vor seinen Augen zerriss.

Es war das Ende eines Traumes und zugleich der Beginn eines Weges, der Vauk schließlich als promovierten Biologen nach Helgoland führte. Dass er seinem ursprünglichen Berufswunsch – mehr als 40 Jahre nach diesem einschneidenden Erlebnis – noch einmal ziemlich nahe kommen sollte, ist sicher auch das Ergebnis seiner im Elternhaus erworbenen Prägung, vor allem aber seines inzwischen weit über die Nordseeinsel hinaus gedrungenen Rufs und Engagements für die Natur in einem umfassenden Sinne.

Vom Leiter der Inselstation zum Akademiedirektor

Diese Einsatzfreude und seine Bereitschaft zum Engagement waren es wohl auch, die im Sommer 1987 im niedersächsischen Ministerium für Ernährung, Landwirtschaft und Forsten zu der erwähnten Entscheidung führten. Bei seiner Amtseinführung auf Hof Möhr bei Schneverdingen in der Lüneburger Heide, dem Sitz der Norddeutschen Naturschutzakademie (NNA) war auch der zuständige Minister, Burghardt Ritz, anwesend. Er erklärte, dass Vauk kein neuer Mann im Sinne eines unbeschriebenen Blattes sei. Er sei ein in Wind, Wetter und anderen Umweltbereichen bewährter Forscher, Lehrer und Kämpfer für die Natur und ihren Schutz. Der Minister sprach die Hoffnung aus, dass der neue Direktor frischen Wind in die Akademie bringen, jedoch Bewährtes nicht über Bord werfen werde.

Anschaulicher noch als aus diesen Worten geht aus einem Schreiben des damaligen Ministerialdirigenten, Gerd Janßen, an uns vom März 2004 hervor, welchen Eindruck Gottfried Vauk auch bei hochrangigen Besuchern hinterließ:

(...) *„Ihre ... Anmerkung trifft zu, ich habe seinerzeit Dr. Vauk als neuen Leiter der Norddeutschen Naturschutzakademie vorgeschlagen, ein Vorschlag, der sich als „Volltreffer" erweisen sollte. Vorangegangen war ein Besuch mit einer kleinen Gruppe von Naturschützern und Forstleuten auf der Vogelwarte Helgoland, bei dem Prof. Vauk derart vor Vitalität sprühte, dass jeder Zweifel, das nahende Pensionsalter könne Auswirkungen auf sein Engagement in einer solchen neuen Aufgabe haben, gegenstandslos wurde."* (1)

Dennoch stellte sich die Frage, ob es ihm in der fremden Umgebung eines alten Heidebauernhofes und mit überwiegend neuen Mitarbeitern und ungewohnten Strukturen gelingen würde, ein wenig von dem zu bewahren, was ihm auf Helgoland auf so faszinierende Weise geglückt war.

Als sich Gottfried Vauk entschied, die kleine Nordseeinsel nach mehr als 30 Jahren zu verlassen, hatte er dies an zwei Voraussetzungen geknüpft: Er wollte einige wissenschaftliche Projekte, an denen er auf Helgoland arbeitete, an der NNA fortsetzen und zu Ende führen, und er wollte dies mit den gleichen Mitarbeitern tun wie auf der Insel. Beides wurde ihm gewährt und ließ sich auch deshalb realisieren, weil sowohl das Institut für Vogelforschung, die Vogelwarte Helgoland, als auch die Naturschutzakademie Einrichtungen des Landes Niedersachsen sind. So kam es, dass die Forschung in der noch jungen Geschichte der NNA nun den ihr zustehenden Stellenwert erlangte und dass als Erstes Forschungen über die Ölpest, die Vermüllung der Nordsee und die möglichen Auswirkungen von Windkraftanlagen auf ziehende und rastende Vögel im Vordergrund standen.

So kam es aber auch, dass bald ein „Helgoländer Geist" durch die Räume des Hofes Möhr wehte. Der Tagesablauf begann z. B. mit einer gemeinsamen morgendlichen Runde aller an der Akademie beschäftigten Mitarbeiter. In ihr wurde über die einzelnen Arbeiten und Projekte gesprochen. Dies war für die meisten der dort schon Beschäftigten neu und sehr gewöhnungsbedürftig. Selbst die auf Helgoland ins Leben gerufenen und so beliebten Silvesterkolloquien fanden für einige Jahre an der NNA ein Pendant in den Treffen zur Adventszeit. Hier kam es in zwangloser und bewährter Runde zu Begegnungen und Gesprächen zwischen alten und neuen Weggefährten von Gottfried Vauk, und hier spürte man etwas von dem frischen Wind, von dem Minister Ritz bei der Amtseinführung des neuen Direktors gesprochen hatte. Dass es keine „Hallenfeste", „Krebs-Abende" und rauschenden Silvesterfeiern mehr gab, war ein Tribut, den manche Ehemalige nur ungern zollten.

Hatte Vauk auf Helgoland mehr als drei Jahrzehnte Zeit gehabt, seine Vorstellungen von Form und Inhalt wissenschaftlichen Forschens und Arbeitens zu verwirklichen, so galt das für sein Wirken auf Hof Möhr nur für den recht kurzen Zeitraum von drei Jahren. Dennoch konnte er bei seiner Pensionierung im Juni 1991 voller Stolz feststellen, dass innerhalb der drei vorgegebenen Aufgabenbereiche der Naturschutzakademie – Forschung, Bildung und Öffentlichkeitsarbeit – die Naturschutzforschung endlich den ihr nach seiner Auffassung zukommenden Stellenwert erhalten hatte.

Fragt man heute nach den Spuren von Gottfried Vauk auf Hof Möhr, so erfolgt neben dem Erwähnten auch ein Hinweis auf zwei Publikationsreihen, die „NNA-Berichte" und die „Mitteilungen aus der NNA". Diese sowie die besondere Veranstaltungsform der „Fachgespräche" mit geladenen Fachleuten, die sich über bestimmte Themenbereiche des Naturschutzes austauschen, wurden von ihm aus der Taufe gehoben und sind seither fester Bestandteil der „Alfred Toepfer Akademie für Naturschutz" – diesen Namen erhielt die Norddeutsche Naturschutzakademie vor wenigen Jahren in Erinnerung an ihren Initiator und Mitbegründer, den Hamburger Reeder und Kaufmann Alfred Toepfer.

Nach besonderen persönlichen Erinnerungen an die Zeit seines dortigen Wirkens befragt, erwähnt Gottfried Vauk gern eine auf seine Initiative im Mai 1990 an der NNA durchgeführte Tagung zum Thema „Naturschutzforschung in der DDR – aktuelle Probleme und Perspektiven." Hier trafen sich, ein halbes Jahr vor der Wiedervereinigung, Fachleute aus beiden deutschen Staaten zu einem ersten gemeinsamen Erfahrungs- und Meinungsaustausch über Fragen des Naturschutzes in Deutschland. Gesine Ende, eine der ostdeutschen Teilnehmerinnen, erinnert in ihrem Beitrag an diese Begegnung (2).

Ein weiterer und in den persönlichen Bereich hinein wirkender Beleg dafür, dass Vauk ein Mann der Tat war, fällt ebenfalls in seine Zeit als Direktor der NNA. Als jemand, der während seines gesamten Berufslebens überwiegend und mit großem Engagement mit jungen Leuten zusammengearbeitet hat, stiftete er – zusammen mit seiner Frau, Erika Vauk-Hentzelt, – 1988 den Vauk Förderpreis *„Forschung für Naturschutz"*. Er beinhaltet, dass jährlich ein Betrag von 2300 Euro zur Verfügung gestellt und an Wissenschaftler vergeben wird, die jünger als 30 Jahre alt sind. Er stammt ganz überwiegend aus der Privatschatulle des Ehepaars Vauk. Doch auch die Stadt Schneverdingen und der Landkreis Soltau-Fallingbostel leisten einen Anteil. Mit diesem speziellen Förderpreis soll eine naturschutzorientierte Forschung anerkannt und gestärkt werden. Ausgezeichnet werden Autorinnen und Autoren von Staatsexamens-, Diplom- oder Doktorarbeiten, deren Studien für den Naturschutz von besonderer Bedeutung sind. Die Preisverleihung des Vauk Förderpreises erfolgt im Rahmen einer Veranstaltung der Naturschutzakademie.

Vom Wirken eines „Silver-back"

Was macht ein Energiebündel wie Gottfried Vauk, wenn es im Alter von 65 Jahren pensioniert wird?

Seinem auf Helgoland entstandenen Ruf als „Macher", als Mann der Kommunikation, des Dialogs und der Medien war Vauk auch an der NNA gerecht geworden und hatte ihm noch manche Facette hinzugefügt. Er selbst mochte diese Kennzeichnung jedoch nicht, kann sie einen so Beschriebenen doch leicht in die Nähe von Aktionismus und Oberflächlichkeit rücken. Menschen, die ihm nahe stehen, verstehen diese Abneigung sehr gut und teilen sie. Sie kennen schließlich auch den Mann, der sich viele Stunden oder auch ganze Tage völlig zurückziehen konnte und wollte. Natürlich gelang ihm das am ehesten bei der Jagd.

Es war also alles andere als überraschend, dass der frischgebackene Pensionär, kaum dass er im Juni 1991 die Urkunde über seine Verabschiedung aus dem Dienst des Landes Niedersachsen überreicht bekommen hatte, vom Landkreis Soltau-Fallingbostel gebeten wurde, seinen Sachverstand und seine unverminderte Vitalität weiterhin in den Dienst einer guten Sache zu stellen. Dass er seit seinem Amtsantritt als Akademiedirektor, zusätzlich zu seinem Doktortitel, die Bezeichnung Professor führen durfte, sei an dieser Stelle nur beiläufig erwähnt – im Umgang mit seinen künftigen Gesprächs- und Verhandlungspartnern dürfte dies jedoch ganz hilfreich gewesen sein.

Origineller und aussagekräftiger war hingegen die Bezeichnung des Ruheständlers als „Silver-back“. So nennen Biologen alte, ergraute Gorillamännchen, die in der Gruppenhierarchie über allen anderen Artgenossen stehen. Diese Formulierung verdanken wir Michael Wedler, dem Geschäftsführer des „Weltforum Wald“, auf das noch näher eingegangen wird. Er wusste zu berichten, dass diese ja durchaus respektvolle Bezeichnung für Gottfried Vauk aus der Niedersächsischen Landesforstverwaltung stammte, wo er seit langem kein Unbekannter war. M. Wedler schreibt in seinem Beitrag an uns darüber hinaus: *„Diese Stellung nahm Prof. Vauk … zweifelsohne ein. Er war geistig und materiell unabhängig, musste sich nicht beweisen und niemand nach dem Munde reden.“* (3)

Das Problem, bei dessen Lösung Gottfried Vauk auf Bitten des Landkreises in den nächsten Jahren mithelfen sollte, hatte es in sich: Es ging um nichts Geringeres als um die Ablösung der britischen Militäraktivitäten in Teilen der Lüneburger Heide. Durch die Wiedervereinigung Deutschlands und die veränderte Weltlage war für die britischen Truppen die bisher erklärte Notwendigkeit entfallen, weiterhin ständig auf großen Flächen in der Nordheide zu üben. Dies war ihnen und kanadischen Einheiten 1959 im so genannten „Soltau-Lüneburg-Abkommen“ auf einer Fläche von 481 Quadratkilometern auf unbestimmte Zeit von der Regierung der Bundesrepublik Deutschland eingeräumt worden. Ein Teil dieser „Roten Flächen" – so wurde das für eine ständige Benutzung zur Verfügung stehende Kerngebiet genannt – lag im Naturschutzgebiet Lüneburger Heide und reichte im Westen bis fast nach Schneverdingen.

Die Aufgabe für den Biologen und Naturschutzexperten Vauk bestand darin, den Landkreis bei der schrittweisen Freigabe der seit Jahrzehnten militärisch intensiv genutzten Flächen fachlich zu beraten. Dazu mussten zunächst einmal Art und Umfang der Schäden festgestellt und dann ein Konzept für deren Behebung erarbeitet werden. „Feldherrenhügel zu Kartoffeläckern, Sandwüsten zu Biotopen", so umriss die Frankfurter Allgemeine Zeitung am 07. Juli 1994 die zu leistende Aufgabe (4) und das Hamburger Abendblatt schrieb bereits am 08. August 1991: *„Britische Panzer und Truppen haben nach amtlichen Angaben umfangreiche Schäden angerichtet: Vernichtete Felder, Einbußen bei Ernten, durch Müll und Altöl verseuchte Böden werden jährlich registriert. Ein Gutachten aus dem Jahr 1990 stellte fest, dass die Staubkonzentrationen, die bei Panzerfahrten an warmen Tagen entstanden, so groß waren wie bei einem Sandsturm in der Sahara. Mit dem Unterschied, dass der Heidestaub hochgradig verrußt war."* (5)

Gottfried Vauk stellte sich auch dieser neuen Aufgabe mit der ihm eigenen Energie. Bis zum Ende des Soltau-Lüneburg-Abkommens am 31. Juli 1994 initiierte und organisierte er zahlreiche Veranstaltungen, regte Untersuchungen auf den belasteten Flächen an und begleitete sie wissenschaftlich, informierte – zusammen mit dem Landkreis – regelmäßig die Medien und trug mit seinem ausgeprägten Gespür für öffentlichkeitswirksame Darstellungen im umfassenden Sinne dazu bei, dass die massiven Umweltschäden erkannt, bekannt und nach und nach behoben wurden. In seiner drastischen Ausdrucksweise sprach er dann auch schon einmal von der *„Mondlandschaft der Roten Flächen"*, vom *„britischen Militärvandalismus"* oder forderte lautstark *„Schluss mit der Verwaltungsarie"*, wenn ihm die Behörden wieder einmal nicht schnell und sorgfältig genug arbeiteten.

Im September 1993 organisierte er, zusammen mit dem Landkreis und der Norddeutschen Naturschutzakademie, eine spektakuläre Ausstellung unter dem biblischen Motto „Einer trage des anderen Last". Sie war gleichzeitig ein Appell an die Verantwortlichen und informierte die Bevölkerung anschaulich und umfassend über die festgestellten Umweltschäden und die zu ihrer Behebung erforderlichen Maßnahmen (6).

Als die Engländer am 7. Juni 1994, wenige Wochen vor dem förmlichen Ende des Abkommens, im Camp Reinsehlen, dem Sitz ihrer lokalen Militärverwaltung, in einer feierlichen Zeremonie ein letztes Mal den Union Jack einholten, atmeten die Menschen in dem so lange von Störungen und Belästigungen heimgesuchten Heidekreis erleichtert auf. Gottfried Vauk hatte in den zurückliegenden drei Jahren viel bewegt und erntete für seinen fulminanten Einsatz allerorten Dank und Anerkennung.

Inzwischen hatte er das siebzigste Lebensjahr erreicht, und es war Zeit, sich endlich und endgültig ins Privatleben zurückzuziehen. Wahrscheinlich hätte er es auch getan, wäre man nicht erneut mit einer Bitte an ihn herangetreten.

Als auf internationalem Parkett Anfang der neunziger Jahre die Entscheidung für Hannover als Veranstaltungsort der EXPO 2000 gefallen war, machte man sich in vielen Städten und Landkreisen in Norddeutschland Gedanken darüber, ob und gegebenenfalls in welcher Form sie im Rahmen eines Regionalprojekts einen Beitrag zum vorgegebenen Rahmenthema „Mensch – Natur – Technik“ leisten könnten. Der Landkreis Soltau-Fallingbostel beteiligte sich ebenfalls an solchen Überlegungen und regte als einer der waldreichsten Kreise Norddeutschlands an, sich mit dem Oberbegriff „Wald und Nachhaltigkeit“ in einer noch genauer festzulegenden Form um eine Teilnahme an der Weltausstellung zu bewerben.

Was lag da näher, als den Waldmenschen, ehemaligen Akademiedirektor und Pensionär, Gottfried Vauk, zu bitten, sich in dieser Angelegenheit als Sonderbeauftragter und Berater zur Verfügung zu stellen? Natürlich sagte er zu, und es dauerte nicht lange, bis aus dem ehemaligen Dienstzimmer des Landrates in Soltau das „Büro Professor Vauk“ wurde. Bereits im Januar 1995 wurde ein Trägerverein mit dem Namen „WaldForum 2000 e.V.“ ins Leben gerufen und am 15. März 1996 in Hannover das Regionale EXPO-Projekt „Weltforum Wald“ offiziell registriert. Zur Steuerung des Gesamtvorhabens wurde ein Vorstand mit Vertretern aus Wirtschaft und Politik sowie aus Vereinen und Verbänden gegründet. An den Sitzungen dieses Gremiums konnte der Sonderbeauftragte jederzeit teilnehmen. Mit dem bereits erwähnten Michael Wedler stand dem Verein sogar ein Geschäftsführer zur Verfügung.

Die Aktivitäten und Veranstaltungen, die in den folgenden fünf Jahren im Rahmen dieses EXPO-Projekts unter der maßgeblichen Beteiligung von Vauk durchgeführt oder von ihm initiiert wurden, sind in einem 2003 erschienenen Sonderband des Landkreises Soltau-Fallingbostel auf mehr als 200 Seiten ausführlich und anschaulich dargestellt worden (7).

Als die Weltausstellung im Herbst 2000 in Hannover ihre Pforten schloss und in Soltau der Verein WaldForum 2000 Bilanz zog und sich anschließend auflöste, waren sich alle daran Beteiligten darüber einig, dass in den vorangegangenen Jahren Enormes geleistet worden war. In ungezählten Veranstaltungen waren die heimische Bevölkerung sowie eine nationale und internationale Öffentlichkeit eingehend über die dreiundzwanzig verschiedenen Projekte aus den zwölf Themenfeldern zum Rahmenthema Wald informiert worden. Das Spektrum reichte von internationalen Fachforen für Experten über regionale Fachgespräche, in denen z. B. der Wald als Rohstoffquelle und Energiepotential vorgestellt wurde, bis hin zu Darstellungen des Waldes im Bereich der Bildenden Kunst, der Malerei, der Literatur und der Musik.

Von den zahlreichen Ideen, die Gottfried Vauk zum Gelingen des Gesamtprojektes beisteuerte, ist er als Musikfreund besonders stolz darauf, Erfinder und Vater einer Veranstaltungsreihe mit dem Thema „Weltwaldmelodie" zu sein. Es wurde als Unterprojekt zum Weltforum Wald geführt und begann am 13. Oktober 1996 mit einem Konzert des NDR-Chors im Saal des Kurhauses von Fallingbostel.

Freude und Stolz schwingen auch mit, wenn er über die „Eine-Welt-Kirche" in Schneverdingen in der Lüneburger Heide berichtet, handelt es sich dabei doch um ein Projekt, das besonders unter dem Gesichtspunkt der Nachhaltigkeit konzipiert und realisiert wurde und zu dessen geistigen Vätern und engagierten Verfechtern Gottfried Vauk zählte (8).

In Schneverdingen war bereits seit längerem der Neubau einer Kirche geplant. Sollte es nicht möglich sein, so fragten sich die Verantwortlichen in der Region, auch ein solches und nicht gerade alltägliches Bauvorhaben mit dem EXPO-Motto „Mensch – Natur – Technik" zu verbinden? Und weiter: Gibt es nicht seit jeher Kirchen, in denen überwiegend oder ausschließlich der nachwachsende Rohstoff Holz verwendet wird?

Die Antwort war ebenso originell wie wirtschaftlich: Nach den Plänen des Holzbauingenieurs Julius Natterer aus der Schweiz entstand eine Holzkirche, für die der Rohstoff aus der unmittelbaren Nähe stammte, den Wäldern in den nahe gelegenen Forstämtern Sellhorn und Harsefeld, und der außerdem in den Sägewerken der Umgebung verarbeitet werden konnte. Originell war die Lösung, weil der Bau der Kirche in der noch weithin unbekannten „Brettstapelbauweise" erfolgte, bei der viele kleine Bretter zu großen, massiven Wänden zusammengefügt werden. Hierfür kann schwaches und somit reichlich vorhandenes Kiefernholz verwendet werden. Nur für die äußeren Wände benötigt man wetterbeständigere Eichenholzbretter.

Dies alles: ressourcenschonendes und damit umweltfreundliches Bauen mit einem nachwachsenden und recyclungsfähigen Rohstoff, dokumentiert ein Stück Nachhaltigkeit und somit einen verantwortungsvollen Umgang mit der Schöpfung. Das war ganz nach dem Geschmack des auch sonst sparsam wirtschaftenden Biologen und Ökologen Gottfried Vauk.

So ungewöhnlich wie die Kirche ist auch der Altar. Er besteht aus einem Flügeltriptychon und kann 7000 „Erdbücher" – Erdproben von 7000 Orten der Erde – aufnehmen. Die Idee für diesen ungewöhnlichen „Eine-Erde-Altar" stammt von der Künstlerin Marianne Greve, für die Erde in ihrer natürlichen Form ein weltumspannendes Symbol und einen gemeinsamen Wert für alle Menschen darstellt.

Die Kirche ist inzwischen eine weit über die regionalen Grenzen hinaus bekannte Attraktion geworden. Sie wird auch in den Medien gebührend gewürdigt und ist nicht zuletzt ein Anziehungspunkt für viele Architekten, die sich hier Impulse für ihre Arbeit holen.

Abschließend noch einige Sätze aus dem Beitrag, den uns der bereits genannte Geschäftsführer des Weltforum Wald, Michael Wedler, im August 2004 übersandte (9):

„Während der Jahre 1995 bis 2000 hatte ich das Glück, mit Prof. Dr. Vauk zusammenzuarbeiten. (...) Das Gesamtvorhaben mit dem ambitionierten Namen Weltforum Wald genoss breite politische Unterstützung und versammelte, initiierte, finanzierte und koordinierte kleinere und größere Entwicklungsprojekte ... mit einem Volumen von ca. 20 Millionen Mark. (...)

Wir waren ein maßgeschneidertes Team für eine anspruchsvolle Aufgabe. Was mit Vauks Charisma, Ungeduld, Durchsetzungsvermögen und auch weit in die

Politik reichenden Kontakten nicht zu bewegen war, löste ich diplomatisch. (…) Natürlich war Vauk wegen seiner Eigensinnigkeit und Emotionalität nicht unumstritten, und einige verschätzen sich in ihm, wenn sie seine Leidenschaft und sein Beharrungsvermögen mit Altersstarrsinn verwechselten. (...)

Unser Weltforum funktionierte nicht des Geldes wegen, sondern weil es Vauk verstand, Menschen unterschiedlichster Couleur einzubinden. (…) Vauk ist ein Publikumsmensch. Er hat ein sehr individuelles Charisma und die rhetorische Gabe, auch ganze Säle mit 1000 Personen innerhalb kurzer Zeit für sich zu gewinnen ...

Spätestens … zum Ende der Laufzeit vom Weltforum Wald wurde jedem bewusst, dass der Triumph dieses EXPO-Beitrages der Verdienst des Sonderbeauftragten war." (...)

Die „Eine-Welt-Kirche" in Schneverdingen

Vom Trost der Bäume – die Vauk-Eiche

Fast zeitgleich mit dem Ende der EXPO beging Gottfried Vauk am 5. Oktober 2000 seinen 75. Geburtstag.

Auf eine private Geburtstagsfeier verzichtete der Jubilar an seinem Ehrentag. Sie wurde aber am 28. Oktober im Camp Reinsehlen nachgeholt, das inzwischen zu einer modernen und unter ökologischen Gesichtspunkten entwickelten Hotelanlage und Begegnungsstätte ausgebaut worden war. Hier versammelten sich, neben einigen offiziellen Vertretern aus der Region, Familienangehörige sowie Freunde und Bekannte aus den vergangenen Jahren und Jahrzehnten um ihren Doc. Natürlich waren etliche Weggefährten aus den langen Jahren seines Wirkens auf Helgoland unter ihnen. Es erklangen die aus dieser Zeit bekannten Jagdhornsignale, und es wurde in Beiträgen und Bildern an jene unvergessliche Zeit erinnert.

Über mehr als alle Gratulationen, Dankesworte und Lobeshymnen freute sich Gottfried Vauk jedoch nach eigenem Bekunden über eine Ehrung, die ihm erst einige Wochen später zuteil wurde. Am Walderlebniszentrum Ehrhorn, einem EXPO-Unterprojekt, an dessen Entstehung er ebenfalls mitgewirkt hatte, wurde Gottfried Vauk in einem feierlichen Rahmen eine der dort in unmittelbarer Nähe des Ausstellungsgebäudes stehenden alten Eichen gewidmet. Die vor dem Baum aufgestellte und ebenfalls aus Eichenholz angefertigte Tafel enthält folgende Inschrift:

Vauk-Eiche
Anlässlich seines 75. Geburtstages
in Anerkennung seiner Verdienste
um den Landkreis Soltau-Fallingbostel
und das Weltforum Wald
Herrn Prof. Dr. Vauk gewidmet.

In der in Soltau erscheinenden Böhme-Zeitung erschien einige Tage später, am 27. November 2000, unter dem Titel „Vauk-Eiche würdigt Verdienste“ ein Artikel über die Ehrung (10). Der Berichterstatter schreibt unter anderem über die Ausführungen des Landrates:

(...) *„Landrat Hermann Söder machte deutlich, dass ganz bewusst eine alte, knorrige Eiche ausgewählt wurde, da so ein urwüchsiger Baum am besten den Charakter von Professor Vauk widerspiegele: Bodenständig, den Stürmen des*

Lebens trotzend, sich nicht verbiegen lassen und unbeirrbar in seiner Meinung seien die charakteristischen Wesenszüge des langjährigen Sonderbeauftragten des Landkreises."

Als wir, zusammen mit Erika und Gottfried Vauk, an einem schönen Oktobertag 2004 die Eiche und ihre Umgebung kennen lernten, erlebten wir unmittelbar, dass ihm diese Ehrung sehr viel bedeutete und sein Innerstes erreichte. Hier und nicht, wie es auf den ersten Blick scheinen mag, im geschäftigen und lauten Tun und Handeln liegen die wichtigsten und tiefsten Wurzeln seines Wesens – auf die im zweiten Teil der Biographie wiedergegebenen und leicht erstaunten Worte des Forstamtsleiters Udo Hanstein über Vauks jagdliche Passion sei hingewiesen (11).

„Wer könnte leben ohne den Trost der Bäume."

Dieses bekannte Zitat des Schriftstellers Günther Eich wurde von uns gekürzt und nicht, wie im Original, als Frage formuliert, weil wir wissen, dass Gottfried Vauk ohne den Wald und ohne den Trost der Bäume nicht leben kann. Wir haben aus seinen Erzählungen immer wieder erfahren, wie sehr ihn die Jahre seiner Kindheit geprägt haben, wenn er – zunächst mit seinem Vater und dann allein – durch die Wälder seiner pommerschen Heimat streifte. Wir haben viele Jahre lang erlebt, wie er sich im Fanggarten der Vogelwarte auf Helgoland um die wenigen dort wachsenden Bäume kümmerte, und wir haben ihn auf einsamen Reviergängen begleitet und gespürt, dass dort in der Natur und in den Wäldern sein eigentliches und wahres Zuhause ist.

Die Vauk-Eiche stellt mit ihrem Widmungstext eine Verbindung her zwischen Gottfried Vauk als dem Mann der Stille, der Einkehr und der tiefen Gedanken und dem Mann der Tat, dem engagierten und unermüdlichen Anwalt für eine Bewahrung der bedrohten Schöpfung. Die Symbolkraft des Wuchses und der Gestalt von alten Bäumen, insbesondere von alten Eichen, hat seit jeher die Menschen beschäftigt. Landrat Söder hatte wohl Recht, wenn er glaubte, den Geehrten dort wiedererkennen zu können.

Gottfried Vauk und die Jagd

„Guten Tag, sind Sie der Förster von Helgoland?" „Ja!" „Auf der Düne haben wir Seehunde gesehen. Laichen die hier?" „Ja, die laichen hier!" – Gottfried Vauk im „outfit" eines Försters wurde auf Helgoland oft mit Fragen konfrontiert, die wenig oder gar keine biologischen Grundkenntnisse verrieten. Dass er sie dann nicht korrekt beantwortete und, wie hier, die Fragesteller darauf hinwies, dass Seehunde Säugetiere sind und folglich nicht, wie Fische, laichen, hat ihm zwar großen Spaß gemacht, aber nicht unbedingt Freunde gebracht.

Gottfried Vauk, der „Fänger von Helgoland", der „Förster von Helgoland" und passionierte Jäger von früher Jugend an. Wie konnte er auf der kleinen Insel in der Nordsee seiner jagdlichen Passion frönen? Nun, er durfte dort aufgrund einer Ausnahmegenehmigung eine Waffe führen, zum einen, um die Lummen, die dort auf Deutschlands einzigem Vogelberg brüten, vor den räuberischen Silbermöwen zu schützen, und zum anderen, um für nahrungsökologische Untersuchungen und verschiedene weitere wissenschaftliche Fragestellungen Material zu sammeln. Hierzu gehörten die Ölpest sowie die Belastung von Seevögeln mit Schwermetallen, aber auch parasitologische Untersuchungen. Nebenbei wanderte auch manch ein Helgoländer Wildkaninchen in die Küche der Inselstation. Darüber hinaus hatte er sich die Möglichkeit geschaffen, auch am Festland seiner jagdlichen Passion nachzugehen. So übernahm er Aufgaben in einem Lehrrevier des Landesjagdverbandes von Schleswig-Holstein in Grönwohld und fuhr, wie erwähnt, häufig an den Neusiedler See in Österreich, um dort „beim Leiner" in Neusiedl neben ornithologischen Untersuchungen auch zu jagen. Er erhielt die Gelegenheit zur Mitpacht eines Reviers in der Lüneburger Heide und wurde schließlich Pächter einer Eigenjagd in der Nähe seines jetzigen Wohnortes bei Schneverdingen. Außerdem wurde er häufig zur Jagd eingeladen. In den letzten Jahren hatte er im staatlichen Forstamt Sellhorn reichlich Gelegenheit zur Jagdausübung.

Die Beschäftigung mit wildbiologischen und mit jagdpolitischen Fragen lag also auf der Hand, und dass er seine Meinung, gefragt oder ungefragt, zu artikulieren verstand, muss wohl nicht mehr betont werden. Dies führte dazu, dass er sein Wissen und seine Meinung in zahlreichen

Publikationen in der regionalen und überregionalen Fachpresse veröffentlichte und zu einem gefragten Referenten auf Versammlungen von Jagdverbänden wurde. Wie sehr seine Meinung zählte, geht auch aus der Tatsache hervor, dass er Berater beim Präsidium des Landesjagdverbandes Niedersachsen wurde und zwei hohe jagdliche Auszeichnungen erhielt: Am 07.03.1991 wurde im Beisein des damaligen Hamburger Bürgermeisters Henning Voscherau und der Frau des ehemaligen Bundeskanzlers, Loki Schmidt, der renommierte „Hamburger Preis für Jagdpolitik“ an ihn vergeben, und am 19.04.2002 erhielt er von der Martin Luther Universität in Halle die „Ehrenmedaille der Gesellschaft für Wildtier- und Jagdforschung“. In den Beiträgen im zweiten Teil befinden sich Auszüge aus den aus diesem Anlass gehaltenen Laudatien (1, 2).

Auf den ersten Blick verblüfft vielleicht die dort bei der Würdigung seiner Verdienste nachzulesende Aussage, dass er „integrierend auf Jagd und Naturschutz gewirkt“ hat. Konnte ein Raubein und Poltergeist wie er überhaupt integrieren? Er konnte es deshalb, weil er beides war: urwüchsiger und glaubwürdiger Jäger und gleichzeitig engagierter und anerkannter Umweltschützer. Auf beiden Feldern war er kompetent und bemüht, Verständnis füreinander zu entwickeln und Brücken zu bauen.

Überzeugend war Gottfried Vauk auch in einem weiteren und die Jagd im engeren Sinne betreffenden Bereich. Als einer, der zu ihnen gehörte, weil er sein Handwerk von der Pieke auf gelernt hatte, erreichte er seine Jagdkollegen vor allem im emotionalen Bereich wie kaum ein Zweiter, wenn es darum ging, jagdliches Verhalten zu reflektieren und die Legitimation der Jagd zu begründen. Der folgende, leicht gekürzt wiedergegebene Beitrag aus seiner Feder ist hierfür ein gutes Beispiel (3).

Jagd ist eine Sache auf Ehrenwort

Hobby?
Als ich vor einiger Zeit im Verlaufe einer Unterhaltung von einem jungen Förster den Satz hörte. „Es ist doch schön, dass Jäger in meinem Revier ihrem Hobby nachgehen können!", reagierte ich zunächst gar nicht.
In meinem Kopf blieb aber die Wortbildung „Hobby – Jagd" hängen.
Ist Jagd aber ein Hobby wie so manch anderes, für das sich dieses Wort eingebürgert hat?
Es gibt sehr viel verschiedene Hobbies: Skilaufen, Reiten, Briefmarken- oder Bierdeckelsammeln. All diese Tätigkeiten können Menschen begeistern und ihre Freizeit mehr oder minder völlig sinnvoll ausfüllen. Es soll auch ein persönlicher „Kick" sein, sich von einer hohen Brücke, an den Beinen mit einem Gummiseil gefesselt, in die Tiefe zu stürzen. Wahrlich ein „Hobby"!
Jagd und Jagen ist nun aber in der letzten und ehrlichen Konsequenz ein auf Beute machen, auf das Töten und die Nutzung eines Tieres ausgerichtetes Denken und Handeln. Da wird wohl endgültig klar, dass dieses Tun kein „Hobby", keine „Liebhaberei" sein kann.
Jäger sollten auch nicht vergessen, dass sie die Jagd mit tödlichen Waffen ausüben. Allein diese Tatsache ist ein gewaltiger Unterschied zu anderen Tätigkeiten. Eine Waffe zu besitzen und benutzen zu dürfen, fordert vom Jäger, anders als von anderen Freizeitnutzern, ein hohes Maß an Disziplin und Verantwortungsbewusstsein.
Im gesamten Ablauf der Tätigkeiten und Gedanken eines Jägers gibt es aber andererseits mit Sicherheit Teilaspekte, die Hobbycharakter haben. Ich denke z. B. and die Wiederlader, die in mühsamer Arbeit ihre Munition weitgehend selber fertigen. Auch der Jäger, der neben seinem jagdlichen, auf Beute gerichteten Tun ein leidenschaftlicher Amateurornithologe ist, hat Vogelbeobachtungen zu seinem Hobby gemacht. Dies ändert aber nichts daran, dass das Töten von Tieren kein Hobby sein kann.

Passion?
„Der Jäger hat Passion!"
Diese Aussage über einen Jäger hörte man vor Jahrzehnten erheblich häufiger als heute.
Das hängt sicher damit zusammen, dass in dieser Zeit die Ausübung der Jagd viele Strapazen mit sich brachte, für den Jäger selbst, wie auch für andere beteiligte Personen. Weite Wege zu Fuß gehen, mit dem Fahrrad fahren, allenfalls stand mal ein Pferd zur Verfügung. Neben dem erheblichen Zeitaufwand erfor-

derte das harten körperlichen Einsatz, auch bei widrigem Wetter. Das galt sogar für die Hunde. Auf dem Rucksack oder, wie bei meinem Vater, auf einer Winterdecke vom Reh, harrten sie, abgelegt auf nassem oder gefrorenem Boden oder im Schnee, stundenlang aus.
Wer weiß noch, dass bis vor wenigen Jahren eine mangelhafte Ausrüstung Passion und Selbstdisziplin erforderte, wollte man erfolgreich jagen. Wetterschutz im nahen Auto – Fehlanzeige, Ferngläser und Zielfernrohre in heutiger Qualität – Fehlanzeige! Dieser inzwischen erzielte „Fortschritt" verführt den heutigen Jäger all zu oft dazu, über das Ziel hinauszuschießen (im doppelten Sinne) und seiner Passion freien Lauf zu lassen.
Selbstdisziplin um des Wildes und des eigenen Gewissens willen sind dann leicht vergessen.
Die Notwendigkeit, Passion zu haben und diese der Vernunft und dem Gewissen zu unterwerfen, ist eine der wichtigsten Erfahrungen, die ein junger Mensch bei der Jagd machen und die er letztlich in allen Lebensbereichen anwenden kann. Bei aller Notwendigkeit der heute erforderlichen breiten jagdlichen Ausbildung sollten diese menschlich-charakterlich wichtigen Aspekte nicht vergessen oder vernachlässigt werden.
„Jagd ist eine Sache auf Ehrenwort", pflegte mein Lehrprinz mir immer wieder einzuhämmern.
„Du bist mit Dir selbst und Deiner Waffe allein im Wald. Keiner kann Dich kontrollieren. Schärfe Deinen Verstand, Deine Selbstkritik und Deine Selbstdisziplin. Höre auf Dein Gewissen, dann wirst Du vor Dir selbst, vor dem Wild und vor anderen Menschen bestehen können.
Fehlverhalten, Selbstüberschätzung, Betrug und Selbstbetrug werden Dich verfolgen und letztlich zur Katastrophe führen."
Natürlich taucht auch immer wieder die Frage auf, warum es Menschen gibt, die diese Jagdpassion leben und andere ganz offensichtlich nicht. Ich glaube, dass es da bereits zu der Zeit, als wir noch vom Sammeln und Jagen lebten, individuelle Unterschiede gab. Der Eine war ein passionierter und damit erfolgreicher Jäger, der Andere konnte oder wollte keine Tiere verfolgen und töten, konnte aber hervorragend Pfeile, Bögen und Lanzen herstellen. Vielleicht fand er einen Partner, der ihm als guter Jäger das lebensnotwenige Fleisch lieferte, und er ihm dafür Waffen und „Munition" gab. Beiden war geholfen und die Arbeitsteilung erfunden! (…)
Das Töten von Leben – übrigens auch von pflanzlichem Leben – für das eigene Leben ist Voraussetzung auch für den Menschen. Auch wenn heute Wildschäden in Wald und Feld vielfach durch Geld zu begleichen sind, bleibt es eine Aufgabe des Jägers, diese Schäden durch jagdlichen Einsatz so gering wie möglich zu halten.

Gerade Wildschäden im Wald können unabsehbare Schäden für das Ökosystem nach sich ziehen. Seuchengänge bei den landwirtschaftlich-industriell genutzten Tieren können sich durch zu dichte Wildbestände sehr schnell weiter verbreiten. Nur intensive Bejagung, vor allem eine starke Reduzierung des Schwarzwildes, kann hier Abhilfe schaffen – eine Aufgabe, die den ganzen Jäger fordert. Durch das Bundesjagdgesetz wird den Jägern die Erhaltung eines artenreichen und gesunden Wildbestandes als Aufgabe gestellt. Beim Schalenwild bedeutet dies – in Ermangelung des großen Raubwildes – eine nachhaltige Bejagung und damit Bestandsregulierung. Auch diese Aufgabe ist nicht leicht zu erfüllen und bedarf der ständigen kritischen Überprüfung des eigenen Vorgehens. (…)
Wie auch immer, wenn die Jagd „Hobby" werden sollte, nur noch der Befriedigung der eigenen Passion dient, wird sie in unserer Gesellschaft keine Überlebenschance haben, degenerieren und über kurz oder lang in der heutigen Form verschwinden.
Jäger und Förster haben, wie Umfragen beweisen, in der breiten Bevölkerung immer noch einen guten Ruf. Diesen gilt es zu erhalten, durch gute Beispiele im Umgang mit anderen Menschen und für andere Menschen, für das Wild, für die Natur, für die Erfüllung von sich stellenden Aufgaben.
Was ist also die Jagd?
Aufgabe ja – Hobby nein!"

Spuren, die bleiben

Diese Formulierung allein sagt noch nicht viel. Spuren können sich im Nichts verlieren oder auf der Suche nach dem richtigen Weg in die Irre führen. Christiane Averbeck und Volker Riehl stellen in ihrem uns übersandten Beitrag die gewiss etwas bizarre Frage, ob Gottfried Vauk, wäre er in Afrika geboren, das Zeug zu einem war lord, einem Kriegsherrn also, oder gar zu einem Erweckungsprediger gehabt hätte (1). Beide haben Anhänger und Gegner, werden unterstützt und verfolgt, verehrt und gemieden.

Gottfried Vauk kommt von weit her.

Das gilt in mehrfacher Hinsicht. Wir haben versucht, möglichst genau hinzuhören, wenn er uns sein Leben schilderte. Stets spürten wir die Gefahr, die einzelnen Stationen lediglich aufzuzählen. Das jedoch war nicht unser Ziel. Sie zu bewerten, hätte uns dagegen überfordert. Dies gilt insbesondere für die ersten dreißig Jahre seines Lebens. Wir spürten an seinem ganz konkreten Beispiel, welche Last Menschen seiner Generation vom Schicksal auferlegt wurde und wie schwer sie noch heute daran tragen.

Wir haben versucht, Vauks Leben und Wirken vor diesem Hintergrund zu beschreiben und zu schildern, wie es ihm vor allem unter den besonderen Bedingungen des Lebens auf Helgoland gelang, sich aktiv und konstruktiv mit seiner Vergangenheit auseinander zu setzen. Wir haben miterlebt, wie er zunehmend beachtet und geachtet wurde – als Mensch und als Wissenschaftler.

Unruhestifter, Querdenker, Rufer, Mahner, Warner und *„Fänger von Helgoland"*. – So nennt man keinen, der sich in sein Studierzimmer einschließt und seine Ruhe haben will. Und immer wieder hörten wir Begriffe wie Glaubwürdigkeit, Authentizität, Faszination, Charisma und Dank. Aus hochrangigem Munde wurde er als *„ein Freund und Typ, wie man ihn heute ... mit der Lupe suchen muss"* bezeichnet und als *„ein Mann, der Brücken gebaut"* (2) und *„seine Pflicht für künftige Generationen erfüllt hat"* (3) und gar zum *„Kap der Guten Hoffnung"* wurde (4).

Wir haben eine ganze Anzahl von weiteren Beiträgen erhalten, in denen uns mitgeteilt wird, welchen Eindruck und welche Spuren Gottfried Vauk bei den Absendern hinterlassen hat. Aus einigen haben wir bereits zitiert.

Hunde begleiteten ihn sein Leben lang:
Gottfried Vauk mit seiner Weimaranerhündin „Peggy" im Sommer 2004

Viele weitere werden vollständig oder auszugsweise im zweiten Teil wiedergegeben.

Und wo sind seine Kritiker, diejenigen, denen das, was er sagte und vor allem, wie er es sagte, nicht gefiel und die sich von seiner oft dominanten, schroffen und überheblichen Art abgestoßen fühlten? Natürlich gibt es sie, nicht nur vereinzelt, aber wir haben sie im doppelten Sinne des Wortes nicht erreicht, obwohl wir uns darum bemüht haben. Wir kennen seine nur schwach ausgeprägte Fähigkeit zur Selbstkritik und seinen Hang zum Aufbrausen bis hin zu fast maßlosem Zorn. Wir kennen auch die Kritik, die ihm egozentrisches Verhalten, ein übersteigertes Geltungsstreben und eine gehörige Portion Rücksichtslosigkeit vorwirft. Wir sind darauf nicht näher eingegangen. Insofern muss dieser Versuch eines Porträts mit dem möglichen Vorwurf leben, einseitig zu sein.

Auch andere Aspekte sind möglicherweise etwas zu kurz gekommen. – Hätte es zu einem besseren Verständnis seiner Person beigetragen, wenn wir z. B. auf die Rolle und die Bedeutung der zahlreichen weiblichen Stationshelfer eingegangen wären, die auf die Insel kamen und von denen sich viele in besonderer Weise von ihm angezogen fühlten? Wir wissen es nicht. „Gottfried Vauk und die Frauen" – ein solches Kapitel war zunächst vorgesehen. Es blieb ungeschrieben.

Gottfried Vauk lebt heute mit seiner dritten Frau, Erika, zusammen. Er hat aus seinen beiden ersten Ehen drei Kinder und zwei Enkelkinder. Doch ein Familienmensch ist er nicht. Als er im Oktober 2000 seinen 75. Geburtstag feierte, zählten auch sein ältester Sohn Wulf und seine Schwiegertochter Marianne zu seinen Gästen. Erika hatte die unterbrochene Beziehung zwischen ihnen wieder hergestellt. – Der Kontakt zu seinem im Ausland lebenden Sohn Armin ist abgebrochen. Seine Tochter Undine starb vor wenigen Jahren.

Sicher hatte er immer Menschen in seiner Nähe, denen er sich verbunden fühlte und denen er sich anvertraute. Aber wenn man ihn nach echten Freunden fragt, kommt er ins Grübeln und nennt dann zwei oder drei Namen aus lange zurück liegenden Zeiten.

Es ist still geworden um den Mann, der es gewohnt war, im Mittelpunkt zu stehen, und der es verstand, viele Menschen um sich zu scharen. Gottfried Vauk hat die Bühne seines öffentlichen Wirkens verlassen und die Scheinwerfer sind verlöscht.

Spuren, die bleiben. ... Wie werden sie aussehen, welche werden es sein, welche Bilder, welche Erinnerungen werden bleiben? Wir haben die Antwort gegeben, die uns möglich war. In unseren Gesprächen in seinem

Haus in Schneverdingen hat Gottfried Vauk versucht, Bilanz zu ziehen, *„total erschöpft"*, wie er uns einmal sagte. Immer wieder kommt er dabei auf die – wie er es nennt – *„biologische Dimension"* des Menschen zu sprechen, auf das *„denkende Säugetier Mensch"*, diese ständig und durchaus auf provozierende Weise verwendete Formulierung, mit der er seine Gesprächspartner und Zuhörer auf seine Weise aufrütteln wollte – auch und gerade im Angesicht von Ölpest, Vermüllung und chemischen Schadstoffen in der Nordsee. Die *„biologische Dimension des Menschen"*, so sagt er, *„hindert uns daran, das Paradies auf Erden zu schaffen, aber es hindert uns nicht daran, durch verantwortungsvolles Handeln winzige Schritte dorthin zu tun."* Und weiter: *„Ich wäre daran erstickt, wenn ich nicht das getan hätte, was ich glaubte, tun zu müssen."*

Es sind diese Augenblicke und Aussagen, die ihn für viele zum Vorbild werden ließen.

Bevor wir uns nach einer unserer Begegnungen im Sommer 2004 zu später Stunde von Gottfried und Erika Vauk verabschiedeten, erzählte er uns folgende kleine Geschichte, die er selber erst kurz vorher gehört hatte:

„In einer norddeutschen Kleinstadt erschien eines Tages ein nicht mehr ganz junger Mann in der Praxis eines Facharztes für Psychiatrie und Nervenheilkunde. Er erzählte dem Arzt, dass er zunehmend unter Schlaflosigkeit leide und ein ganzes Bündel von Problemen mit sich herumtrage. Sie würden ihm zusehends zu schaffen machen. Seine Lebensfreude sei dahin und er wisse nicht mehr, was er machen solle.

Der Arzt hatte ihm aufmerksam zugehört und erklärte dann, dass er auch keinen rechten Rat wisse. Aber, so sagte er dem Besucher, dieser solle doch einmal in den kleinen Zirkus gehen, der seit einigen Tagen seine Zelte am Rande der Stadt aufgeschlagen habe. Dort, so habe ihm ein Freund erzählt, trete ein Harlekin auf, der es auf ganz unnachahmliche, ja faszinierende Weise verstehe, die Besucher anzusprechen und zum Lachen zu bringen.

‚Ach, wissen Sie, Herr Doktor', antwortete darauf hin der fremde Besucher, *‚dort brauche ich gar nicht hinzugehen, dieser Harlekin bin nämlich ich.' "*

An diesem Abend fuhren wir sehr nachdenklich nach Hause.

„Es ist also gute Zeit, sich an Prof. Dr. Gottfried Vauk zu erinnern …“

Klaus Töpfer

Ritual und Veränderung

Einige Bemerkungen zu einem scheinbaren Paradox

Was wäre aus Gottfried Vauk geworden, wäre er in Afrika geboren? Ein *war lord*, der sich mit einer verwegenen Schar von Spießgesellen an die Macht putscht, um sich für eine bessere Welt einzusetzen? Möglicherweise ein charismatischer Erweckungsprediger mit eigener Kirche und großer Gefolgschaft? Oder gar ein weißer Berufsjäger im afrikanischen Busch?

Alle drei Tätigkeiten erfordern gewisse Charakterzüge, die Gottfried in sich vereint: Ein gewisses Maß an gesunder Exzentrik und aufrechter Authentizität sowie die Fähigkeit, Menschen zu faszinieren und anzuspornen. Alle diese Eigenschaften verpuffen wirkungslos, sind sie nicht eingebunden in sich regelmäßig wiederholende Ritualtechniken, die die eigene gesellschaftliche Position gleichsam erhöhen und das Gewebe der rituellen Gemeinschaft entstehen lassen und stärken. Wenn du mit anderen zusammen ein Ritual gestaltest, hast du damit „Zeugen“ für dein Tun, sie können dich bestätigen und bekräftigen.

Von traditionell lebenden Völkern wissen wir, dass regelmäßig praktizierte Rituale wie Hochzeits- und Jagdkulte, Initiationsfeste und Ahnenopfer einen gesellschaftlichen und individuellen Wandlungsprozess einleiten, der für den Fortbestand und die Weiterentwicklung der Gemeinschaft notwendig ist. Doc (wie er ja von vielen genannt wurde) hat es wie kein anderer verstanden, eben diese Rituale an der Vogelwarte und später an der Norddeutschen Naturschutzakademie einzusetzen.

Wir waren Teil der Helgoländer und Schneverdinger Gemeinschaft, praktizierten alltägliche Handlungen, die zu Ritualen wurden: das ornithologische Tagebuch mit „mehrfach mehreren und einfach einzelnen Vögeln“ auf dem Zug, Möwenschießen am Vormittag, *absoluter* Mittagsruhe,

Kaffeetrinken in der Bibliothek, Wildschweinbraten und Hausdepp, Silvesterkolloquium mit Kartoffelsalat und „den-Säbel-über" und natürlich „Sieben-Liter-Brühe" am Morgen danach. Nicht zu vergessen der Initiationsritus, mit dem Doc alljährlich einer Frau und einem Mann öffentlich das Du anbot. Man könnte die Liste noch unendlich fortführen.

Auch noch fast zwanzig Jahre nach dem Weggang von Gottfried von der Vogelwarte bestehen viele Freundschaften, die auf Helgoland geknüpft wurden. Grund dafür sind auch die Rituale, die uns zusammengeführt haben: das gemeinsame Arbeiten und Feiern.

Vor nunmehr dreißig Jahren haben wir Gottfried Vauk kennen gelernt. Wir gehörten, wenn man so will, nicht zu den „Gründern" der Inselstation nach dem Krieg, sondern zu einer späteren Generation. Mitte der siebziger bis in die achtziger Jahre waren wir regelmäßig Stationshelfer und Forschungsmitarbeiter/in. Gottfried hat nicht nur unsere Berufs- und Partnerwahl, sondern auch unser Welt- und Menschenbild beeinflusst und geprägt.
Aus der Vogelwarte, der Welt der Rituale heraus, haben wir *unsere* Ideen für eine Veränderung der Welt entwickelt. Durch Doc motiviert und mit dem Gefühl, dass jeder Mensch einen Beitrag zur Verbesserung dieser Welt leisten kann, sind wir Soziologe und Biologin geworden. War Doc nicht selbst ein ökologisierender Soziologe oder ein soziologisierender Ökologe? Das Wissen um die Biologie reicht nicht, wenn man im Natur- und Umweltschutz etwas bewegen will. Erst durch die Berücksichtigung und Einbeziehung des Menschen in unser Denken und Handeln kann ein Naturschützer Veränderung erzeugen. Durch Docs Vorbild, seinen Mut und seine Zivilcourage angespornt, wollen auch wir etwas in dieser Welt bewirken. Ein Job um des Jobs willen – das hat Doc nie interessiert. Nur durch eine Politik der kleinen Schritte, mit Diplomatie und Verhandlungsgeschick und viel Arbeit und Engagement, kann etwas bewegt werden. Es kann etwas bewegt werden. Es lohnt sich. Die Rituale und das Gewebe der rituellen Gemeinschaft helfen dabei. Sie geben Halt und Orientierung, wenn man einen neuen Weg sucht. Das Netz der Freunde und Bekannten hilft, wenn man nicht mehr weiter weiß.

Die Lage ist ernst. Trotzdem darf der Spaß nicht zu kurz kommen. Viele Geschichten und Anekdoten von Doc haben wir mehrmals gehört und zwar immer etwas modifiziert. Die Frauen wurden schöner und hysterischer, die Hunde wilder und die Männer betrunkener. Aber was spielt es für eine Rolle, ob es tatsächlich wirklich so passiert ist? Wichtig war und ist doch nur, dass die Geschichte unterhält und dass sie zur Mythenbildung beiträgt. Denn das gehört auch zu einer Führungspersönlichkeit, nicht nur die Rituale, sondern auch die Mythen, die sie selbst und andere um sie ranken.

Wie wir aus der Biologie wissen, ist es nicht immer einfach für und mit einem Alpha-Männchen zu leben und zu arbeiten. Unterordnung ist nicht jeder Fraus und Manns Sache, zumal, wenn man die Ansichten des Chefs nicht zu hundert Prozent teilt. Aber man lernt auch, mit dem Alpha-Männchen umzugehen. Irgendwann weiß man, dass Kritik vor Dritten zur Verärgerung führt. Da ist es besser, das Zweiergespräch zu suchen. Im Zweiergespräch gibt Doc uns die Chance, sich an ihm zu reiben und Kritikpunkte abzuarbeiten. Die klare Sprache, seine Aufrichtigkeit und auch die Schwäche und Verletzbarkeit, die er zeigt, machen das Alpha-Männchen zu einem erträglichen Alpha-Männchen.

Zurück zum Anfang: Alle drei Berufsfelder, der *charismatische Erweckungsprediger*, der *war lord* und der *Berufsjäger* stehen nicht auf der Liste der „Agentur für Arbeit". Sie sind eher untypisch hierzulande für eine geregelte, ordentliche berufliche Betätigung bis zur Pension. Und doch verkörpert Doc typische Eigenschaften dieser professionellen Exoten. Er ist ein *war lord*, wenn es um seinen Kampf für den Natur- und Umweltschutz geht. Jeder Erweckungsprediger erblasst vor Neid angesichts Docs unnachahmlichen Talents, Jung und Alt um sich zu scharen.

Doc ist ein Grenzgänger, und diese Typen sind immer schwierig! Doc hat Grenzen und Regeln überschritten. Er hat die Welt ein Stück weit zum Positiven verändert. Rituale machen diese Wechsel nach außen verständlich und auch möglich.

Dr. Christiane Averbeck,
Geschäftsführerin des Bundesprogramms „Bildung für nachhaltige Entwicklung", Berlin

Dr. Volker Riehl,
Entwicklungspolitischer Beauftragter des Hilfswerks Miserior, Berlin

Gottfried Vauk – ein Typ, wie man ihn heute mit der Lupe suchen muss

(...) Gottfried Vauk ist einer der ganz wenigen engagierten und praxiserfahrenen Naturschützer, der über einen ausgeprägten Fernblick, über menschliches Fingerspitzengefühl und dazu noch über eine treffende Rhetorik und strenge Konsequenz verfügt, die jedermann positiv erreicht. Er weiß genau, dass der Hauptgrund dafür, dass heute so viel Ungezogenheit ungeschoren durchkommt, in der Wohlerzogenheit der Mehrheit der Bevölkerung zu suchen ist. Als ich Gottfried Vauk als junger Forstamtsleiter in den siebziger Jahren auf „seiner" Insel Helgoland kennen lernen durfte, traf ein „pommerscher Haudegen" mit einem „ostpreußischen Dickschädel" zusammen. Sofort wurde auf „gleicher Wellenlänge" gefunkt, weil Gottfried Vauk geradezu sprichwörtlich die heute alternativlose, aber immer noch viel zu wenig bekannte Gewinner-Gewinner-Strategie lebt und verkörpert. Er hat immer gewusst, dass man die Menschen dort abholen muss, wo sie sind, dass es im Naturschutz zuerst um Mehrheiten geht und dass man tragfähige Kompromisse braucht. (...) Es bedarf energischer, gerader, nicht verletzender, aber dennoch effektiver und möglichst auch stimmgewaltiger Äußerungen von Fachleuten.

Genau über diese einmalige Gabe, alles positiv miteinander zu verbinden, den Gegner nicht über den Tisch zu ziehen, sondern zu überzeugen, hat Gottfried Vauk immer besonders verfügt. Er hat sein Hemd nicht in den Wind gehängt, weder auf Helgoland, noch in der Norddeutschen Naturschutzakademie, noch in der gesamten Öffentlichkeit, obwohl ihm der bürokratische Wind gerade auf dem Festland immer besonders entgegen pfiff. Immer packte Gottfried Vauk die Probleme am Kopf und scheute dabei keine klaren Worte, die man heute viel zu wenig hört. (...)

Gottfried Vauk war schon vor dreißig Jahren einer der ersten, der Brücken gebaut hat, der gerade und weit nach vorn blicken und jedem sagen konnte, was er denkt, ohne Porzellan zu zerschlagen, der die Gewinner-Gewinner-Strategie als Voraussetzung dafür erkannt hat, dass der Naturschutz die großen Fortschritte machen kann, die er – heute mehr denn je! – braucht. Naturschutz kann nur gewinnen, wenn die Mehrheit der Bevölkerung hinter ihm steht. Mehrheiten gewinnt man nicht mit Verboten, nicht mit Bedenken und unnötigen Auflagen, sondern mit vernünftigen Gemeinsamkeiten.

Dafür werden gerade heute viel mehr Menschen vom Schlage Gottfried Vauks gebraucht, denen er Vorbild sein kann.

Dr. Wolf-Eberhard Barth,
Leitender Forstdirektor a. D., ehemaliger Leiter des Nationalparks Harz, Oderhaus/Harz

Phantasievoller Robinson und listenreicher Odysseus

Rückblickend kommt es mir so vor, als sei die erste Überfahrt von Cuxhaven nach Helgoland mit dem damaligen Postschiff „Atlantis“ bereits Teil unseres Kennenlernens des Vogelwarten-Pioniers Gottfried Vauk gewesen. Irgendwie passte dies zu seinem bisweilen ungestümen Wesen. In Wirklichkeit erwartete er uns Gäste an jenem stürmischen Tage gelassen am Kai.

Abfahrt am Morgen des 4. Oktober 1956 in Cuxhaven bei Sturmwarnung – soweit ich mich erinnere, waren Windstärke acht oder neun mit Böen darüber angekündigt. Nach Passieren des Feuerschiffs „Elbe 1“, das zu dieser Zeit „haushohe Wellen“ meldete, ging es im „Hamburger Loch“ so richtig los: Auf den Wellenkämmen geriet die Schiffsschraube aus dem Wasser und drehte hochtourig durch. Alsbald stellte sich der Steuermann auf diesen Rhythmus ein, indem er den Motor rechtzeitig stoppte – Stille, nur Tosen von See und Wind. Wie ein Schlitten vom Berge schoss das Schiff ins Wellental, nahm unten Wasser über, das bis in Hüfthöhe über die Deckplanken spülte. Die Eingangsluke war inzwischen wasserdicht zugeschraubt, alle Passagiere unter Deck – außer zweien auf der Heckbank, die sich an der Reling und aneinander festklammerten: der zweiundsiebzigjährige Prof. Dr. Hans Freiherr Geyr von Schweppenburg und ich, als Schüler ihn begleitend. Wir hatten unseren Platz nicht rechtzeitig verlassen können, da es dem beidseitig beinamputierten Geyr längst unmöglich war, den Weg ins Schiffsinnere zurückzulegen. Ab und zu schaute der Schiffsjunge prüfend durchs Bullauge hinaus, ob wir noch da wären. Verfroren und klatschnass bis zum Hosenbund erreichten wir schließlich unser Ziel Helgoland.

Nach kurzer Begrüßung im Hafen freuten wir uns auf warme Hotelzimmer in der „Villa Augusta“ – doch Fluch der Technik: Leider war die hochmoderne Fernheizung für die noch wenigen Häuser der Insel ausgefallen. Wenigstens aber die Hände waschen: Doch ein Porzellan-Drehknopf am neu installierten Waschbecken zerbrach, die messerscharfen Kanten schnitten mir ordentlich in die Handfläche – das Blut rann, kein Pflaster. Darum wollte ich Geyr bitten. Doch der kam mir mit der gleichen Verletzung aus seinem Zimmer entgegen. Offenbar war es ein allgemeiner Materialfehler. – Als schließlich in klammen Betten Nachtruhe einkehrte, tat's um Mitternacht einen gewaltigen Schlag – alle wieder wach: Der Blitz eines trockenen Herbstgewitters war ins Nachbarhaus, Restaurant „Seehund", eingeschlagen und hatte dessen Dach um einen halben Meter emporgehoben. Danach konnte es auf der Vogelzug-Zugvogel-Insel eigentlich nur noch schöner werden.

Für uns Binnenländer war bereits die Überfahrt mit dem Auftauchen von Hochseevögeln (Eissturmvogel, Basstölpel, Dreizehenmöwe) ein besonderes Erlebnis. Doch Helgoland bot Weiteres. Als Irrgast aus Sibirien konnten wir eine Erddrossel bestaunen, kurz zuvor von einem jagdausübenden Inselbewohner erbeutet. Wenige Tage später wippte ein winziges gefiedertes Etwas neben der Mole auf den Wogen und veranlasste Geyr zu dem spontanen Ruf „Alle alle"! – dem wissenschaftlichen Namen für einen Krabbentaucher, der ihm von seinen Expeditionen mit Prof. Dr. Alexander Koenig (Museum Koenig in Bonn) nach Spitzbergen wohlvertraut war. Auf der Rückfahrt von dort hatte übrigens 1908 während einer Sturmnacht Koenigs Forschungsschiff Schutz im Helgoländer Hafen gefunden (an Bord war damals auch der Vogelschutzpionier Hans Freiherr von Berlepsch). Von diesem Aufenthalt hatte Geyr die Insel 1956, fast ein halbes Jahrhundert später, in Erinnerung: winziges Unterland ohne die weitläufigen Auflandungen des Süd- und Nordostgeländes ... und ein damals „brettebenes", leicht geneigtes Oberland. ... Zu seinem Erstaunen fand Geyr ... sogar den alten und vom Wind gescherten Maulbeerbaum von früher wieder ...

Bei meinem ersten Besuch sah der heutige J.-A. Siemens-Platz bei der Post aus wie so genanntes Öd- oder Unland: überwiegend schütter, teilweise etwas dichter mit Bodenvegetation bewachsener Rohboden. Ringsum erste Anfänge der Bebauung, das Gelände eigentlich nur mit Gummistiefeln begehbar, da alle Fahrspuren der Baufahrzeuge mit helgoland-rotem dünnflüssigem Schlamm knöchel- bis wadentief gefüllt waren. Dort hing, einsam an einem Pfosten befestigt, bereits ein Briefkasten. Als ich die erste Ansichtskarte an meine Eltern einwarf, flog zu meinen Füßen eine Waldschnepfe auf.

An jenem ersten Tag empfing uns Vauk freudig und herzlich im Barackenbüro am Südhafen. Wir speisten gemeinsam in der Kantine, wo eine Vielzahl der Pioniere Helgolands, Fischer und Seeleute, Bauarbeiter und Wissenschaftler, sowie alle sonst, die den Wiederaufbau in die Hand genommen hatten, verköstigt wurden. – Geyr als prominenter Ornithologe, Vogelzugforscher seit mehr als fünfzig Jahren, war ein willkommener Gast für Vauk, gerade in dieser turbulenten, schwer durchschaubaren Situation eines Neuanfangs. Geyr bemerkte rasch, dass unter den herrschenden Verhältnissen – die Einrichtungen der alten Vogelwarte lagen in Trümmern – hier zunächst ein phantasievoller Robinson bzw. ein listenreicher Odysseus gefragt war, ehe man sich wieder vornehmlich der Wissenschaft zuwenden könnte. Als den rechten Mann dafür erachtete er Vauk sehr bald. In diesem Sinne trat Geyr fürderhin innerhalb seines weiten und prominenten vogelkundlichen Bekanntenkreises ... immer wieder für Vauk ein. Denn ohne dass ich seinerzeit dies alles recht einzuordnen und zu überblicken vermochte, erlebte ich immer wieder Gespräche mit, in denen kritische Worte über Vauk fielen. Neben den für ihn zunächst anstehenden überwiegend praktischen und organisatorischen Pflichten, statt reiner wissenschaftlicher Vorhaben erhob man Bedenken wegen seiner nicht-ornithologischen Wurzeln, er „entstammte" dem Kieler Institut für Haustierkunde. Auch das Geschick seines an sich geschätzten Doktorvaters, seine Doktoranden zügig in berufliche Positionen zu vermitteln, wurde offenbar nicht allseits anerkannt und neidlos hingenommen.

Bis zu Geyrs letztem Besuch auf Helgoland, 1962, und seinem Tod, 1963, entwickelte sich ein achtungsvolles, aber ebenso ungezwungen freundschaftliches Verhältnis zwischen Geyr und Vauk. So feierten wir manches Mal beider Geburtstag miteinander (03.10.1884 bzw. 05.10.1925) in froher Stimmung und mit „echt" Helgoländer Hummer. Zu Geyr als gestandenem Forstmann und mir, der ich diesen Berufswunsch hegte, schuf Vauks ausgeprägte Liebe zu Wald und Wild zusätzliche Verbindung. So bildet heute wohl auch die Lüneburger Heide einen Optimal-Biotop für den aktiven Pensionär.

Auch ohne meinen bis dahin betreuten kriegsversehrten Mentor Geyr nahm ich in der Folgezeit oft noch Kurs auf Helgoland. Insbesondere der eines Tages begründete Brauch des „Silvesterkolloquiums" lockte auf die winterliche Insel. Fachlicher Austausch in Vorträgen und Gesprächen sowie fröhliche Geselligkeit schufen eine lebendige Verbindung zwischen

Alt und Jung über rund drei Jahrzehnte. Wenn ich auch nur im frei gewählten und begrenzten Rahmen als Stationshelfer tätig geworden und dort nie einer geregelten vogelkundlichen Arbeit nachgegangen war, erhielt ich alljährlich die freudig erwartete Einladung.

Als im Jahr 1978 der „Verein der Freunde und Förderer der Inselstation der Vogelwarte Helgoland e.V." gegründet wurde, konnte ich mich für zehn Jahre als Kassenwart nützlich machen. Zu meiner Freude blüht der Verein weiterhin und ermöglicht einen gewissen Freiraum bei der Finanzierung von Forschungsvorhaben. Besonders in jener Zeit, während der ich beruflich in Naturschutzdienststellen des Bundeslandes Hessen tätig war, wurde mir in besonderem Maße deutlich, in welch hohem Maße Vauk mit seiner einerseits zupackenden Art, andererseits der Sachkunde und Exaktheit verpflichtet, junge Menschen für naturkundliche Themen begeistern konnte und welche Vielfalt von Fragestellungen unter seiner Anleitung – oft mit praxis-verwertbarem Ergebnis – erfolgreich bearbeitet worden sind. Nach wie vor begegnen mir von damals bekannte Namen, deren Träger etwa in Naturschutz-Funktionen oder in der Wissenschaft Verantwortung übernommen haben – mancher allerdings, wie auch ich, bereits Ruheständler.

Dr. Hans-Joachim Böhr,
Forstdirektor, Ministerialrat a. D. im Hessischen Ministerium für Landwirtschaft, Forsten und Umwelt, Wiesbaden

Gefühl und Härte – Erinnerungen an Gottfried Vauk

Wir hocken zwischen den Tetrapoden im Helgoländer Hafen. Es ist Februar, starker Wind treibt Schneeflocken übers Wasser. In der Luft einige Silbermöwen, die flach übers Hafenbecken streichen, bei unseren Tetrapoden aber leichtflüglig in schusssichere Höhe steigen. Die meisten. Einige „Dumme" fliegen zu tief. Bumms. Bumms. Docs Schrote holen sie vom Himmel. Sie fallen zwischen die Tetrapoden oder ins Hafenbecken. Jagdhündin Akka springt ins eiskalte Wasser, schwimmt mühsam dreißig Meter, packt die zappelnde Beute und kehrt mit letzter Kraft zurück. Doc lobt sie, ich töte die Möwe – überraschend angenehm, wie der warme Vogelkörper meine klammen Finger wärmt – und Doc nimmt die nächste ins Visier. Kommt keine, erzählt er von der glückseligen Verknüpfung wissenschaftlicher Motive und nimrodscher Lust in seiner Person. Drei Stunden und zwölf Möwen später stapfen wir zurück. Dabei finden die naturforschenden Ideen seines jungen Begleiters sein aufrichtiges Interesse. Ja, so oder ähnlich könnte man das untersuchen, das hat noch keiner gemacht, das wäre toll, und das sollte dann unbedingt auch veröffentlicht werden. Wow! Eine mentale Rückenschule für jeden Zwanzigjährigen. Der Hund bekommt noch ordentlich zu fressen. Nachmittags liegt er am Ofen im Arbeitszimmer, kaut Knochen und jault sanft. Doc würde jetzt gern mit ihm tauschen. Statt dessen kaut er auf Diplomarbeitsentwürfen herum, donnert dem Staatssekretär am Telefon etwas entgegen und erzählt einem Journalisten die lange Geschichte der Ölpest.

Ein Tag im Sommer: Doc fragt, ob man nicht mal feiern sollte. Einfach so, ohne Anlass. Ja. Doch, doch. Unbedingt. Die Idee wächst in Minuten. Doc und Erika bringen selbstgeschossenen Braten und reichlich Wein. Die Bibliothek wird zum Festsaal: Weiße Tücher decken den großen Tisch, auf dem sonst Möwenmägen liegen, Kandelaber verbreiten Festsaalatmosphäre. Doc eröffnet den Abend mit Gedanken zu Leben und Wissenschaft, Insel und Meer, Jugend und Alter, und alle fühlen sich feiner, als sie aussehen. Dann ist's ein festliches Schmausen, und jeder scheint glücklich mit sich und der Welt. Das Leben – ein Fest.

Wie kann dieser Mann brüllen. Wir fangen Dreizehenmöwen. Zehn Stationshelfer ziehen mit aller Kraft ein hundert Meter langes Seil straff, das über die große Höhle an der Westklippe der Insel gespannt ist. Hängt schwer durch, weil darauf zwei Rollen mit Endlos-Seilen sitzen, die vierzig Meter hinab reichen. Dort befestigen weitere Stationshelfer zusammengetütelte Japannetze (Netze zum Vogelfang) und ziehen sie in die Höhe. Klingt einfacher, als es ist. Oben und unten müssen wissen, was grad zu tun und zu lassen ist. Dafür gibt es Walky Talkies. Wie immer, funktionieren sie nicht. Dafür gibt es Doc. Er brüllt von oben. Unten gibt es keinen Brüller. Unten kann nur empfangen. Kommunikation kann so laut sein. Und zum Brüllen komisch. Einige Möwen fliegen trotzdem ins Netz. Haben sich vielleicht schlapp gelacht, wie wir alle.

Einzigartige Mischung, dieser Mann.

Dr. Hendrick Brunckhorst,
Pressesprecher des Nationalparkamtes Schleswig-Holsteinisches Wattenmeer, Koldenbüttel

Gottfried Vauk, ein robuster, redlicher und überzeugender Kämpfer

Ich habe Herrn Professor Dr. Gottfried Vauk kennen- und schätzen gelernt, als ich ihn in meiner Eigenschaft als Niedersächsischer Minister für Ernährung, Landwirtschaft und Forsten zweimal auf der Insel Helgoland in der von ihm aufgebauten und geleiteten Vogelwarte besuchte. Später bin ich häufig mit ihm bei Veranstaltungen der Norddeutschen Naturschutzakademie zusammengetroffen. Wir haben uns gegenseitig sehr geschätzt, weil wir zum einen in Bezug auf den Natur- und Landschaftsschutz die gleiche Leidenschaft und die gleichen Ziele hatten, zum anderen, weil wir keine Dogmatiker, sondern von Kindesbeinen an naturverbundene Menschen waren.

Menschen – vor allem jüngere – die der Natur mit ihren Gaben und Wundern verbunden waren, sahen in Gottfried Vauk nicht den belehrenden Professor, sondern den robusten, redlichen und überzeugenden Kämpfer für eine gute Sache.

Wir noch einmal Davongekommene hatten uns vorgenommen, eine heile, friedliche und bessere Welt zu schaffen. Auf diesem langen Weg bin ich Herrn Vauk begegnet und habe ihm als erfolgreichen Kämpfer in gleicher Sache zu danken. – Wir alle müssen ihm danken, denn er hat Gutes bewirkt.

Klaus-Peter Bruns,
Niedersächsischer Minister a. D. für Ernährung, Landwirtschaft und Forsten, Gleichen-Reinhardshausen

Der Typ des unverwüstlichen Naturschützers

(...) Ich habe Herrn Dr. Vauk unmittelbar nach der Wende rein zufällig kennen gelernt, und das war auch meine erste direkte Begegnung mit dem „Naturschutz im Westen". Zu dieser Zeit arbeitete ich im Staatlichen Forstwirtschaftsbetrieb Dresden und war für die Naturschutzbelange zuständig . (...)
Nach einem Aufenthalt in Hamburg zum Jahreswechsel 1989/90 sahen wir auf der Rückreise in der Lüneburger Heide im Vorbeifahren einen

Wegweiser zur Norddeutschen Naturschutzakademie. Da mich das natürlich neugierig machte, bogen wir kurzerhand ab, um „einfach so" mal bei dieser Akademie vorbeizuschauen. Wir hatten nicht damit gerechnet, dort jemanden anzutreffen, denn es war Wochenende. Vor dem Gebäude trafen wir aber einen interessant aussehenden Herrn im Lodenmantel mit Pfeife. Es entspann sich ein nettes Gespräch. Ich erzählte, was ich mache, und hinterließ meine Adresse. Der Mann sagte uns, dass es vielleicht in nächster Zeit eine Veranstaltung zum Thema „Naturschutz in der DDR" geben würde.

Kurze Zeit später kam dann auch eine Einladung mit der Frage, ob ich zu dieser Veranstaltung einen Vortrag übernehmen könnte. Erst da wurde mir klar, dass der Herr, den wir vor der Norddeutschen Naturschutzakademie kennen gelernt hatten, der Leiter dieser Einrichtung war. Das Fachgespräch der NNA zum Thema „Naturschutzforschung in der DDR – aktuelle Probleme und Perspektiven" fand im Mai 1990 statt, und ich hatte meine erste Dienstreise in die Bundesrepublik. (...)

Die Tage auf Hof Möhr waren ein tolles Erlebnis, und ich lernte Dr. Vauk und seine Frau näher kennen. Seine natürliche, unkonventionelle Art, sein offenes, heiteres Wesen machten ihn mir sofort ausgesprochen sympathisch. (...)

Für mich verkörpert er den Typ des unverwüstlichen Naturschützers, der unermüdlich mit immer wieder neuen Ideen für seine Überzeugungen arbeitet und streitet.

Dr. Gesine Ende,
Sächsisches Landesamt für Umwelt und Geologie, Dresden

Die Geschichte meiner ersten Publikation

(...) Am 30. Dezember 1976 berichtete Dr. Goetz Rheinwald während des Silvesterkolloquiums über die Flügellängen bei Mehlschwalben. Er hatte im Süden Deutschlands zwei Versuchskolonien kontrolliert und dabei herausgefunden, dass die beiden deutschen Kolonien signifikante Unterschiede in der Flügellänge aufwiesen. Die lagen bei Riet bei 109.2, bei Bonn bei 109.9 und bei Braunschweig bei 110.7 mm. Aus Schweden lagen ihm Maße von 118.7 mm vor. Er bedauerte, dass ihm aus dem norddeutschen Raum keine Vergleichsdaten vorlägen. Ich habe ihm daraufhin gesagt, dass ich aus der Nähe von Hamburg eine ganz brauchbare Zahl von Vergleichsdaten hätte und seine mit meinen und denen aus Schweden vergleichen könnte ...

Gesagt, getan. Mein Ergebnis: Die Flügellängen der Hamburger Mehlschwalben lagen bei 111.9 mm, also recht genau in der Mitte der von Goetz Rheinwald ermittelten Daten und den Maßen aus Schweden!

Auf Anregung von Doc Vauk habe ich meine Ergebnisse dann zusammengeschrieben und ihm zugesandt. Zugegeben: Ich war Anfänger, und Gottfried Vauk hatte schon mehr als 200 Publikationen aufzuweisen. Ich war wohl auch ein wenig zu euphorisch, denn nach einigen Wochen bekam ich meine Arbeit mit der folgenden Bemerkung von ihm zurück: „Nein, Dietmar, so geht das nicht. Persönliche Dinge sind nur für dich wichtig. In einer wissenschaftlichen Arbeit zählen nur Fakten und Ergebnisse, und zwar so komprimiert wie möglich." Er wollte meine Arbeit noch einmal überarbeiten und mir dann wieder zuschicken. (...)

Nach etlichen Wochen bekam ich Docs Neufassung meiner Arbeit. Ich traute meinen Augen nicht: Das war doch nicht meine Arbeit! Die Ergebnisse stimmten zwar, aber der Text? Na, ja, nachdem ich ihn mehrfach gelesen hatte, erkannte ich schließlich, dass meine Aufzeichnungen sehr gekürzt waren und nun nur noch die wichtigsten Fakten enthielten. Doc war eben Fachmann auf diesem Gebiet.

Meine Arbeit „Zur geographischen Variation der Flügellänge der Mehlschwalbe (*Delichon urbica*)" wurde in der Fachzeitschrift „Bonner Zoologische Beiträge" (28, 77-81) veröffentlicht. Das war damals und ist wohl auch heute noch eine der feinsten zoologischen Adressen. Das ermutigte mich, weiter an der biologischen Front zu arbeiten.

Dr. Dietmar Gruner,
Studiendirektor a. D., Hamburg

Nächte auf dem Hochsitz

(...) Wenige Wochen vor seinem Dienstantritt als Leiter der Norddeutschen Naturschutzakademie lud ich Herrn Vauk zu einem Waldgang in meinem Forstamt ein. Nach diesen zwei Stunden war ich stark beeindruckt von meinem neuen Nachbarn. Unverhohlen zeigte er seine helle Freude darüber, nach Jahrzehnten auf einer waldlosen Insel bald wieder in einem waldreichen Landstrich leben und arbeiten zu können. (...)

Seine Jagd war der Daueransitz. Nie im Leben habe ich sonst einen Jäger erlebt, der wie Herr Vauk halbe Tage und ganze Nächte auf dem Hochsitz verbringen konnte – im merkwürdigen Kontrast zu seinem sonst temperamentvollen Tatendrang. Beim Ansitz wurde alles notiert, was ihm zu Gesicht oder zu Ohren kam, von der Waldspitzmaus bis zum Keiler, vom Kranich bis zum Goldhähnchen – viel mehr, als er je hätte auswerten können.

Nun das Wichtigste: Unter der Leitung von Professor Vauk begann die Norddeutsche Naturschutzakademie sich um den Wald zu kümmern und wald- wie auch wild-bezogene Themen stark in ihr Lehr- und Forschungsprogramm zu nehmen, in fruchtbarer Zusammenarbeit mit den Forstleuten. Gern hat Vauk sich bis in die praktischen Einzelheiten um Forschungsarbeiten im Wald gekümmert. Die Verbindung zu Waldökologie und Waldnaturschutz ist zum Glück auch nach seiner Zeit bei der NNA lebendig geblieben.

Dr. Udo Hanstein,
Forstdirektor a. D., Schneverdingen

Dogmen in Frage stellen und gegen den Trend denken

Auf Gottfried Vauk stieß ich Anfang der sechziger Jahre. Als Student am Institut für Haustierkunde der Kieler Universität hatte ich schon viel über ihn gehört. Gerüchte besagten, er sei ein bunter Paradiesvogel. Und dann und wann rauschte er auch mal leibhaftig und pfeiferauchend durch das Institut, verschwand im Chefbüro und tauchte anschließend, wie man hörte, in fernen norddeutschen Jagdrevieren unter.

Näher kennen gelernt habe ich ihn dann an seinem Stammsitz Helgoland. (...) Da musste ich, und mit mir wohl fast alle anderen Studenten, erst einmal kräftig schlucken angesichts dieses vor Energie überschäumenden Mannes. Hatte er einen tetraploiden Chromosomensatz, der ihm diese Hyperaktivität und Aura verlieh?

Wir haben Gottfried damals auch als einen kenntnisreichen Leiter der Station Helgoland schätzen gelernt, der uns Anfänger als zukünftige Kollegen ernst nahm und in die Vogelkunde und Wirbeltierbiologie einführte. Für viele von uns wirkte er wegweisend in vielfacher Hinsicht. (...)

Seine Grundhaltung, viele Dogmen in Frage zu stellen und gegen den Trend zu denken, dabei aber auch gleichzeitig überraschend konservativ im guten Sinne zu handeln, machte mich neugierig. Und so nahm ich gern seine Anregung auf, doch mal genau nachzuschauen, was denn die „streunenden“ oder „wildernden“ Hauskatzen tatsächlich fressen, die unsere Jäger in ihrem Bemühen, das ökologische Gleichgewicht in der Natur zu wahren, zu Tausenden und Abertausenden als Raubzeug erschossen oder in Fallen fingen. Das Ergebnis stimmte schon bei der Analyse des ersten Katzenmagen-Inhalts nachdenklich. Das Tier war weitab vom nächsten Dorf geschossen worden. Im Magen aber fand ich ausschließlich Reste einer Bohnensuppe! Keine Jungfasanen, keine Häschen! Der Befund war, wie wir bei weiteren Untersuchungen lernten, durchaus normal. Und für Gottfried war das Ergebnis nicht überraschend. Er hatte das natürlich schon längst vermutet. (...)

Es gab auch fulminante Diskussionen bis tief in die Nacht. Ich wollte partout nicht Gottfrieds Klage akzeptieren, dass unsere Jugend nur noch schlaff und teilnahmslos durchs Leben torkelt. Und ich wollte auch nicht von meiner Meinung abweichen, dass Orden und Verdienstmedaillen aus Blech und vielleicht etwas Emaille bestehen und bisweilen durchaus mit unschönen Hintergedanken verliehen werden, die der Geehrte nicht erkennt.

Wir haben uns trotz solcher Meinungsunterschiede nie entzweit. Und meistens war es Gottfried, der nach geraumer Zeit zum Hörer griff und die letzten Wogen glättete.

Dafür danke ich ihm.

Dr. Günter Heidemann,
ehem. Leiter einer Arbeitsgruppe für Wildbiologie an der Universität Kiel, Klausdorf

Der rote Lebensfaden

Es war im Frühjahr 1970 und ich war wieder einmal auf meiner geliebten Vogelwarte auf Helgoland als Stationshelfer tätig. Es gab in diesen Monaten sowohl bei der Vogelberingung als auch bei der Unterhaltung des Fanggartens und der Stationsgebäude viel zu tun. (...)
Eines Tages fragte mich Doc: „Sag mal, Karl-Peter, wie lange hast du eigentlich an deiner Penne Osterferien? Du bist doch schon 'ne halbe Ewigkeit hier?"
Da wir dem „Alten" eigentlich immer alles sagen konnten, druckste ich nicht lange herum und erzählte ihm, dass ich die Schule momentan abgebrochen hätte.
„Mein Jung", sagte Gottfried sofort, „so geht das nicht. Du musst dir langsam mal überlegen, welchen roten Faden du in deinem Leben verfolgen willst. Komm bitte nachher noch mal in mein Büro."
Gesagt, getan. Bald saß ich ihm vor seinem Schreibtisch – sozusagen Auge in Auge – gegenüber. Er ließ sich berichten und hörte sich mein „Schuldrama" ganz in Ruhe an. Keinerlei Vorwürfe seinerseits. Ich fasste Mut und erzählte, dass ich für mich an dieser Hamburger Privatschule keine Chance sehen würde, das so sehr gewünschte Abitur doch noch zu erlangen. – Stille –

Dann sagte Gottfried plötzlich, dass er als Schüler früher in Pommern einen Klassenlehrer hatte, der Heinz Rogge hieß, der später promovierte und nach dem Krieg in Schleswig-Holstein unterrichtete und nun Direktor des ehrwürdigen Wilhelm-Raabe-Gymnasiums in Bremerhaven sei. – „Pass mal auf, Karl-Peter, morgen früh kommst du wieder hier in mein Arbeitszimmer, und ich rufe Herrn Rogge dann direkt an. Ich habe stets Kontakt zu ihm gehalten – vielleicht ist das ja in deinem Fall nützlich."(...)

Dr. Rogge empfing mich wohlwollend in seinem Direktorzimmer, ließ mich kurz berichten und fragte mich dann, ob ich in die 11., 12. oder 13. Klasse seines Gymnasiums wolle. Leicht erstaunt entschied ich mich für die längere, aber aussichtsreichere Variante: noch drei Monate in Klasse 11 und dann in zwei Jahren Abitur. Mit einem kräftigen Händedruck und einem von Herzen kommenden Dankeschön verließ ich bereits eine Stunde später meine neue schulische Heimat und fuhr zurück nach Helgoland. (...)

Gottfried Vauk hat mir und vielen anderen jungen Menschen durch sein Wissen um die jeweiligen individuellen Umstände, gepaart mit seinen sehr guten menschlichen Beziehungen, sehr geholfen (...) Wichtige Leitgedanken und engagierte Mitarbeit wurden – wie ein roter Lebensfaden – von ihm in uns initiiert. (...)

Karl-Peter Hellfritz,
Leiter des Fachbereichs Natur- und Umweltschutz der Stadt Bad Oeynhausen, Minden

Gottfried, der Göttliche

(...) Zum ersten Mal begegnet sind wir uns auf einer Exkursion der Hamburger Uni, Abteilung Zoologie, Unterabteilung Ornithologie. Neben dem berühmten roten Lummenfelsen, dem sagenumwobenen Sprung der Jungvögel bei Vollmond, den sagenhaften Zugvogelschwärmen zweimal jährlich, den Säbelschnäblern auf der Düne sind mir ganz andere Vögel auf der Vogelwarte Helgoland in bester Erinnerung: die kleinen, wieselflinken Hähne im Fanggarten, die gerade immer dann krähten, wenn Doc seinen heiligen Mittagsschlaf hielt. ... („Eines Tages werde ich ihnen den Hals umdrehen!") Aber es waren seine; er liebte sie dennoch, und sie lebten und krähten weiter. (...)

Oberste Priorität hatte zu damaliger Zeit nämlich die Mittagsruhe zwischen eins und drei. Dann musste absolute Stille herrschen, im Gegensatz zu den sonst laut hallenden Rufen von oben aus Gottfrieds Büro zur Küche herunter – übrigens der gemütlichste Begegnungsort der gesamten Vogelwarte. (...)

Mit dem Essen hielt es Gottfried immer, wie es alle Pommern kennen: Ohne Kartoffeln geht gar nichts. Ich erinnere mich noch an das angekündigte Gourmet-Rezept: „Morgen gibt es pommersche Übergusskartoffeln!" Das war nichts anderes als eine kräftige Gemüse- und Fleischbrühe, die über die mehligen Salzkartoffeln gegossen wurde. (...)

Neben den kulinarischen Ereignissen gab es natürlich auch wissenschaftliche. Meine Mikroskoparbeit über Spermien an Zugvögeln endete abends meist in gemütlichen Talkrunden in der Küche – oder schon nachmittags beim Kaffee. „Dieser Bienenstich ist meiner!" – Gottfrieds rechter Zeigefinger bohrte ein besitzergreifendes Loch ins größte Stück. (...)

Die größte Mutprobe bestand darin, durch die Werkstatt ohne Schutzkleidung zu gehen. Denn drinnen wartete ein Monster von einem Rauhaardackel. Freundlich wedelnd kam er auf die Menschen zu, um dann plötzlich und unerwartet ins Knie zu beißen. Mein großer, kräftiger damaliger Mann Michael passierte die Werkstatt, wie so viele Mitarbeiter, ausschließlich mit Gummistiefeln und langem Regenmantel.

Da gab es zu jener Zeit noch einen zweiten Hund, den schönen, bersteinäugigen Weimaraner. Meine Freundin Lilo, eine Wahl-Helgoländerin, erinnert sich noch genau: Als sie schwanger morgens über das Oberland ging, kam Gottfried mit Jagdhund an ihr vorbei und grüßte sie mit den Worten: „Sei gesegnet."

Gottfried, der Göttliche, ist und bleibt unvergessen.

Barbara Hopf,
Journalistin, Hamburg

Raubein mit Charme

Auszug aus der Laudatio anlässlich der Verleihung des Hamburger Preises für Jagdpolitik an Gottfried Vauk am 07. April 1991

(...) Professor Dr. Vauk hat als Wissenschaftler gründliche Forschung betrieben. Das wäre vielleicht nicht so bemerkenswert wie die Tatsache, dass er sich weniger einer abstrakten Grundlagenforschung verschrieb, sondern vielmehr einen Schwerpunkt bei der Erforschung der Umweltbelastungen einschließlich ihrer Auswirkungen auf die Tier- und Pflanzenwelt setzte, Umweltbelastungen, die ihn zutiefst beunruhigten und die seinen kämpferischen Geist herausforderten. So wurde er zum Mahner in einer Zeit, als es noch keiner hören wollte.

Professor Vauk ist aber nicht nur Biologe, engagierter Umwelt- und Naturschützer, sondern auch passionierter Jäger. Er hat aus seiner Passion nie einen Hehl gemacht, sondern sich stets dazu auch öffentlich bekannt. Es ist für ihn eine logische Konsequenz aus seinem Grundverständnis heraus, dass der Mensch Teil der Natur und das Erbeuten von Tieren damit etwas Natürliches ist, sei es, um Schäden an Feldern und Wäldern zu verhindern, sei es, um einen köstlichen Braten zu beschaffen, sei es, um regulierend in Wildtierbestände dort einzugreifen, wo es ein natürliches Gleichgewicht nicht mehr gibt.

Für ihn sind Naturschutz und Jagd kein Gegensatz, auch wenn die Auseinandersetzungen der beteiligten Gruppen an Heftigkeit zugenommen haben und nicht selten durch Unsachlichkeit und Polemik vergiftet werden. Im Gegenteil, er sieht bei beiden Gruppen die gleiche Zielsetzung, nämlich, die Natur so zu erhalten oder – was heute bereits vielfach Regel ist – so zu gestalten, dass in intakten Lebensräumen die Leistungsfähigkeit des Naturhaushalts in all seinen Erscheinungsformen gesichert ist. Das ist nicht nur der Auftrag an den Naturschutz, sondern auch gesetzliche – und selbstverständliche – Pflicht des Jägers. Was die Gruppen trennt, ist letztlich das Töten von Tieren, die Entnahme von Wild aus der Wildbahn. Solange dabei die bejagte Wildart nicht in ihrem Bestand gefährdet wird, liegt kein grundsätzlicher Konflikt mit den Naturschutzzielen vor, da der Naturhaushalt nicht beeinträchtigt wird, oder – um den forstlichen Begriff zu verwenden – die Nachhaltigkeit gewahrt bleibt. Hier vermengen sich häufig in der Diskussion Argumente des Naturschutzes mit denen des Tierschutzes und allgemeine ethische Erwägungen. „Das Töten von Tieren ist zunächst nichts Schlechtes. Es ist ein Umgehen mit der Natur. Das Gefühl dafür ist aber dem modernen Menschen vollkommen genommen worden“, beschreibt Vauk seine Position. (...)

In der Diskussion zwischen Jagd und Naturschutz hat sich Professor Vauk immer wieder zu Wort gemeldet mit klaren Aussagen und Stellungnahmen, die nicht nach Beifall von der einen oder anderen Seite heischten, sondern die sich ausschließlich der eigenen Überzeugung verpflichtet wussten. Das wurde nicht immer gern gehört, aber es zwang zum Nachdenken über die eigene Position und trug zu der Glaubwürdigkeit bei, der er sich erfreut. Gerade dieser Glaubwürdigkeit ist es zu verdanken, dass er mit seinen streitbaren Aussagen nicht zur weiteren Polarisierung beider Gruppen beitrug, sondern im Gegenteil die Grundlagen für ein vernünftiges Miteinander mitgestalten half. Das Wissen um natürliche Abläufe und wissenschaftliche Erkenntnisse sind das eine, sie bewirken aber wenig, wenn sie nicht den Menschen nahe gebracht werden. Diese Erkenntnis trieb Professor Vauk bereits früh aus der wissenschaftlichen Klausur. Er ging zielstrebig und bewusst in die Öffentlichkeit und stellte sich den gesellschaftlichen Auseinandersetzungen. Dabei erzielte er eine ungewöhnliche Breitenwirkung, die rasch über die ohnehin Interessierten hinausgriff. Dafür dürften mehrere Gründe maßgeblich sein: Da sind die nur schwer angreifbaren Sachaussagen, die auf nüchternen Forschungsergebnissen beruhen; da ist die Fähigkeit, wissenschaftliche Erkenntnisse in verständlichem Deutsch vorzutragen und komplizierte Sachverhalte klar und nachvollziehbar darzustellen, mehr noch, eine Sprachgewalt, die von kühler Sachlichkeit bis zu derber Anschaulichkeit alle Register zu ziehen weiß. Nicht zuletzt beruht seine Überzeugung darauf, dass er mit dem Herzen dabei ist. Diese Mischung aus sachlich-kühlen Argumenten, aus Sprachgewalt und deutlich werdender eigener Betroffenheit macht den charakteristischen, etwas raubeinigen Charme aus, der ihn auszeichnet und die Zuhörer in seinen Bann schlägt.

Sein Koordinatensystem ist klar: der Mensch – will er denn überleben – muss sich als Teil der Natur verstehen, muss seine Umwelt durch aktives Eintreten erhalten und gestalten, er darf die Natur nutzen, muss dies aber so schonend tun, dass die Vielfalt und der Reichtum der Natur, die Leistungsfähigkeit des Naturhaushalts nicht beeinträchtigt werden. (...)

Es ist das Verdienst von Professor Vauk, mit seinen Beiträgen, seinen konkreten Aussagen, seinen Fragen das Gewissen gleichsam angebohrt zu haben, empfindlich und nachdenklich gemacht zu haben. Nachdenklichkeit ist der erste Schritt zur Überwindung der gegenwärtigen Probleme.

Nachdenklichkeit hat er auch bei den Jägern erzeugt. Die Jagd in ihrem Kern zu bewahren, bedeutet auch, sie in ihren Erscheinungsformen und ihren Inhalten veränderten Umweltverhältnissen und neuen Erkenntnissen anzupassen. Das geht nicht ohne Widerstand in den eigenen Reihen ab, ist aber unerlässlich, wenn die nach uns kommenden Jäger noch die Gelegenheit haben sollen, auf eine Jagd gehen zu können, die mehr als nur Reduktion zu Schaden gehender Wildbestände ist. Professor Vauk hat sich um die Erhaltung der Jagd verdient gemacht, indem er sie nicht nur gegen unsachliche Vorwürfe in Schutz genommen, sondern vor allem auch dadurch, dass er mit kritischen Anregungen nach innen die Annahme neuer Erkenntnisse gefördert und gleichzeitig integrierend auf Jagd und Naturschutz gewirkt hat.

Gerd Janßen,
Ministerialdirigent a. D. im Niedersächsischen Ministerium für den ländlichen Raum, Ernährung und Verbraucherschutz.

Arbeit und Anstrengung machten plötzlich Spaß

Mit 18 Jahren war ich zum ersten Mal auf Helgoland. Ich stand kurz vor dem Abitur und war unschlüssig, welche Richtung ich einschlagen sollte. Da erlebte ich Gottfried Vauk bei einer Führung auf der Vogelwarte, in der Wildnis des Vogelwartengartens, mit einem gerade gefangenen Vogel in der Hand, um ihn herum all die urigen Vogelwartenhelfer. Schlagartig war mir, dem Stadtkind, klar: Das ist es! Das möchte ich auch machen! Ich fragte einen der Stationshelfer nach den Möglichkeiten, stotterte, dass mich Ontologie sehr interessiere (ich hatte es mit „Ornithologie" verwechselt) – und siehe da, es klappte. Ich hatte ein Ziel nach dem Abitur – auf nach Helgoland!

Und was waren das für Erlebnisse: die Insel, der Wind, die Gemeinschaft mit den anderen Stationshelfern, der Vogelfang, das Angeln, das Möwenschießen – das alles zu erleben setzte ungeheure Kräfte frei, die anspornten und Perspektiven eröffneten, von deren Existenz man vorher keine Ahnung hatte. Arbeit und Anstrengung machten plötzlich Spaß! Die offene Atmosphäre in der kleinen Vogelwartenküche, das morgendliche Tagebuchschreiben, die Einteilung der täglichen Aufgaben, die Arbeiten draußen oder drinnen am Schreibtisch – alles war Lernstoff und Schule und hatte doch mit Schule nichts zu tun.

Was lernten wir noch? Dass Wissenschaft Freude macht, dass Probleme gelöst werden können, wenn man sich ihnen mutig stellt, dass man mit den verschiedensten Menschen umgehen kann, wenn man ihnen genau zuhört, dass (wissenschaftlicher) Hochmut nichts taugt und den Blick verstellt – und dass Humor bei allem hilft. Das war gutes Rüstzeug für das Leben.

Dr. Monika Joschko,
Wissenschaftliche Mitarbeiterin, Leibniz-Zentrum für Agrarlandschaftsforschung, Müncheberg

„Finkenpetter" und Statthalter Niedersachsens auf Helgoland

Dass er nach weit über drei Jahrzehnten Inseldasein *„iip Lunn"* (helgol.: auf Helgoland) wieder zum Festländer wurde – wer hätte das gedacht! Doch Gottfried Vauk wäre nicht er selbst, hätte er den einmal gefassten Entschluss wieder verworfen. Und so verließ er 1988 unwiderruflich das Vauksche Refugium mit seinem Fanggarten-Areal auf dem Oberland der Felseninsel.

Zu besonderen Anlässen zog er dort natürlich nicht die Flagge Schleswig-Holsteins auf, sondern die des Bundeslandes Niedersachsen, denn die Inselstation der Vogelwarte ist durch den Hauptsitz in Wilhelmshaven niedersächsisches Territorium auf dem schleswig-holsteinischen Eiland. Ordnung muss sein – auch auf dem rund 600 Quadratmeter großen „Ökotorium" des hannoverschen Ministeriums für Wissenschaft und Kultur mitten in der Nordsee, für das er von 1956 bis 1988 ihr „Statthalter" war. Eine föderalistische Kuriosität, die übrigens selbst dem damaligen Ministerpräsidenten, Dr. Ernst Albrecht, erst durch einen Artikel in der Presse bekannt wurde.

Gottfried Vauk dachte wohl nicht wirklich daran, auf dem roten Felsen seinen Lebensabend zu verbringen. Zu schwach ausgeprägt sind nun einmal die Gemeinsamkeiten zwischen einem geborenen Insulaner – vor allem, wenn er ein Hallunder Inselfriese ist – und einem pommerschen Urgewächs Vaukscher Prägung. Nichtsdestotrotz hatte er viele Freunde auf der Insel, denn zu der verschworenen Inselgemeinschaft zählte er fraglos. (...)

Die Helgoländer nennen die Ornithologen der Vogelwarte kurz und bündig „Finkenpetter" (lautsprachlich: Finkenpötter). Der Sprachforscher Professor Dr. Nils Arhammar, der ... den Versuch unternimmt, den kleinsten Sprachraum Europas nicht untergehen zu lassen, hat herausgefunden, dass damit verballhornt die „Vogelpeter" gemeint sind. Offensichtlich haben einige der Vogelkundler, die in der Vogelwarte Dienst taten, den Vornamen Peter (helg.: „Petter") getragen.

Dieser kleine ethnologische Exkurs über die liebenswerten Helgoländer Inselfriesen mag verdeutlichen, dass eine „pommersche Eiche" wie Gottfried Vauk auch nach dem Führungswechsel der weltbekannten Vogelwarte in andere Leitungshände weiterhin auf der Insel hätte leben können – so wie der Begründer der Vogelwarte in der Nordsee, Heinrich Gätke (1814–1897) aus dem brandenburgischen Pritzwalk. (...)

Doch irgendwie fehlte dem passionierten Nimrod, der eigentlich das Forsthandwerk ausüben wollte, auf dem eher kargen Buntsandsteinfelsen der Wald. Auch wenn in seinem niedersächsischen Beritt auf dem Oberland einige vom Wind zersauste Exemplare wachsen. – Das Rauschen des Meeres, besonders inmitten der Deutschen Bucht, ist schön und einzigartig. Das Rauschen des Waldes dürfte für Gottfried Vauk eine weitaus höhere Lebensqualität haben. (...)

An Gottfried Vauks rundem Geburtstag im Oktober 2005 sei erlaubt, an den Nobelpreisträger Konrad Lorenz (1903–1989) den „Vater der Graugänse" zu erinnern. Er war, wie Vauk, ein Biologe, Wissenschaftler und Tierfreund, der zeitlebens einen Kampf gegen die Zerstörung der Umwelt führte. Und er war, wie Vauk, ein ökologischer Gesellschaftskritiker, der auch medienwirksam wirkte und der wegen seiner packenden Erzählkunst bekannt war.

Duplizität der Ereignisse: Ein weiterer Nobelpreisträger, Werner Heisenberg (1901–1976), der auf Helgoland der Quantenmechanik zum Durchbruch verhalf, ... und dem im Jahr 2000 auf der Nordseeinsel ein Gedenkstein gewidmet wurde, fand diese global-grundlegende Theorie der Naturgesetze im Jahr 1925 – dem Geburtsjahr von Gottfried Vauk.

Hans-Henning Kruse,
Chefredakteur a. D., Nordholz

Der väterliche Freund

(...) Folgende Fähigkeiten haben sich mir bis heute eingeprägt:

1. Gottfried hat mir den Aufbau einer wissenschaftlichen Arbeit exzellent beigebracht.
2. Seine Art, junge Leute zu begeistern, war imponierend. Nicht umsonst habe ich zehnmal hintereinander Silvester auf Helgoland verbracht.
3. Er war für mich ein väterlicher Freund. (...)

Konrad Löhmer,
Realschullehrer, Husum, Krs. Nienburg

Geschichten vom lieben Gott und vom Lummenfelsen

Wie Gottfried Vauk meinen Weg in die Theologie begleitete

Wenn ich an Helgoland denke, dann kommen mir unmittelbar zwei Namen in den Sinn: James Krüss und Gottfried Vauk. James Krüss war ein imponierender Fabulier- und Reimkünstler, der auch heute noch in seinen Bann zu ziehen vermag. (...)
Noch spannender aber war es für mich – viel später –, wenn ich als Jugendlicher in den Briefkasten schaute, weil ich einen Brief von Doc Vauk erwartete.

Gottfried Vauk kenne ich seit meiner Schulzeit. Einige Jahre vor dem Abitur – etwa in der Mitte der achtziger Jahre – schrieb ich einmal an die Vogelwarte, tat kund, dass mich ornithologische und ökologische Themen interessierten, und bat um Informationsmaterial zum Naturschutzgebiet Lummenfelsen auf Helgoland. Sehr überrascht war ich, nach wenigen Tagen des Wartens, einen persönlichen Brief zu erhalten – vom Stationsleiter selbst diktiert!

Natürlich kam ich mir im Gefolge dieser „Korrespondenz" ungemein bedeutend vor und beglückte den näheren Freundes- und Verwandtenkreis fortwährend mit der Nachricht von der „persönlichen Bekanntschaft" mit einem so bekannten Biologen. Das war wohl ziemlich übertrieben, dennoch entwickelte sich aus den zaghaften handschriftlichen Anfängen ein reger Briefwechsel, von dem der Abiturient naturgemäß weit mehr profitierte als der Helgoländer Absender bzw. Empfänger.

Mitte der achtziger Jahre überlegte ich, ob ich nach dem Abitur Biologie oder (katholische) Theologie studieren sollte. Beide Bereiche interessierten mich leidenschaftlich, und das teilte ich meinem geduldigen Leser auf der kleinen Nordseeinsel unumwunden und seitenlang mit. Und immer bekam ich eine wohlwollende und hilfreiche Antwort: Ornithologie als alleiniges Studienziel sei ungeeignet. Oder aber: Bei der Theologie müsse man sehr darauf achten, dass dort die biologische Dimension nicht relativiert würde. Auch Franziskus und seine Haltung gegenüber der Schöpfung und den Tieren war ein großes Thema.

Im Laufe der Jahre und Monate habe ich mich dann doch für die Theologie entschieden. (...)

Gottfried Vauk war es auch, der mich, den Theologen (!), für die Jagd begeisterte. „Wenn Sie es können und wollen, sollten Sie die Jägerprüfung machen, aber bitte nicht kritiklos!", schrieb er in einem Weihnachtsbrief am 22. Dezember 1987. Ich habe das später wirklich realisiert, sozusagen als Exot unter lauter „Dunkelgrünen!" Und so kocht meine Frau heute wie selbstverständlich Wild- und Lammgerichte aus dem Vaukschen Erfolgsbuch oder es tummeln sich – allgegenwärtig – Kleine Münsterländer und Kaninchenteckel in unserem Haushalt.

Ende der neunziger Jahre war ich als Theologischer Referent beim Erzbistum Köln tätig und verantwortlich für die religionspädagogische Fortbildung in katholischen Tageseinrichtungen für Kinder. Zum Jahrtausendwechsel haben wir seinerzeit etliche prominente Zeitgenossen gebeten, etwas zum Thema „Kindheit 2000" zu schreiben. Auch Professor Vauk sagte spontan zu, und sein schöner Text ist heute vielleicht wie eine Art „Manifest" zu lesen: Nachdem Vauk die zunehmende Entfremdung der Kinder von den biologischen Ursprüngen dargestellt und die bleibende Sehnsucht des Menschen nach dem Paradies referiert hat, schreibt er nämlich: *„Auf Erden lässt sich ein solches Paradies nicht verwirklichen. Ein wacher Geist, eine aufnahmebereite Seele aber wird, ja muss, versuchen, kleine Schritte zum Paradies schon hier auf Erden zu tun. ... Die Tatsache, dass Misserfolge eher häufiger sind als echte Erfolge, kann und darf uns nicht entmutigen. ‚Wer* *immer strebend sich bemüht' ... So wünsche ich den Kindern denn, dass sie wieder ihre biologische Dimension erkennen und bewusst und fröhlich erleben. Gleichzeitig möge ihnen aus Seele, Verstand und Geist die Kraft zuwachsen, jeden Tag einen Schritt hier auf Erden zum Paradies hin zu wagen."*

Doc Vauk steht für mich – und sicher für viele – über all die Jahre hinweg für die Einsicht, dass der wirkliche Mensch immer beides ist: ein leibhaftiges Geistwesen, das sich einerseits seiner biologischen Dimension niemals entledigen darf (und kann), sich andererseits aber auch durch Geist und Moralität auszeichnen *muss*. Nur so lässt sich eine humane Gesellschaft formieren, in der es genügend Platz auch für Kinder und Alte, Kranke und Benachteiligte gibt. (...)

Wir sind endliche Wesen, und wir können – in seiner plastisch-konkreten Sprache gesagt – auf dem Weg ins Paradies wahrhaftig nichts mitnehmen. Angesichts des Todes erweisen sich Machbarkeitswahn, Idiolatrie und Konsumvergötzung als geradezu grotesk. Aber dennoch sind wir immer noch in der Lage, die uns verbleibende Lebenszeit zur Zeit für *den Anderen* oder *das Andere* zu machen, zur Zeit für unsere notleidenden Mitmenschen und die gefährdete Natur, deren Teil wir sind. In diesem Sinne ist für mich Gottfried Vauk immer ein Vorbild und Lehrmeister gewesen. Er realisiert auf seine Weise – gerade im Umgang mit jungen Menschen – ein Diktum des Philosophen Martin Heidegger, der einmal konstatiert hat: *„Wachsen heißt: der Weite des Himmels sich öffnen und zugleich in das Dunkel der Erde wurzeln; bereit dem Anspruch des höchsten Himmels und aufgehoben im Schutz der tragenden Erde."* (Martin Heidegger: Der Feldweg. Frankfurt, 1995, 15)

Matthias Micheel,
Leiter der Diaspora-, Kinder- und Jugendhilfe im Bonifatiuswerk der deutschen Katholiken, Paderborn

„Größtmögliche Freiheit bei größtmöglicher Ordnung“

G. Vauk 18.01.1989, N 3, Norddeutsche Profile

(...) Ungewöhnlich für ein Landesinstitut war dann auf der Inselstation auch das gesamte Arbeiten und Miteinanderleben: zum einen das „feste Personal“, ... zum anderen eine wechselnde Schar von Schülern, Studenten, Examenskandidaten, die in zwei Hütten im Fanggarten wohnte, kochte, schlief, feierte ... und durchaus auch mal Unfug trieb.

Was tat der Landesbeamte Dr. Vauk sich da eigentlich an, eine solche Menagerie ins Haus zu holen, statt still für sich forschend, weitab vom Stress der Zeit, im Glaspalast der Wissenschaft zu träumen? Sehr schnell wurde mir klar: Wissenschaft, hier die Ornithologie mit ihren Facetten, muss Wissen schaffen, Menschen verschiedensten Bildungsgrades (...) sehr verschiedene Zugänge eröffnen – akademisch oder praktisch-handwerklich, angeleitet oder selbstständig. Hier für jeden der ja freiwilligen Mitarbeiter die richtige Mischung zu finden, vorhandene Fähigkeiten und Fertigkeiten sehr schnell zu erspüren und aufzugreifen, war Vauks Geschick und seine Botschaft: Arbeit macht Spaß, ist lustvolle Herausforderung, verschafft Anerkennung. (...)

Mittlerweise selbst auf die fünfzig zugehend, ertappe ich mich bei der Selbstbeobachtung immer wieder bei der Frage: Wo hast du das eigentlich her? Wo liegen die Wurzeln für diese oder jene Sichtweise, für diese oder jene Reaktion? Vieles ist vom Elternhaus geprägt, von Lehrern, Schule, Freunden ... – aber an manchen Stellen guckt da bei genauer Betrachtung auch ein Dr. Vauk um die Ecke, mit Jagdhut und einer kraftvoll-handfesten Sprache, die, wenn es um die Sache geht, auch deutlich-drastische Formulierungen nicht auslässt.“ (...)

Dr. Gerd Nottbohm,
Biologischer Mitarbeiter der Universität Kassel

Zum ersten Mal richtig forschen dürfen

(...) Auf der Überfahrt nach Helgoland legte ich mir zurecht, was ich Dr. Vauk denn so alles sagen könnte. Viel hatte ich ja nicht vorzuweisen: Biologiestudent an der Universität Braunschweig auf der Suche nach einem Diplomthema, besonderes Interesse an der Ornithologie – obwohl keine Ahnung – hoffentlich hakt er nicht nach.

Die erste Begegnung: ein helles Arbeitszimmer mit Blick auf das Oberland und in den Fanggarten, auf dem Schreibtisch stapelweise Manuskripte und ein großer Aschenbecher mit mehreren Tabakspfeifen, in der Fensterscheibe ein paar Schroteinschläge, vermutlich von Helgoländer Jägern, an der Wand Trophäen von Hirschen und Rehböcken, aber nicht – wie üblich – knapp am Haupt abgetrennt und stilvoll auf ein verziertes Brettchen montiert, sondern mitsamt Schädel rustikal an den Nagel gehängt – einfach gediegen, so wollte ich mir mein Arbeitszimmer später auch einrichten.

Besonders beeindruckte mich die sonore Stimme: „Herr Plötz, was führt Sie zu mir, was möchten Sie bei uns tun, brutbiologische Untersuchungen am Lummenfelsen, Parasiten von Möwen?" – „Ja, Parasiten." – „Cestoden, Trematoden, Nematoden?" – „Ja, Nematoden." – „Dann bringen Sie mal Ihre Gedanken, gut sortiert, auf ein Blatt Papier und schicken es mir zu." Das war's schon. Ohne Bewerbungsschreiben und sonstige Formalitäten gab Gottfried Vauk den Startschuss für meine Diplomarbeit und auch für die Dissertation, wie sich später ergab. Endlich raus aus der Uni, stolz darauf, zum ersten Mal im Freiland so richtig forschen zu dürfen. Dass Gottfried Vauk mir hiermit die Weichen für ein ereignisreiches Berufsleben stellte, wurde mir erst später auf den Forschungsreisen in die Antarktis so richtig klar. (...)

Wenn Doc vom Festland zurückgekehrt war, saßen wir allesamt wie selbstverständlich in der Küche und hörten ihm zu: Umweltpolitisches, Jagderlebnisse oder Küstenschnack, jeder konnte sich angesprochen fühlen. Auf der Vogelwarte waren alle einfach gleich wichtig. Was ich besonders an ihm schätzte: Doc war stets für eine klare Ansprache, und seine robuste, unkomplizierte Wesensart hatte für mich etwas zutiefst Menschliches, auch wenn ich manchmal etwas schlucken musste. Da fiel z. B. die Tür vom Werkraum mit einem heftigen Knall ins Schloss. „Ruhe, da unten!" – dröhnte es von oben aus dem Büro. „Aber Doc, das war der Wind."

– „Egal, wenn einer hier die Türen zuschlägt, dann bin ich das!" – kam es überaus deutlich zurück. Ich widersprach nicht.

Was ich aber von ihm fürs Leben lernte: Tritt frisch auf. Tu's Maul auf. Nimm Unbequemlichkeiten in Kauf!

Dr. Joachim Plötz,
Alfred-Wegener-Institut für Polar- und Meeresforschung in Bremerhaven

Gesamtdeutsche Ansichten

Kann man Gottfried Vauk wirklich kennen?

Ich meinte, ihn zu kennen aus meiner beruflichen Tätigkeit als Leiter des Landesamtes für Naturschutz und Landschaftspflege Schleswig-Holstein: den langjährigen Leiter der Vogelwarte Helgoland, den Ornithologen, den Vorsitzenden des Vereins Jordsand, mit dem wir eng zusammenarbeiteten, und dann den Leiter der Norddeutschen Naturschutzakademie, in dessen Beirat ich viele Jahre saß. Ich erlebte den Wissenschaftler, den engagierten, wortgewaltigen Naturschützer, den „Überzeugungstäter".

1991/92 sah ich ihn – mittlerweile als Leiter der Naturschutzabteilung im mecklenburg-vorpommerschen Umweltministerium tätig – in Schwerin wieder und lernte eine für mich neue Seite seiner vielfältigen Persönlichkeit kennen: Wir sprachen über die Vor- und Nachteile der Windkraftnutzung, aber vor allem über Wald und Wild. Unvergessen sind mir die Gespräche über die Jagd – vor allem seine leuchtenden Augen dabei! (Die Helgoländer Zeit muss sehr entbehrungsreich für ihn gewesen sein.) Da war er in seinem Element: der Pommer, der Wald- und Landmensch, der von der Nähe zu seiner alten Heimat nach der Wiedervereinigung automatisch angezogen wurde, der mitgestalten wollte bei der anstehenden Entwicklung.

Beeindruckend fand ich die gelungene Verknüpfung dieser stark emotional geprägten Bindungen mit der Naturschutzpraxis. Wald und Naturschutz, Jagd und Naturschutz: Das waren drängende Probleme beim Aufbau der Wald-Nationalparke in Mecklenburg-Vorpommern, bei der Formulierung gesetzlicher Vorschriften, bei der Privatisierung land- und forstwirtschaftlicher Großbetriebe. Da war es hilfreich, in Professor Vauk einen „unverdächtigen“ Praktiker und Kenner beider Seiten zu finden. Wer wäre besser geeignet gewesen als er?

Dankbar war und bin ich ihm für seine Mittlerfunktion in dieser schwierigen, aber auch ereignisreichen und fruchtbaren Zeit des Wiederentdeckens und des Neuanfangs. Hilfreich war, das will ich nicht verschweigen, dass mir Gottfried Vauks Denk- und Handlungsweise sehr vertraut und sympathisch war.

Ernst-Wilhelm Rabius,
Staatssekretär im Ministerium für Landwirtschaft, Umweltschutz und ländliche Räume des Landes Schleswig-Holstein

Pfeifenrauch, Pulverdampf und Donnerstimme – ein persönliches Streiflicht

Jubiläum, runder Geburtstag, Biographie, Erinnerungen – Stichwort: Gottfried Vauk. So lautete die Anfrage. Von nun an lief ein Film vor meinen Augen ab. In zahlreichen Serien, stets mit Geräuschen, Düften und Gefühlen hinterlegt: Die Insel Helgoland, für einen jungen Schwaben, als Jordsand-Vogelwart schon in Nordfriesland in faszinierend fremden Gefilden, eine echte seefahrerische Herausforderung. Und nicht nur dies.

Der ersten Überfahrt im Sommer 1978 folgten wohl um die zwanzig weitere Überfahrten. Die meisten zur Zeit der Winterstürme, einmal bei Windstärke elf. Stets lag diesen langen Fahrten von Süd nach Nord und über die raue See eine Einladung der Vogelwarte zugrunde. Nach einigen Jahren silvesterlicher Erfahrung konnte die Grenze der persönlichen Belastbarkeit mit einiger Sicherheit bei Windstärke acht notiert werden. Bei mehr Wind schwanden die Farben aus dem Gesicht und es gab Futter – für die Möwen.

Und was, bitteschön, hat das nun mit Gottfried Vauk zu tun? Das Silvester-Kolloquium wirkte seinerzeit wie ein Magnet – bis südlich des Neckars. Und dies offenbar nicht nur auf mich. Wobei ich der Ehrlichkeit halber gerne zugeben will, dass das Wissen um so manch holde Schönheit und so manch trinkfesten Vogelfreund unter den Teilnehmern den Sog verstärkte. Dennoch, dieses Kolloquium war es, das lockte. Und es war ein alljährlich wiederkehrendes Spektakel der besonderen Art. Wo sonst auf der Welt waren innerhalb weniger Tage Jagdhorn-Fanfaren am Anleger, wissenschaftliche Vorträge von Professoren und Autodidakten nebeneinander, ornithologische Beobachtungen zu jeder Tages- und Nachtzeit, Tanzen bis zum Abwinken, Sekt ohne Ende, nächtliches Schwimmen im Freibad, Siebenliterbrühe in der Dämmerung und kollektive Ausnüchterungs-Gymnastik als Pauschal-Arrangement geboten?

Ich glaube, es sind all diese Erinnerungen, die ich in ganz besonderer Weise mit Gottfried Vauk verbinde und die mich mit ihm verbinden. Nicht, dass er selbst alles organisiert hätte. Aber er hat das Forum geboten, den Rahmen vorgegeben und der ganzen Veranstaltung seinen eigenen markanten Stempel aufgedrückt. Für die berühmte Silvester-Vorabend-Fete im Café Krebs hat er alljährlich wohl einen Monatslohn in Sekt investiert. Sein Auftritt in jährlich wechselnder Garderobe mit donnernder Ansprache endete stets mit dem Hinweis: „Ab jetzt sind Sekt und Bier frei, bis ich ‚Halt' rufe." Nach stundenlangem Reden, Tanzen und Trinken bei fast ununterbrochen glimmender Pfeife, konnte es durchaus geschehen, dass er das Halt-Rufen am frühen Morgen vergaß. Zur allgemeinen Freude seiner meist bis zur Morgendämmerung äußerst durstigen Gäste ...

Eilige Wolken, Felswatt, Düne, der Kittiwake-Sound vor den Klippen, der Duft des Tangs am Kringel, im wahrsten Sinne rolling stones am Weststrand, schöne Strände für Mensch und Robbe auf der Düne. Auf dieser Insel anzukommen, war für ein Kind des Binnenlandes stets ein neues Aha-Erlebnis. Zwischen Fischbuden, Souvenir-Läden und kleinen Häusern ging es zur großen Treppe. Immer auf dem Weg zur nächsten Insel. Denn auch die Vogelwarte war eine Insel – auf der Insel. Eine grüne Insel der Ruhe auf der steinernen Insel des Konsums. Ankommen auf der Vogelwarte war das zweite Aha. Gelbe Klinkerfassade, Aussichtsturm, Holzhütten für die Helfer hier und die Helferinnen dort, dichtes Gebüsch, Japannetze, verwunschene Ecken. Und irgendwo mittendrin ein wettergegerbtes Gesicht, Lachfalten und hellwache Augen. Donnerstimme, Pfeifenrauch, Waidmanns-Kluft. Eine markante und scheinbar widersprüchliche Persönlichkeit. Denn welcher Vogelwarten-Chef geht schon höchstpersönlich zur Jagd, und dies auch noch mit Passion? Wer leitet eine öffentliche Einrichtung und orientiert sich im Zweifelsfall stets zuerst am gesunden Menschenverstand, bevor er Anordnungen irgendwelcher Vorgesetzter befolgt? Wer redet mit Bauern und Fischern ebenso selbstverständlich Klartext wie mit Wissenschaftlern und Politikern?

Das ist er – üblicherweise kurz und knapp als „Doc“ bezeichnet. Die meiste Zeit seines Lebens unter anderem von Möwen, einem Jagdhund und jungen Menschen begleitet. Ein Mann, der mit beiden Beinen im Leben steht, scheinbar ohne jeden Selbstzweifel. Und der es sichtlich genießt, im Mittelpunkt zu stehen, sich auszutauschen, zu hinterfragen, sich zu reiben und andere mitzureißen. Ein ganz und gar unorthodoxer Wissenschaftler, unbestechlich, mit streitbarem Geist und eigenem Kopf. Kein Opportunist, sondern ein Überzeugungstäter. Im besten Sinne. Vom Typ her leider ein Fall für die Rote Liste. Unsere von aalglatten Mitschwimmern geprägte Zeit könnte gut und gerne einige Docs mehr in Führungspositionen gebrauchen!

Ob Winter oder Sommer, ich werde meine Gedanken an diese Insel stets auch mit Gottfried Vauk in Verbindung bringen. In faszinierender Weise hat er es verstanden, seinen eigenen Weg zu gehen und gleichzeitig jungen Menschen Wegweiser zu sein, Stürmen zu trotzen, sich gegen den Wind zu stellen, das Leben zu genießen und für seine Überzeugung einzustehen. Und das am liebsten inmitten junger Menschen, die er begeistern konnte und die ihn jung hielten. (...)

Dr. Stefan Rösler,
Landesvorsitzender des Naturschutzbundes Deutschland – NABU – in Baden-Württemberg, Stuttgart

Möwengulasch, Übergusskartoffeln – und Doc mit Schrubber und Eimer

(...) Eine für uns billige Nahrungsquelle war Docs Jagdleidenschaft. Viele werden sich an das Gespann „Doc mit Gewehr und Hund und Stationshelfer mit Rucksack“ erinnern. Natürlich nur zu rein wissenschaftlichen Zwecken ging es am Vormittag auf die Möwenjagd. Auch ich habe mir im Winter Hände und Füße blau gefroren, um anschließend mit zehn bis fünfzehn Möwen auf dem Buckel den „Kringel“ hinaufzukeuchen. Der erfolgreiche Jäger ging leichten Schrittes voran.

Nach der wissenschaftlichen Untersuchung der Möwen wurde den Jungmöwen anschließend das Brustfleisch herauspräpariert, eingefroren und zu einem späteren Zeitpunkt als Möwengulasch oder Frikadelle mit einem köstlichen Rotwein verspeist. So manch einer hat auf diese Weise bei Doc das Kochen gelernt. – Kaum einer, der in der kalten Jahreszeit auf der Vogelwarte war, kam an den *Vaukschen Übergusskartoffeln für Schwangere und Kranke*" vorbei. Als ich vor einigen Jahren eine starke Grippe hatte und meine liebe Tante Ilse aus Helgoland mich gerade in Stuttgart besuchte, bekam ich sogleich die Übergusskartoffeln vorgesetzt ...

Auch der sonnabendliche Putzvormittag war fester Bestandteil des Vogelwartenalltags. Vor allem die jungen Herren mussten vom Stationsleiter manchmal tatkräftig von ihrer Teilnahme am Putzdienst überzeugt werden. Das war schon ein Bild, wenn Doc mit Schrubber und Eimer in die Jungenhütte kam und den widerstrebenden Stationshelfern zeigte, wie man einen Fußboden schrubbt. (...)

Es war mit die schönste Zeit in meinem Leben, und ich denke gern an die Erfahrungen, die Menschen und die Insel zurück. Mir ist dort viel gegeben worden ... Ich habe viel gelernt, nicht nur fachlich, sondern vor allem menschlich. Aus mir, einem unsicheren jungen Mädchen, das bei jeder öffentlichen Rede einen roten Kopf und das Stottern bekam, ist eine Frau geworden, die mit Freude Theater spielt und gern auf der Bühne steht. Manchmal denke ich dann an meine erste Führung im Fanggarten der Vogelwarte zurück, wo ich mir wünschte, der Boden möge sich auftun und mich verschlingen. (...)

Antje Sahmow,
Biologisch-technische Assistentin, Stuttgart

Bereicherung und Ermutigung

(...) Er hat uns jungen Leuten, die wir ein wenig verloren oder beschädigt aus der Kinder- und Jugendzeit hervorgegangen waren, als ein Mensch der Elterngeneration ja wirklich gezeigt und erlebbar gemacht, dass es lohnende Ziele in der Welt und ein intensives persönliches Leben geben kann. Das ist für eine Generation bemerkenswert, deren Eltern Hitler-Deutschland mitgemacht haben und die dann doch im „neuen" Deutschland weitgehend verschwiegen haben und wohl auch verschweigen mussten, wie das alles gewesen ist, und auch für die, die ihre Traumatisierungen nicht verbergen konnten.

Es war in mancher Hinsicht eine Bereicherung und Ermutigung, dem Kreis um Gottfried Vauk und seinen jungen Leuten damals auf Helgoland begegnet zu sein. Er hat meinem damals jungen Leben eine erlebnisreiche und sinnvolle Zeit vermittelt. (...)

Unser Doc hatte ja zu tun mit einem starken Streben nach wissenschaftlicher Anerkennung einerseits, einer Verantwortung der Natur gegenüber andererseits und einem reichen Seelenleben eher östlicher Herkunft, mit Möglichkeiten, die bei den trockenen Nordwestdeutschen nicht so vorhanden sind. So verursachte er Bewunderung *und* Schockierung. Er vertrat beharrlich seinen Standpunkt, der Mensch sei ein denkendes Säugetier, was ja eher ein wissenschaftlich-dröger Standpunkt ist, liebte aber doch die radikalen Erlebnisse in der Natur und woanders und auch die weiblichen, besonders jungen Säugetiere der Spezies Mensch, denn er war immer auch ... ein Verehrer weiblicher Schönheit. (...)

Rückblickend und aus eigener Erfahrung im Umgang mit Kindern und Jugendlichen kann ich natürlich auch nur bestätigen, was wir ja alle wissen: Gottfried war ein ausgezeichneter Leiter für Jugendliche und junge Erwachsene. (...) Er stellte sich auch als Mensch und stellte ein Bild dar, das junge Menschen ansprach, weil es herausstach aus dem Gewöhnlichen. (...)

Micaela Sauber,
Märchenerzählerin, Hamburg

„Gottfried Vauk schätze ich, weil er fest auf dem Boden steht, …"

Ich kenne Herrn Professor Dr. Gottfried Vauk seit Anfang der siebziger Jahre. Seit 1970 bin ich Mitglied im Verein Jordsand und wusste von dem Vorsitzenden eigentlich nur den Namen, denn ich selbst hatte 1976 die Stiftung zum Schutze gefährdeter Pflanzen gegründet, und diese nahm neben den offiziellen Aufgaben in Bonn als Frau des Bundeskanzlers meine Freizeit weitgehend in Anspruch. Erst Ende der achtziger Jahre traf ich ihn häufig. Ich war wieder ganz in Hamburg, und Gottfried Vauk und seine Ehefrau, Erika Vauk, arbeiteten engagiert in der von Heimo Rethwisch gegründeten Wildtierlandstiftung, deren Beirat ich angehörte.

Wir verstanden uns von Anfang an. Beide hatten wir Sorgen um bedrohte Pflanzen und Tiere. Auch waren wir uns immer einig, dass man mit großen Proklamationen nicht viel bewirken kann, wohl aber mit kleinen praktischen Schritten. Die Heide und andere Lebensräume als Kultur- und nicht als Naturlandschaft, die Jäger – „Ersatz für Wölfe und Bären", wie ich es nannte – als Regulator in der Landschaft, waren einige der Themen, über die wir sprachen. Als Gottfried Vauk das großartige Projekt „Weltforum Wald" für die Expo 2000 in Angriff nahm, habe ich mit meinen Möglichkeiten versucht, ihm ein bisschen zu helfen. Das brachte wieder gute Gespräche.

Gottfried Vauk schätze ich, weil er fest auf dem Boden steht, er ist mehr Bauer und Jäger als Theoretiker. Mit seinem großen Wissen und mit seiner Erfahrung liefert er aber auch immer wieder wissenschaftliche Darstellungen seiner Arbeitsergebnisse. Ich bedauere, dass ich so selten Gelegenheit hatte, mit ihm zu wandern, um die vorhandene Natur um uns herum zu sehen, zu riechen und zu fühlen.
Ihm wünsche ich, dass er noch lange auf seine eigene, besondere Art für die Natur wirken und Menschen dafür begeistern kann.

Prof. Dr. h. c. Loki Schmidt,
Gründerin der Stiftung zum Schutz gefährdeter Pflanzen,
Frau des ehemaligen Bundeskanzlers Helmut Schmidt

Vauks Lehrstätte oder Learning by Doing

Stationshelfer an der Inselstation Helgoland der Vogelwarte gewesen zu sein, ist schon eine besondere Erfahrung, die man auch nach Jahrzehnten seines Lebens nicht in seinen Erinnerungen missen möchte. Bereits im Herbst 1964 durfte ich mich in die schon stattliche Schar dieser *„Stationstrottel"* einreihen. (...)

Die vielfältigen Anforderungen im Arbeitskreis an der Vogelwarte haben mir gezeigt, dass die Möglichkeiten, etwas zu lernen, dort fast unbegrenzt waren. Eines versuchte ich später immer wieder umzusetzen: Man kann eine Aufgabe noch nie kennen gelernt haben und ist dann doch in der Lage, sie zu lösen, wenn der Versuch gewagt und wohlwollend unterstützt wird. An manchen Abenden haben wir zusammen gesessen und Ideen zum Fang von Vögeln entwickelt. Leider ist die Idee, mit einem an Luftballonen hängenden Netz nächtlich ziehende Vögel in Massen aus der Luft zu holen, immer noch nicht umgesetzt. (...)

Ich möchte über ein Erlebnis berichten, das mir im Juni 1984 während einer meiner Veranstaltungen zur Lehrerfortbildung verdeutlichte, wie wichtig mir das an Vauks Inselstation gelernte genaue Hinschauen im Freiland und das nachdenkende Einordnen des Gesehenen geworden ist:
Am Nordoststrand der Insel beobachtete eine Lehrergruppe das Revierverhalten eines Austernfischer-Paares und dessen Reaktionen auf Strandtouristen. Die mitfahrende Tochter einer Kollegin entdeckte das einzige noch übrig gebliebene Küken. *„Über diese Vogelart musste ich die Abitur-Klausur schreiben"*, sagte sie. *„Ich habe zwar alles über das Übersprungverhalten geschrieben. Es war auch wohl alles richtig, aber ich glaube das einfach nicht!"*

Eine spontane Idee wurde nun in die Tat umgesetzt: Warum sollte nicht ein Strandwanderer einen Spiegel zwischen den roten Steinen stehen gelassen haben?! Unser Quartier, die Jugendherberge, war nicht weit, ein Spiegel im Waschraum schnell ausgeliehen und schon lief ein Austernfischer darauf zu, stoppte – und steckte seinen Schnabel ins Flügelgefieder. Auf einem S-8-Film konnte dieses Geschehen bis zum Lösen aus dem Übersprungverhalten, einem Angriff auf das Spiegelbild, festgehalten werden.

Das glücklich strahlende Gesicht der einstigen Schülerin war überzeugend und machte mir deutlich, dass Biologiebücher mit schwarzweißen

Strichzeichnungen allein den Zugang zu tierischen Verhaltensweisen wohl kaum vermitteln können. – Mir blieb im speziellen Fall wenigstens ein Filmstreifen als exakter Beleg für ein trockenes Schulbuchkapitel. (...)

Umweltbildung als Ziel der Öffentlichkeitsarbeit gehörte von Anfang an zu der Arbeitsfeldern der Inselstation. Studenten erleben zu lassen, wie sich der lebende Vogel in der Hand anfühlt, gehörte genauso dazu, wie Führungen und Vorträge, die Gottfried Vauk ... so trefflich zu halten verstand. Alles hatte einen großen Wert für die Einstellung der Bürger zum Naturschutz, und daher kann ich auch hier für mich Vorbildliches feststellen. (...)

Dr. Hans-Jürgen Stork,
Studiendirektor a. D., ehem. Vorsitzender des Naturschutzbundes Berlin

Gottfried Vauk – ein „Kap der guten Hoffnung"

Laudatio anlässlich der Verleihung der Ehrenmedaille der Gesellschaft für Wildtier- und Jagdforschung der Universität Halle am 19.04.2002

(...) Als kritischer Zeitgeist und Querdenker gehörten Sie zu den ersten westdeutschen Kollegen, die sich unserer deutschlandweiten und international offenen Gesellschaft anschlossen. Als „Doc" der Insel Helgoland sowie vor und nach dieser wichtigen Etappe Ihrer beruflichen Einbindung haben Sie nicht nur Hunderte von jungen Biologen und naturverbundenen Menschen begeistert, sondern vor allem auch ein Wissenschaftsgebäude hinterlassen und als Mittler und Kämpfer für eine Verständigung zwischen West und Ost Charakter und Geradlinigkeit bewiesen. Dies zu betonen, ist uns ein Herzensbedürfnis, da Sie mit Ihrem Charisma, kritischer Begleitmusik, offenem menschen- und tierfreundlichem Wesen, ausstrahlendem Witz und Enthusiasmus stets ein *„Kap der guten Hoffnung"* waren. (...)

Wie kaum jemand vor Ihnen verbanden Sie Ornithologie und angewandten Naturschutz. Ihre Möwenforschung und das Engagement bei der Bekämpfung der Meeresverschmutzung bleiben unvergessen. Immer haben Sie an der praktikablen Umsetzung ökologischer Erkenntnis mit Erfolg gewirkt. Ende der siebziger Jahre haben Sie über die Biozid- und Schwermetallbelastung von Helgoländer See- und Landvögeln im inter-

disziplinären Verbund berichten können. (...)
Nach der politischen Wende luden Sie Kollegen aus Naturschutz, Forst und Wissenschaft ein, um über den Stand und die Sicht, aber auch die bemerkenswerten Leistungen des ostdeutschen Naturschutzes und ostdeutscher Wildforschung berichten zu lassen, um Welt- und Lebensbild der anderen Seite ohne Siegermentalität mit viel Taktgefühl ... zu vermitteln und die ostdeutschen Partner auf den bundesdeutschen Alltag vorzubereiten. (...)

Bleiben Sie auch künftig ein Fels in der Brandung!

Prof. Dr. Michael Stubbe,
Universität Halle

Docs Standpauke war richtig

(...) Meine Verbindung zu Doc Vauk ist absolut untypisch: Ich bin keine Ornithologin!

Seit meiner Kindheit war für mich – nicht für meine Eltern – völlig klar, dass ich Künstlerin werden würde. Nach dem Abitur 1980 sollte ich mir zunächst *„etwas fremden Wind um die Nase wehen“* lassen. Nur welchen? Dank der segelnden Eltern landete ich auf Helgoland.

Bei einer Vogelwartenführung meinte ein netter Mensch, ich solle doch mal zwei Wochen als Stationshelferin anheuern (...) Wohl auf Grund meiner zeichnerischen Auffassungsgabe lernte ich rasant schnell, die Vögel in der freien Natur zu bestimmen – ohne Fernglas – und so wurden aus den zwei Wochen mindestens sechs Monate (zuzüglich diverser nachfolgender Aufenthalte). (...)

Wann immer ich Anstalten machte, die Insel zwecks Kunststudium zu verlassen, war es Doc, der mich ernsten Blickes herbei zitierte. Blumig bekam ich dann die Gräuel eines Künstlerdaseins in all seiner Düsternis vor Augen geführt. Und so blieb ich wieder auf der Insel – man war ja sooo beeinflussbar!
Zum Schluss fuhr er scharfe Geschütze auf und veranschaulichte meine Zukunft als Künstlerin mit der folgenden Zeichnung:

Biologie = ... ❑ ... ❑ ... ❑ ... ➤ Brötchen

Kunst = ... ☒ ... ☒ ... ☒ ... ➤ keine Brötchen ! ! !

So begann ich Biologie zu studieren!

Solange es die Zoologie betraf, war es ein wunderbares Studium. Mit dem gesamten Rest war ich todunglücklich. (...) Ich habe neben meinem Studium soviel gezeichnet und gemalt, dass ich unvergleichlich viel besser wurde, als wenn ich mich direkt ins Kunststudium gestürzt hätte. So brach ich zum Entsetzen meiner Eltern fröhlich pfeifend mein Studium ab und wurde sofort als Meisterschülerin an der Hochschule für Angewandte Kunst in Wien angenommen – und die nahmen nur ein Prozent der Bewerber. Mein dortiges Studium krönte ich mit einem Diplom *„summa cum laude"*. Thema: *„Die Vögel der Nordsee"* – ein Bestimmungsführer (ohne Fernglas). Erforscht, verfasst und illustriert 1990 auf der Vogelwarte auf Helgoland!

Kriso ten Doornkaat,
Künstlerin, Magister Artium, Rysum

„Es ist also gute Zeit, sich an Prof. Dr. Gottfried Vauk zu erinnern, ..."

Über lange Zeit hinweg sind sie belächelt worden – diese hochmotivierten Menschen, die sich mit ... Vögeln sachkundig beschäftigten, ... um wichtige Informationen über Lebensweisen, über Ökosysteme und Gefährdungen zu ergründen.

Dieses Lächeln war geprägt von einer Zeit, in der als gemeinsamer Nenner nur Mark und Pfennig, nur der materielle Wert akzeptiert wurde. (...)

Aber gerade diese Pioniere ... werden zur gegenwärtigen Zeit wieder gebraucht. Denn wieder besteht die Gefahr, dass es nur darum geht, wirtschaftliches Wachstum zu stimulieren, auf welche Kosten der Natur auch immer. (...)

Es ist also gute Zeit, sich an Prof. Dr. Gottfried Vauk zu erinnern, darauf aufmerksam zu machen, dass Natur durchaus ein unersetzliches Kapital darstellt. So ist es eine gute Idee, dass zu Ehren von Prof. Dr. Vauk eine Biographie erscheint. (...) Ich kann die Idee mit Freude und Nachdruck unterstützen.

Prof. Dr. Klaus Töpfer,
Bundesmininster a. D., Direktor des Umweltprogramms der Vereinten Nationen – UNEP, Nairobi/Kenia

Plenterwald und Pilzmyzel

Stationshelfer/in an der Vogelwarte auf Helgoland: für Hunderte junger naturbegeisterter Menschen ein prägendes Erlebnis fürs Leben, oft sogar Weichenstellung für eine andere Zukunft. Warum eigentlich?

Ist es die sturmumtoste, grün-rote Felseninsel, das Phänomen des alljährlichen Vogelzuges mit seinen Masseneinflügen oder der Seevogelfelsen mit seinen fliegenden Windakrobaten, dem Guano-Geruch und dem markanten Geschrei von Lummen und Dreizehenmöwen, die wie ein Magnet Anziehungskräfte freisetzen? Ja auch, muss man sagen, aber wohl nicht nur und oft nicht als das Ausschlaggebende. Was denn dann?

Ein Aspekt: Nach einer bewegten Überfahrt fällt der Anker auf der Helgoländer Reede, es folgt ein gepäckbeladener Sprung ins schwankende Börteboot, und dann die erste Nordseegischt in den Haaren. Am Anleger die freundliche Begrüßung durch „Fernglas-Menschen", gemeinsam wird die Handkarre durch die Touristenströme zur Station bugsiert, anschließend ein Wiedersehen oder erstes Kennenlernen in der Kaffeerunde.
Nachmittags ist öffentliche Führung im Fanggarten der Vogelwarte. Ein versierter Kollege (es gilt auch die weibliche Form) präsentiert den staunenden Besuchern Detail-Wissen aus der Vogelzugforschung, gekrönt durch eine gekonnte Beringungsaktion mit kurz zuvor gefangenen Durchzüglern.
Beim anschließenden Auszählen der Spendengelder erfuhr dann so mancher Neuling vom Stationsleiter, „Doc Vauk", dass er die nächste Führung drei Tage später selber zu machen hätte. Für nervöse Zweifel an den eigenen Fähigkeiten blieb keine Zeit.

Ein zweiter Aspekt: Viele von uns waren Biologie-Studenten an Universitäten aus dem gesamten Bundesgebiet. Typisch, übrigens auch für Nicht-Akademiker, waren kleine wissenschaftliche Arbeiten, die von Gottfried Vauk initiiert und angeleitet wurden. Sie waren eingebunden in die fächerübergreifende, umweltbezogene Bandbreite der Forschungstätigkeiten an der Inselstation und eigentlich immer auch mit handfester Praxis verbunden.
Diese Kombination war kennzeichnend für die Wissenschaft an der Vogelwarte. Der Arbeitsalltag auf Helgoland war so völlig anders als ein Tag an der Universität. Ob Student oder Doktorand, jeder fasste mit an und hatte selbstverständlich allgemein anfallende Arbeiten neben seiner eigenen Forschungstätigkeit zu erledigen. Hier reichte die Spanne von Vogelfang und Beringung über die üblichen Arbeiten im Fanggarten (z. B. Kurzhalten der Vegetation, Ausbessern der Fanggeräte) bis zu jagdlichen Hilfstätigkeiten beim Ansitz und Apportieren. Anschließend ging es zurück an den Schreibtisch, sofern man einen eigenen hatte, oder ins Labor, oft bis spät in die Nacht. So mancher von uns hat seine erste wissenschaftliche Publikation noch vor der Diplomarbeit veröffentlicht.
Viele Jahre lang dominierten die bedrückenden und jeden betroffen machenden Arbeiten zur Ölpest. Eigentlich studierte man Biologie, um sich mit der Erforschung des Lebens zu beschäftigen und nicht, um hoffnungslos verölte Vögel zu erschlagen. Der Zorn über das Leiden der Kreatur, verursacht durch angeblich wirtschaftliche Sachzwänge, erzwang eine öffentliche, gesellschaftliche Diskussion, die von uns allen geführt wurde.
Auch andere Forschungsthemen bewegten sich in dem Dreieck aus Ökologie, Ökonomie und sozialer Verantwortung. Jeder wusste, was nachhaltige Entwicklung bedeutete, noch bevor dieser Begriff Allgemeinwissen wurde. Wissenschaftler im Elfenbeinturm ist keiner von uns geworden.

Von einer eigentümlichen Faszination auch die Silvester-Kolloquien: Entstanden aus einer mehrtägigen, mit naturkundlichen Urlaubsgeschichten angereicherten Feier, entwickelten sich im Laufe der Jahre teilweise hochkarätige Fachveranstaltungen mit dreistelligen Teilnehmerzahlen und internationaler Reputation.

Viele angehende Lehrer und Forscher hielten ihren ersten Vortrag vor gestandenen Wissenschaftlern, erlebten Anerkennung und Kritik und entwickelten Selbstbewusstsein und Selbstvertrauen in einer funktionierenden Gemeinschaft. Bei dem fröhlichen Rahmenprogramm wurden alte Freundschaften gepflegt und neue Bekanntschaften geknüpft. Rang und

Namen spielten keine Rolle. Berührungsängste zu wissenschaftlichen Koryphäen, hochrangigen Ministerialbeamten und Politikern kamen gar nicht erst auf. Ob Professorin oder Forstlehrling, spätestens auf der Tanzfläche im „*Krebs*" kam man sich näher. Irgendwann gab es dann im Stations-Jargon den Begriff „*Plenterwald*".

Plenterwald nennt man in der Forstwirtschaft einen strukturreichen Wald, der einzelstammweise genutzt wird, in dem keine Altersklassen existieren, eigentlich den typischen Bauernwald mit Naturverjüngung, viel Krummholz und fruchtbarem Bodenleben. Allein schon vom Anblick her eine Wohltat fürs Auge im Vergleich zu den üblichen Bretterforsten, von der ökologischen Bedeutung ganz zu schweigen. Und nachhaltig allemal. So ein Wald ist „*sturmfest auf die Dauer*".
Der ebenfalls standes- und altersklassenlose „*Helgoländer Plenterwald*" stellte für die deutsche Naturschutz- und Wissenschaftsszene eine Einmaligkeit dar und übte eine ungeheure Anziehungskraft aus. Die Kombination aus unbeschwertem Feiern bis spät in die Nacht (geradezu legendär sind die nächtlichen Schwimmbadbesuche), pünktlicher Versammlung und diszipliniertem Zuhören im Vortragsraum am anderen Morgen zeigte eine Spanne, die auch den verstaubtesten Wissenschaftler faszinierte. – Oder an der Garderobe von Gottfried Vauk festgemacht: Von gefranstem Lederhemd à la Karl May über den alltags üblichen Pullover bis zum Smoking mit Schleife, verknüpft mit ausgeprägten Ritualen, reichte die Bandbreite während des Tagesablaufs.

Es war wohl dieses ganzheitliche, Körper, Geist und Seele einbeziehende Leben auf der Vogelwarte und die alles gleichzeitig ausdrückende Persönlichkeit von Gottfried Vauk, die diesen Sog auf die Insel erzeugten. Fordern und Fördern im besten Sinne hat vielen auf den Weg der Berufs- und Lebensfindung geholfen. Das heutige Freiwillige Ökologische Jahr (auch wenn es weniger wissenschaftlich ausgerichtet ist) zielt von der Konzeption her ebenfalls in diese Richtung, die Gottfried Vauk damals wie selbstverständlich an der Vogelwarte für junge Menschen entwickelt hat.

Seine Verantwortlichkeit der Umwelt und den Menschen gegenüber gründete sich auf Kindheitserinnerungen in einem intakten Lebensraum, auf schlimmen Kriegserfahrungen und dem zunächst ohnmächtigen Mit-Ansehen-Müssen eines verantwortungslosen Umgangs mit der Natur während der goldenen Wirtschaftswunderzeiten. Seine Lebenseinstellung, vergleichbar der Land-Ethik Aldo Leopolds, seine Begeisterungsfähigkeit und seine Kämpfernatur prägten seine Arbeit und seine Mitarbeiter. Gottfried Vauk mischte sich ein. Hierarchien waren kein Hindernis. Als Landesbeamter und gleichzeitiger Verbandschef spielte er meisterhaft auf der „*Klaviatur der verschiedenen Briefköpfe*". Diese Unerschrockenheit und nicht zuletzt seine nicht zu überhörende Stimme ließen ihn zu einem einflussreichen Gestalter in Sachen Umweltschutz und Vorbild für viele von uns werden.

Was ist geblieben?

Langfristige Erfolge im Nordseeschutz sind unverkennbar, doch wer rettet heute die Welt? Gottfried Vauk ist schließlich pensioniert. Aber dennoch kein Grund zum Trauern, denn etwas anderes lebt und ist längst über Helgoland hinaus gewachsen.
Neben dem Plenterwald tauchte irgendwann ein zweiter Begriff auf, der etwas Wesentliches erfasste: das Pilzmyzel. „*Wir vermehren uns wie die Schleimpilze*", so Gottfried Vauk angesichts der wachsenden Mitarbeiterschar und inzwischen sichtbarer beruflicher Erfolge einiger Ehemaliger auf dem Festland. Und in der Tat, dort wo man früher ehrfürchtig und auch neidvoll in die Etage der beruflich Erfolgreichen aufblickte, sitzen heute viele ehemalige Stationshelfer als Behördenleiter, Hochschullehrer, Verbandschefs, Nationalparkmitarbeiter und vieles mehr, manche inzwischen weit über Deutschland hinaus aktiv.
Dieses Netzwerk lebt und wächst nach wie vor, es beinhaltet das Helgoländer Know-how und arbeitet im umfassenden Sinne an einer nachhaltigen Entwicklung. Es sind Freundschaften fürs Leben entstanden und mehrfach sogar eheliche Bande, wie auch in unserem persönlichen Fall. Allen ist bewusst, dass es nicht nur das in der Ausbildung erlernte Wissen ist, das berufliches und persönliches Vorwärtskommen gewährleistet, sondern dass es maßgeblich die von Gottfried Vauk vorgelebten „*Helgoländer Kompetenzen*" sind:

- Vorausschauend denken können
- Weltoffen und neuen Perspektiven zugänglich sein (global denken)
- Interdisziplinär denken und handeln können
- Partizipieren können
- An der Nachhaltigkeit orientiert planen und handeln können
- Empathie, Engagement und Solidarität zeigen können
- Sich und andere motivieren können
- Individuelle wie kulturelle Leitbilder reflektieren können

Inzwischen sind auch die Vereinten Nationen vom Helgoländer Pilzmyzel infiziert! Von 2005 bis 2014 wurde die UN-Dekade *„Bildung für eine nachhaltige Entwicklung“* mit exakt dieser Zielsetzung ausgerufen.

Cordula Vieth,
Projektstelle Nachhaltige Entwicklung der Behörde für Stadtentwicklung und Umwelt in Hamburg

Dr. Eckart Schrey,
Dezernatsleiter im Nationalparkamt Schleswig-Holsteinisches Wattenmeer, Tönning

Anhang

Folgende Autoren wurden ausschließlich im ersten Teil zitiert:

Günter Flesner,
Minister für Umwelt, Naturschutz und Landwirtschaft des Landes Schleswig-Holstein a. D., Dersau

Felix Gräfe,
Mitarbeiter der Inselstation der Vogelwarte auf Helgoland von 1960–1970, Lübeck-Brodten

Prof. Dr. Gerhard Hartmann,
ehem. Universität Hamburg, Goslar

Dr. Hans Niemeyer,
Leitender Forstdirektor a. D., Göttingen

Dr. Arnd Rüger,
Ministerialrat a. D. im Ministerium für Umwelt, Naturschutz und Landwirtschaft des Landes Schleswig-Holstein, Lärbro/Schweden

Michael Wedler,
Forstassessor, ehem. Geschäftsführer des Vereins Waldforum 2000 e. V., Soltau

Annäherung

1 Reineking, B., Vauk, G.: Seevögel – Opfer der Ölpest. Historie – Ursachen – Wirkung – Hilfen. Eine Dokumentation, 143 S., 7 Abb., 47 Fotos, 22 Tab., Otterndorf, Niederelbe-Verlag, Jordsandbuch 2, 1982

„Der Gerechte erbarmt sich seines Viehs ..."

1 Fawkes of Farnley, unveröffentlichte Familienchronik, Archiv Vauk

2 Vauk, G.: Hundegeschichten aus Pommern, unveröffentlichtes Manuskript

Aus dem Nest geworfen – Jugend in Nazideutschland

1 Richter, H.-E.: Die Chance des Gewissens. Erinnerungen und Assoziationen, Hoffmann und Campe, Hamburg 1986

Studieren, feiern, Kisten schleppen – die Kieler Jahre

1 Brief vom 04.05.04, Archiv Bindig

2 Vauk, G.: Hundegeschichten aus Pommern, unveröffentlichtes Manuskript

3 Vauk, G.: Rassevergleichende Beobachtungen über die Entwicklung angeborener Verhaltensweisen an Junghunden bis zum Alter von zwei Monaten. Kiel, Univ., Phil. Fak., Dissertation

Auf Helgoland ist – nicht – alles anders

1 Joachim Oltmann, DIE ZEIT vom 23.08.2001, Zeitläufte: Unser Gibraltar

2 DIE ZEIT a. a. O.

3 Heinrich Gätke: die Vogelwarte Helgoland, Druck u. Verlag J: H: Meyer,Braunschweig 1900

Der richtige Mann zur richtigen Zeit am richtigen Ort

1 DIE WELT vom 23.06.1956

2 Geschichte der Vogelwarte und der Vogelforschung auf Helgoland von Gottfried Vauk unter der Mitarbeit von Wilhelm Bindig, Friedrich Goethe und Dietmar Gruner, Niederelbe-Druck, Otterndorf 1977

3 ebd., S. 108–110

4 s. 2. Teil, Seite 160, Beitrag: „Phantasievoller Robinson und listenreicher Odysseus"

5 Brief vom 18.09.04, Archiv Bindig

6 Brief vom 26.07.04, Archiv Bindig

7 Brief vom 29.10.04, Archiv Bindig

8 ebd.

Vom „Finkenpetter" zum weltweit bekannten Seevogelkundler

1 Archiv Vauk

2 Vauk, G.: Fragen um die Ölpest. Mitteilungen für schleswig-holsteinische Jäger und Fischer, 12: 3–4, 1966

3 Vauk, G.: Das Silbermöwenproblem auf Helgoland (Silbermöwe-Trottellumme), Bericht, Internationaler Rat für Vogelschutz, Deutsche Sektion, 2: 47–52, 1 Tab., Wilhelmshaven, 1962

4 Reineking, B., Vauk, G.: Seevögel – Opfer der Ölpest. Historie – Ursachen – Wirkung – Hilfen. Eine Dokumentation, 143 S., 7 Abb., 47 Fotos, 22 Tab., Otterndorf, Niederelbe-Verlag, Jord-sandbuch 2, 1982

5 SPIEGEL Nr. 10 vom 07.03.1983

6 Vauk, G.: Seevögel als Indikatoren für zeitlich und örtlich begrenzte Meeresverschmutzung im Gebiet um Helgoland (Deut-

sche Bucht). Veröffentlichungen des Instituts für Meeresforschung in Bremerhaven, 17: 95–100, 1 Tab.: Bremen, Druckfehler Zitierleiste, S. 95: nicht Band 18, 1978

7 Vauk, G., Lohse, H., Zunk, B.: Untersuchung zur Schwermetallbelastung der Helgoländer Land- und Seevögel sowie einiger Säuger der Insel, Veröffentlichungen aus dem Übersee-Museum Bremen, Reihe E, 2: 17 S., 15 Tab., Bremen (Beiträge zum Thema Meeresverschmutzung, II, 1979

8 Vauk. G.: Zum Ablauf des Seevogelsterbens als Folge „schleichender Ölpest" auf Helgoland im Frühjahr 1979, Die Vogelwarte, 30: 271–276, 1 Abb. 1 Tab., Möggingen, 1980

9 Vauk, G.: Tatort Nordsee. Seevögel als Bioindikatoren. Dokumentation zur Verbrechensbekämpfung, Bund Deutscher Kriminalbeamter, Landesverband Niedersachsen, 1982: 23-30, Essen (Vorträge, 6. Fachtagung, Kripo International, Hannover, September 1982

10 Reineking, B., Vauk, G., Hartwig, E., Vauk-Hentzelt, E.: Stand der Untersuchungen zum Thema Seevogelverluste durch Ölverschmutzung an der deutschen Nordseeküste. Texte, Umweltbundesamt, 1986 (Nov.): 248–258, 5 Abb., 2 Tab., Berlin Themenband/ Meereskundliche Untersuchung von Ölunfällen, 1986

11 Vauk. G., Schrey, E.: Vermüllung der Nordsee. In: Umweltvorsorge Nordsee. Belastungen – Gütesituation – Maßnahmen. Hrsg. vom Niedersächsischen Umweltministerium, S. 67–73, Hannover, 1987

12 Vauk, G., Hartwig. E., Schrey, E., Vauk-Hentzelt, E.: Verluste und Belastungen durch Öl, Plastikmüll und Fischerei. In: R. Berndt u. G. Busche: Vogelwelt Schleswig-Holsteins, Bd. Entenvögel I, Wachholtz-Verlag, Neumünster, 15–20, 1991

13 Ulrich Stock in DIE ZEIT vom 09.11.1984, Gottfried Vauk – Der Fänger von Helgoland

14 Sendung vom 18.01.1989, Archiv Vauk

15 Sendung vom 21.07.1999, Archiv Vauk

16 Sendung vom 18.07.1998, Archiv Vauk

17 Schwedisches Fernsehen, Archiv Vauk

18 a. a. O.

19 a. a. O.

20 a. a. O.

21 Brief vom 23.07.2004, Archiv Bindig

22 Gottfried Vauk: Nationalpark Niedersächsisches Wattenmeer: Historie – Bedeutung – Schutz, Festvortrag anlässlich der Einweihung des Nationalparks Niedersächsisches Wattenmeer am 12.03.1986 in Wilhelmshaven, „Seevögel", 7: XI – XIV, 1 Abb., Hamburg, 1986

23 s. 2. Teil, Seite 193, Beitrag: „Docs Standpauke war richtig"

Der Abschied von Helgoland

1 zitiert in: Helgoland 1807–1967, eine Filmchronik, Video-Cassette, ISBN 3-937349-00-6

2 Antoine de Saint-Exupéry: Der Kleine Prinz, Karl Rauch Verlag, Düsseldorf, 2000

Ein Traum geht in Erfüllung: Rückkehr in die Wälder

1 Brief vom 18.03.2004, Archiv Bindig

2 s. 2. Teil, Seite 166, Beitrag: „Der Typ des unverwüstlichen Naturschützers"

3 Brief vom 26.08.2004, Archiv Bindig

4 a. a. O.

5 a. a. O.

6 „Einer trage des Anderen Last", Mitteilungen aus der NNA, 4. Jahrgang, 1993, Sonderheft, hrsg. v. d. NNA

7 Weltforum Wald, Chronik, Dokumentation, Perspektiven. Sonderband des Jahrbuchs des Landkreises Soltau-Falling-bostel, 2003, ISSN 1430-7553

8 Eine-Welt-Kirche, Eine-Erde-Altar. Hrsg. Evangelisch-lutherische Markus-Kirchengemeinde, Schneverdingen, Beisner-Druck, Buchholz, Juni 2000

9 Brief vom 26.08.2004, Archiv Bindig

10 Böhme-Zeitung, Soltau, 27.11.2000

11 s. 2. Teil, Seite 169, Beitrag: „Nächte auf dem Hochsitz"

Gottfried Vauk und die Jagd

1 s. 2. Teil, Seite 173–175, Beitrag: „Raubein mit Charme"

2 s. 2. Teil, Seite 192–193, Beitrag: „Gottfried Vauk – ein Kap der guten Hoffnung"

3 Gottfried Vauk: Jagd ist eine Sache auf Ehrenwort. In: unsere Jagd, 8/2001, 51. Jahrgang, Dt. Landwirtschaftsverlag, Berlin 2001

Spuren, die bleiben

1 s. 2. Teil, Seite 156, Beitrag: „Ritual und Veränderung"

2 s. 2. Teil, Seite 159, Beitrag: „Gottfried Vauk, ein Typ, wie man ihn heute ... mit der Lupe suchen muss"

3 s. Seite 125

4 s. 2. Teil, Seite 192–193, Beitrag: „Gottfried Vauk – ein Kap der guten Hoffnung"

Auszeichnungen und Ehrungen für Gottfried Vauk

Bundesverdienstkreuz

Niedersächsischer Verdienstorden l. Klasse

Hamburger Preis für Jagdpolitik

Ehrenmedaille der Gesellschaft für Wildtier- und Jagdforschung

„Silberner Reiher" – Institut für Verhaltensforschung der österreichischen Akademie der Wissenschaften

Otto-Leege-Medaille der Naturforschenden Gesellschaft zu Emden von 1814

Ehrennadel in Silber des Naturschutzbundes Deutschland (NABU)

Ehrennadel in Gold des Landesjagdverbandes Niedersachsen

Ehrenvorsitzender des Vereins Jordsand zum Schutz der Seevögel

Ehrenmitglied im Verein der Freunde und Förderer der Inselstation der Vogelwarte Helgoland

Ehrenmitglied im Naturschutzverein Hils-Ith-Bergland

Korrespondierendes Mitglied im Ornithologischen Verein Hildesheim

Widmung einer mehrhundertjährigen Eiche als *„Vauk-Eiche"* anlässlich seines 75. Geburtstages in Anerkennung seiner Verdienste um den Landkreis Soltau-Fallingbostel und das Weltforum Wald im Walderlebniszentrum Ehrhorn

Anlässlich des 80. Geburtstages von Gottfried Vauk am 05.10.2005 kündigte der Kreisverband Soltau-Fallingbostel der Schutzgemeinschaft Deutscher Wald an, dass er beabsichtigt, ab 2007 jährlich eine „Vauk-Ehrenmedaille" für besondere Verdienste zu verleihen.

Eine Liste mit allen Veröffentlichungen von Gottfried Vauk *kann im Internet unter* ***www.vauk-online.de*** *eingesehen werden.*

Im Haus der Natur in Ahrensburg überreicht Gottfried Vauk Loki Schmidt die Urkunde zur Ehrenmitgliedschaft im Verein Jordsand

Loki Schmidt gratuliert Gottfried Vauk am 12. November 2005 nachträglich zu seinem achtzigsten Geburtstag

Über die Autoren:

WILHELM BINDIG (Jahrgang 1938), Kindheit in einem Forsthaus bei Goslar/Harz; Studium der Pädagogik; bis 2002 Lehrer und Schulleiter.
Von 1956 bis 1959 erster hauptberuflicher Mitarbeiter von Gottfried Vauk auf Helgoland, anschließend häufiger Besucher der Vogelwarte und von 1985 bis 1989 erster Vorsitzender des Vereins der „Freunde und Förderer der Inselstation der Vogelwarte Helgoland e. V."
Lebt mit seiner Familie in Wesendorf in der Lüneburger Heide.

CHRISTIANE HEIBER (Jahrgang 1954), Volontariat, Studium der Biologie und Romanistik; berufliche Tätigkeit als Mitarbeiterin in den Nationalparkhäusern Wilhelmshaven und Dangast, Journalistin und Lehrerin.
Von 1977–1982 mehrfach Stationshelferin an der Vogelwarte Helgoland.
Lebt mit ihrem Mann und drei Töchtern in Friesland.